Au-delà du voile, des illusions et de la confusion

Kryeon, la Fraternité de Lumière,
Soria, l'archange Michaël et Amma

Propos recueillis par Martine Vallée

Titre original français :
Au-delà du voile, des illusions et de la confusion
2008, l'année de l'Unité
Propos recueillis par Martine Vallée

© 2007 Ariane Édition Inc.
1209, av. Bernard O., bureau 110, Outremont, Qc,
Canada H2V 1V7
Téléphone : 514-276-2949, télécopieur : 514-276-4121
Courrier électronique : *info@ariane.qc.ca*
Site Internet : *www.ariane.qc.ca*
Tous droits réservés

Traduction : Jean Hudon, Michel St-Germain
Révision linguistique : Monique Riendeau, Michelle Bachand
Révision : Martine Vallée
Graphisme et mise en page : Carl Lemyre
Première impression : août 2007

ISBN : 978-2-89626-027-0
Dépôt légal : 3ᵉ trimestre
Bibliothèque nationale du Québec
Bibliothèque nationale du Canada
Bibliothèque nationale de Paris

Diffusion
Québec : ADA Diffusion – 450-929-0296
www.ada-inc.com
France et Belgique : D.G. Diffusion – 05.61.000.999
www.dgdiffusion.com
Suisse : Transat – 23.42.77.40

Participation de la

Imprimé au Canada

Table des matières

Présentation aux lecteurs vii

Première partie – Kryeon 1
   Introduction de Kyreon 9
   Confusion entre les différentes sources d'information 11
   Le Temple du rajeunissement 19
   Les rêves 20
   Une meilleure compréhension du passé, du présent
      et des possibilités futures 22
   La nouvelle frontière 34
   L'année 2008 37
   Le voyage des travailleurs de lumière en 2008 40

Deuxième partie – La Fraternité de Lumière 53
   Introduction de la Fraternité 59
   Le voile dévoilé 61
   De la confusion à l'illusion – s'éveiller énergétiquement 69
   Confusion provenant de produits chimiques et de contaminants . . . 80
   Ce qui est en haut est comme ce qui est en bas 89
   Les mondes immatériels de la Fraternité 91
   Confusion des choix 94
   2008 – L'année de l'éveil planétaire 96

Troisième partie – Soria 109
   Introduction de Soria 113
   Dialogue avec le gouvernement obscur 115
   Les oasis de lumière 123
   Le NESARA 130
   2012, un mythe, une illusion ou une réalité 136
   Message du Prince planétaire 142

Les éléments 146
L'année 2008 154
Message d'Orius, membre du collectif SORIA 162
Message d'Albina, membre du collectif SORIA 164
Conclusion par les mères créatrices animant le collectif féminin
   ISIS, celui des filles de la Mère primordiale 166
Neolah, de la lignée d'Isis responsable de Nofalus (univers local) . . 170
Ophia, de la lignée d'Isis, en poste sur Abanech (niveau univers) . . 171

Quatrième partie – L'archange Michaël **173**
Introduction de l'archange Michaël 179
Les cadeaux, les perspectives et les défis de 2007 185
La véritable nature du voile 189
Mandat de la Flamme violette – Mandat de Michaël 192
Comment utiliser efficacement les particules adamantines 194
La peur de la mort 198
Le processus d'ascension 204
Vivre avec passion 206
L'année 2008 et au-delà 210
L'activation du chakra du Cœur sacré 212
Le cadeau édifiant du pardon 219

Cinquième partie – Amma **223**
Introduction de Amma 229
Message d'Abba 232
Les paradoxes de la vie sur terre 239
La communauté formée par votre corps 250
Le vieillissement 268
Les encodages 272
Le Formulateur d'encodages 275
L'année 2008 286
Confusion au sujet de la cocréation 293

Sixième partie – Méditations **307**
Méditation de la Flamme violette 309
Méditation sur les encodages 315

Présentation aux lecteurs

Vers l'Unité

Quel plaisir de vous retrouver dans le cadre de ce deuxième tome de la série *Vers 2012*, dont le but consiste toujours à vous donner le plus d'informations possible en ce qui a trait aux potentiels et probabilités énergétiques d'une année précise. Cependant, bien au-delà de cela, j'essaie non seulement d'explorer différentes avenues mais également de mieux comprendre certains enseignements afin d'éclaircir au meilleur de ma connaissance ces divers sujets pour vous.

L'Unité est le thème de l'année 2008. Un concept extraordinaire en soi… si nous arrivons à l'appliquer. En parler et le souhaiter est une chose, le mettre en œuvre en est une autre. Seul un minuscule pourcentage d'entre nous choisira d'y participer activement. La bonne nouvelle, c'est que cela sera plus que suffisant, comme au moment de la Convergence harmonique, où seulement quelques milliers d'entre nous ont à tout jamais changé le cours de l'histoire de l'humanité. Aujourd'hui, ceux qui s'engagent directement à faire en sorte que l'Unité devienne la nouvelle réalité de cette planète réussiront à le faire même si cette tâche leur semble relever du rêve, non de la réalité. Mais pour que ce rêve devienne réalité, nous devons tous aller au-delà du voile, des illusions, et de la confusion qui règne en nous. Nous devons avant tout retrouver l'unité en soi, c'est-à-dire l'unité dans notre cœur, dans nos émotions, dans notre corps pour parvenir à l'unité en nous et, finalement, entre tous les peuples.

Depuis toujours, les grands maîtres spirituels nous demandent de nous unir vers le plus élevé des dénominateurs communs, soit la paix entre tous les peuples. Comment se fait-il alors que l'unique chose que nous semblons avoir en commun, à divers degrés, ce sont des gouvernements qui ont comme but premier la domination au lieu de l'union ?

Préférant encore la guerre à la paix... la corruption à l'intégrité... les profits au bien-être de leurs citoyens. À l'évidence, nous avons les gouvernements que nous méritons... Toutefois, est-ce vraiment ce que nous voulons ? N'est-il pas temps de prendre fermement position sur ce que nous souhaitons ? De cesser d'accepter l'inacceptable ?

L'année 2008 nous offre comme jamais auparavant cette possibilité de mettre de l'avant notre désir d'union. C'est l'année des nouveaux commencements. De plus en plus de gens deviennent conscients et s'interrogent. Les signes sont partout, et l'éveil planétaire est bien en place. Comme jamais jusqu'ici, la paix et l'environnement sont apparemment au cœur des préoccupations de milliers de personnes... dans tous les pays du monde et une multitude de secteurs.

Alors, chers lecteurs, il s'agit maintenant de vivre avec intensité ce que nous souhaitons voir se réaliser. L'Unité véritable se trouve tout d'abord dans le cœur de chacun, puis elle rayonne et influence chaque personne qu'elle touche. Voilà l'occasion unique qui se présente à nous en 2008, celle de prendre position et d'être le changement que nous souhaitons voir arriver. Nous sommes les pionniers et les phares de cette nouvelle humanité.

Pour les informations de l'année 2008, cinq entités ont bien voulu répondre à mes questions... enfin presque toutes. J'ai nommé Kryeon, la Fraternité de Lumière, Soria, l'archange Michaël et Amma. Cette dernière aborde certains sujets d'une grande importance, dont les encodages naturels et artificiels – comment ils agissent sur nous, comment les transformer, etc. D'autres êtres de lumière se sont joints à ce projet éditorial ; vous les rencontrerez au fil de votre lecture.

Et pour ceux qui le désirent, j'offre de nouveau deux méditations : une sur la Flamme violette, de l'archange Michaël, et une autre sur nos encodages, de Amma. Par cette dernière méditation, ceux qui en ressentent le besoin pourront vraiment effectuer un « déblocage » et libérer les encodages qui leur nuisent ou qui n'ont plus leurs raisons d'être, afin de créer un nouveau potentiel vibratoire. Merci à Geneviève, Alain et Louis pour leur travail visant à rendre ces méditations exceptionnelles.

Je tiens à remercier du fond du cœur Lee Carroll, Edna Frankel, Régine Fauze, Ronna Herman et Cathy Chapman, qui ont bien voulu jouer le rôle d'intermédiaires dans ce projet. Ils ont fait preuve d'une grande patience à mon égard. À Kryeon, à la Fraternité de Lumière, au collectif SORIA, à l'archange Michaël et à Amma je dis ceci : travailler avec vous fut un pur bonheur. J'ai une immense gratitude pour l'occasion que vous m'avez offerte.

Je veux aussi remercier Robert Coxon, ce grand musicien québécois. Je lui avais fait part de mon désir d'avoir une musique originale pour le CD, une pièce représentant l'unité au cœur de l'humain. Il a accepté avec joie… Merci Robert.

Je tiens également à exprimer ma gratitude à Gabriel Uribe, qui a fait de nouveau la page couverture. Cet homme, d'une grande intuition, semble toujours comprendre ce que je cherche à exprimer par le biais de mes pages couvertures. C'est un artiste et un illustrateur de grands talents. Vous pouvez consulter son site internet à www.creamage.com.

En terminant, chers lecteurs, je ne peux exprimer ici jusqu'à quel point ce travail d'éditrice me comble. Sachez que sans votre appui inconditionnel depuis des années, je ne pourrais l'accomplir avec autant de joie et de simplicité. Je tenais à vous le dire. Nous nous connaissons tous très bien, car nous cheminons ensemble vers un but commun depuis des millénaires. Nos rôles sont certes différents, mais notre cœur ne l'est pas.

Je prévois organiser un grand rassemblement à l'automne 2009, une année qui s'annonce exceptionnelle. Il aura lieu durant une fin de semaine grandiose. Au menu : de grands *channels* et des musiciens hors pair. Et bien d'autres surprises vous y attendront. Un événement à ne pas manquer.

D'ici là, je vous convie au prochain rendez-vous littéraire du 17 août 2008, qui regroupera les tendances énergétiques de l'année 2009. Vous y découvrirez de nouveaux *channels* et une ou deux surprises.

Je vous souhaite une bonne lecture.

Martine Vallée, éditrice
24 juin 2007
martine@ariane.qc.ca

Première partie

Kryeon

*Changez vos intentions ; travaillez sur vous-mêmes ;
demandez des réponses ; consacrez votre vie
à une quête pour la paix et faites en sorte
de comprendre et d'étudier ce que
les maîtres du passé ont accompli.
Si vous le faites, cela changera votre ADN.*

Message de Lee Carroll

Ce livre est l'un des premiers à aborder enfin le thème de ce que j'appelle « l'éléphant sous la table ». Cette expression a été employée pour décrire quelque chose dont tout le monde a connaissance, mais dont personne ne semble jamais vouloir parler.

Parmi les systèmes de croyances qui existent, celui du nouvel âge est unique en ce sens qu'il ne repose sur aucun prophète, aucune histoire, aucune mythologie ni aucun livre fondateur en son centre. De plus, il n'existe aucun moyen d'en devenir membre. Il est très difficile de se joindre à une Église du nouvel âge, puisqu'il n'y en a que très peu ; d'ailleurs, celles qui existent ne représentent aucun consensus élargi et ne possèdent aucun siège national. Elles sont toutes indépendantes les unes des autres et ont pour objectif de permettre aux gens qui partagent les mêmes idées de se réunir et de méditer ensemble. On ne trouve aucun organisme national représentant le nouvel âge, aucun édifice central ou temple majeur, aucun collège voué à la formation de ministres du culte, et, bien évidemment, aucun endroit où envoyer de l'argent. Beaucoup de gens nous ont adressé des critiques à ce propos. À leur avis, puisque notre mouvement n'a pas d'autorité centrale, nous ne pouvons prétendre qu'il existe. Selon eux toujours, nous flottons au sein d'une réalité nébuleuse où tout est permis, où n'importe qui peut enseigner n'importe quoi. Je vais être très franc avec vous... Le nouvel âge donne en effet cette impression ! Mais nous enseignons que le divin est à l'intérieur de soi et que, de ce fait, chacun est son propre prophète. Quant à notre « livre fondateur », il réside dans la connaissance intuitive inscrite dans les cellules de chaque humain vivant sur la planète. Toutefois, ce sont bien les mêmes connaissances de base qu'on y retrouve.

Ayant eu le privilège de voyager un peu partout dans le monde au cours des 18 dernières années, afin d'enseigner et de canaliser Kryeon à l'intention de milliers de personnes, je peux vous certifier que cela est vrai. Peu importe à quelle culture les gens appartiennent, de l'Asie à la Russie en passant par l'Amérique du Sud et l'Europe de l'Ouest, un solide consensus se dégage quant à la manière dont les choses fonctionnent et sur ce qui se passe aujourd'hui. Une telle chose n'est vraiment pas dans la nature humaine, peut-on intuitivement penser, et pourtant j'ai pu faire partout le même constat. Un profond éveil spirituel se propage sur la Terre entière, et les mêmes connaissances de base semblent partout présentes, peu importe la langue ou la culture des gens.

Quel est donc le message ainsi véhiculé ? Que Dieu joue un rôle plus important dans notre existence que nous ne l'avons cru jusqu'ici, et que même si toutes les formes possibles de culte ont leur place, la chose la plus éminemment pratique que les humains peuvent faire pour eux-mêmes consiste à explorer la possibilité de faire tous intégralement partie de Dieu et du plan conçu par lui, pour cet univers. Cette notion centrale met en lumière la raison pour laquelle les choses fonctionnent de la sorte. Elle donne aussi à chacun la maîtrise de sa vie, et ce, à un degré qu'il n'aurait jamais cru possible. Cette conscience n'élimine pas l'amour de Dieu ni son infinie grandeur. Elle a plutôt pour effet de l'accroître.

Toutefois, le mouvement du nouvel âge n'est pas de nature linéaire et ne correspond pas aux formes habituelles de spiritualité organisée qui ont été si simples et si faciles à suivre pendant des siècles. C'est justement ce qui le distingue de celles-ci. Nous ne « suivons » pas ; nous sommes tous des meneurs. Ensemble, nous élevons la vibration de la planète et nous contribuons mutuellement à notre amélioration, le tout sans structure ni système organisationnel directif. Autrement dit, nous n'avons ni pape, ni mollah, ni prédicateur vedette, ce qui donne l'impression que nous n'avons aucune autorité capable de nous dire ce qu'il faut croire ou comment interpréter ce que nous entendons.

Cette situation étant, une foule d'enseignants et de médiums offrent énormément d'informations par l'entremise de nombreux livres. Certains points de vue exprimés sont contradictoires, de sorte que de proposer un livre intitulé *Au-delà du voile, des illusions et de la confusion* est non seulement opportun, mais aussi courageux. Qui dit la vérité ? Que devrait-on croire ? Et pourquoi observe-t-on des différences aussi marquées entre les idées défendues par des leaders spirituels qui font de leur mieux pour présenter leurs vérités et ce qu'ils reçoivent en provenance de l'autre côté du voile ?

D'abord, de toute évidence, certains sont des imposteurs ! Oups ! On commence à entrevoir l'éléphant ! Dans un système où il n'existe aucun moyen de valider ou de vérifier l'authenticité des affirmations, n'importe qui peut s'improviser adepte du nouvel âge et prétendre être un guérisseur, faire du *channeling* ou posséder des talents de médium. De fait, c'est le cas de beaucoup de gens. Je peux en témoigner, et je vais maintenant vous rapporter un exemple illustrant bien en quoi consiste cet « éléphant ». Alors qu'on n'avait jamais entendu parler de Kryeon dans certains pays où je me suis rendu, après seulement quelques visites de ma part, une multitude de Kryeon était soudainement apparue ! Voyant les foules que j'attirais, des gens ont voulu en tirer profit. Ils ont fondé leurs écoles et leurs cultes en prétendant canaliser Kryeon, et on peut constater qu'ils sont toujours actifs aujourd'hui. Certains ont même posé des gestes politiques en tentant de m'empêcher de revenir dans leur pays avec mon équipe, et ce, en associant notre travail à celui d'un culte sectaire, dans le but évident de semer la peur à mon sujet dans l'esprit de leurs concitoyens. Pendant ce temps, ils se moquaient bien de ces derniers en continuant leurs activités sectaires, dupant ainsi la population de leur propre pays.

Heureusement pour nous tous, la vérité finit toujours par triompher, et si vous usez de discernement, vous découvrirez assez vite si un individu est simplement un opportuniste essayant de tirer profit de ceux qui cherchent la vérité. Comme on dit communément, « suivez la trace de l'argent » et vous verrez si celui qui se proclame « enseignant spirituel » dégage vraiment de l'amour et reflète Dieu dans sa vie personnelle.

Rappelez-vous que quiconque se consacre à l'étude de Dieu finit par devenir une créature divine débordante de compassion, de bonté, de patience, d'humilité et d'une force spirituelle qui saura éveiller une résonance de vérité dans votre cœur. Une telle personne n'érige pas des murs pour séparer les gens ; elle les encourage plutôt à s'unir. Si rien de cela n'est apparent, vous devez alors chercher ailleurs. Quant à ceux d'entre vous qui se trouvent dans d'autres pays et lisent ces lignes, je viens de vous indiquer comment discerner qui est réellement au service de la Lumière.

Grâce à ce livre, vous allez donc pouvoir entreprendre une étude qu'il est grand temps d'amorcer. Cet ouvrage se compose d'une série de textes d'auteurs et de *channels* de cette maison d'édition dont le but est d'expliquer l'inexplicable, c'est-à-dire comment les choses fonctionnent de l'autre côté du voile et comment on peut offrir des informations très divergentes et pourtant cohérentes, et faire en sorte que l'on comprenne comment et pourquoi elles sont transmises. Tout est affaire de perception, ce que l'on peut d'ailleurs fréquemment observer dans la vie de tous les jours. Deux personnes peuvent être devant une même situation et avoir pourtant chacune une opinion différente sur ce qu'elles ont vu. C'est la même chose pour nous, sauf que c'est beaucoup plus compliqué. Chaque fois que nous partons explorer l'autre face de la réalité, nous amenons dans nos bagages nos opinions, nos filtres idéologiques et nos perceptions tridimensionnelles. Néanmoins, on exige de nous que nous soyons impartiaux et que nous parvenions à voir l'invisible.

Martine Vallée, éditrice, est votre guide dans ce voyage, et elle mérite des félicitations pour avoir entrepris cette tâche difficile. Voilà enfin quelqu'un qui est prêt à réunir dans un même ouvrage ceux qui sont confrontés chaque jour à cette réalité et qui savent expliquer en toute franchise comment tout cela fonctionne, à la fois avant et pendant une séance de canalisation. Je sais que vous êtes nombreux à lire ces pages en français, puisqu'il s'agit de la langue de l'édition originale. J'ai bon espoir qu'un jour ce livre sera également disponible en versions anglaise, espagnole et allemande. Il le mérite !

Je suis un *channel*, et il est donc normal que vous puissiez également entendre quelques mots de Kryeon, cette énergie angélique qui s'exprime justement depuis l'endroit dont nous venons de parler... de l'autre côté du voile.

J'offre ceci avec toute mon estime et ma gratitude à une éditrice tout à fait unique sur notre planète !

Lee Carroll

Introduction de Kryeon

Salutations, très chers. Je suis Kryeon, du Service magnétique. Mon partenaire [Lee] a rendu honneur à ceux qui ont contribué à la publication de ce livre. J'aimerais ajouter quelque chose à ce sujet. Je vois en effet à quelle lignée profonde se rattache l'équipe formée par un frère et une sœur qui, il n'y a pas si longtemps de cela, ont fait acte de foi. Utilisant leurs propres ressources limitées, ils ont décidé de s'attaquer à une importante tâche spirituelle : *transmettre à une partie de la planète des informations qui n'étaient pas disponibles en français, une des langues majeures de la Terre*. Leur amour pour leur culture et leur dévouement à cette cause en furent les clés. C'est ce qui les poussa à aller de l'avant avec une détermination qui allait les transformer, tout autant que la planète d'ailleurs.

Dans le cours de leurs activités, un objectif plus vaste leur fut montré, ce qui ouvrit la porte à une meilleure compréhension, amena à l'Occident la sagesse ancienne de ceux qui vivent en des lieux éloignés, et suscita de grands changements chez des milliers de lecteurs qui n'avaient jamais vu jusque-là cette information dans leur langue natale. Non seulement ont-ils su faire appel à leur discernement, mais ils ont eu la chance d'être bien guidés. Ils constituent un bel exemple illustrant comment ne pas dévier de ses objectifs et comment gérer une entreprise traditionnelle tout en tenant compte de sa guidance spirituelle.

En lisant les textes de ces humains qui ont librement choisi de visiter à maintes reprises ce côté-ci du voile, pensez au travail et au dévouement qu'un tel recueil a nécessités. Rendez grâce aux messagers, de même qu'à celle qui a décidé que vous devriez pouvoir bénéficier de leurs lumières par l'entremise de cette collection.

Ces choses ne sont pas le fruit du hasard. Guidée en cela par son intuition, Martine a suivi sa passion et ce livre en est le résultat. Que pouvez-vous en déduire pour mieux comprendre ce qui se trouve ici ? Considérez la possibilité que tout cela puisse receler la clé d'une compréhension et d'une croissance encore plus grandes dans votre propre vie spirituelle. Que c'est là le début de la prochaine étape dans la compréhension de votre cheminement et de votre divinité. Une fois votre lecture terminée, prenez quelques instants pour honorer celle grâce à qui ce livre a vu le jour, celle qui a su relever tous les défis successifs menant à sa publication afin de vous le présenter.

Ainsi que mon partenaire l'a déjà exprimé, la quête de Dieu engendre des qualités divines comme la compassion, la patience et une détermination sans faille à réaliser ce que l'on est venu accomplir en ce monde. Ce livre en est précisément le résultat.

Avec amour

Kryeon

Confusion entre les différentes sources d'information

— *Comment se fait-il qu'il semble y avoir de plus en plus de divergences entre les différentes sources d'informations canalisées ? Il m'apparaît qu'elles se divisent en deux camps : celui de la catastrophe et celui de l'extase. Je sais que cela peut s'expliquer par les croyances personnelles du médium, mais cela n'explique pas qu'il y ait une telle différence entre les diverses informations canalisées en ce moment. Comment cela fonctionne-t-il au juste ? Est-ce l'entité donnant l'information qui accède à l'une ou l'autre des possibilités et qui communique ce qu'elle en perçoit ? Comment les choses se passent-elles de votre côté du voile ?*

J'aimerais que tu considères avec attention les questions et réponses suivantes comme un complément à cette réponse-ci. Tu as demandé comment cela fonctionne, et tu as répondu correctement. Toutes les possibilités existent dans l'Akash de la planète. [Pour la définition du mot « Akash », voir plus loin la question concernant ce sujet.] Les possibilités dont la tension dramatique est la plus forte sont celles qui « flamboient » le plus aux yeux des nombreux voyants qui cherchent simplement à discerner les objets les plus brillants dans le paysage interdimensionnel observé. Par contre, certains médiums sont capables de regarder au-delà de ces phénomènes et de percevoir un portrait plus fidèle de la réalité. Ne voyant pas uniquement les possibilités, ils peuvent aussi distinguer lesquelles sont le plus susceptibles de se manifester dans votre réalité tridimensionnelle. Les autres ne voient que les événements possibles, et non la trame des potentialités les entourant.

Combien parmi vous se sont déjà rassemblés pour observer avec ahurissement une route où la circulation est fluide et où les humains peuvent retourner à la maison en toute sécurité durant une heure de pointe ? La réponse est : Aucun. Les gens ne se rassemblent pas pour regarder un non-événement, n'est-ce pas ? Les gens qui reviennent du boulot ne s'inquiètent pas de ce qui ne s'est pas produit. Ils retournent simplement chez eux et sont heureux de pouvoir le faire en toute sécurité.

Par contre, combien d'entre vous s'arrêteraient pour jouer les badauds si une quinzaine de voitures étaient impliquées dans un carambolage... combien seraient attirés par le spectacle macabre des morts et des blessés, et par l'odeur âcre du feu et de la fumée ? Lorsque ces deux scénarios s'offrent à des humains se prétendant capables de « voir » l'avenir, lequel pensez-vous attirera en premier leur attention ? La réponse est « celui qui a toutes les apparences d'un drame tridimensionnel ».

Il y a bien plus à voir que simplement le feu et la fumée, et c'est là qu'intervient la faculté de discernement des humains. Ceux qui canalisent ou qui jouent aux prophètes doivent user de discernement. Nombreux sont ceux à votre époque qui possèdent manifestement des pouvoirs de voyance et dont seules quelques-unes de leurs prédictions se sont avérées exactes. Quelle conclusion tirer de tout cela ? Vous pouvez en déduire qu'ils n'ont peut-être pas interprété correctement tout ce qu'ils ont vu. Toutefois, une autre possibilité existe : ce qu'ils ont distinctement perçu avait peut-être déjà changé dès le lendemain ! Voyez-vous, l'avenir varie selon le degré de Lumière interdimensionnelle générée par l'humanité.

Se pourrait-il, par ailleurs, que des entités de ce côté-ci du voile puissent vous raconter des histoires ? Je tiens à vous rappeler qu'aucune entité ne peut prédire l'avenir avec une absolue certitude – et Kryeon ne l'a jamais fait. Ce qu'il a fait, cependant, c'est vous féliciter d'avoir changé la planète, vous rappeler ce qui est possible, et vous indiquer vos potentialités. Aucune entité de l'au-delà ne se permettrait de venir vous transmettre de sombres prédictions. Ce sont les humains qui interprètent de la sorte les informations qu'ils reçoivent quand ils ne font pas appel à leur discernement.

Lorsqu'un canal, ou un prophète, humain rapporte une vision et vous livre de sinistres prédictions, voici ce qu'il cherche réellement à vous communiquer : « *Un bel ange est venu à moi en me présentant dans chaque main les possibilités d'avenir de la planète… celles qui sont de bon augure et celles qui sont défavorables. J'ai choisi de vous parler de ces dernières, car elles me semblaient beaucoup plus intéressantes à décrire !* » Comprenez-vous cet exemple ? Qui est l'auteur de cette interprétation pessimiste ? Est-ce l'ange qui a offert un portrait fidèle des possibilités et qui a gardé le silence, ou bien l'humain qui a choisi de ne canaliser que les parties plus dramatiques ? Comme vous le voyez, toute l'information a été donnée, mais seuls les éléments que le canal humain a préféré ramener ont été communiqués. Le pouvoir de choisir est entre les mains des humains et la responsabilité quant à la teneur des messages transmis leur revient entièrement. Il en a toujours été ainsi et nous vous rappelons une fois de plus que ce sont des humains qui vous ont transmis le contenu des écrits sacrés de toutes les religions de votre planète.

Souvenez-vous, très chers, que la transmission passe par l'esprit humain interprétant l'information interdimensionnelle à partir d'une perspective qui peut être déroutante et qui n'a absolument rien à voir avec votre réalité tridimensionnelle. Cela demande donc de la pratique, une bonne dose de sagesse et la capacité de ne pas se laisser décontenancer, toutes ces conditions exigeant une certaine maîtrise personnelle. Méfiez-vous des prophètes de passage, car ils se serviront de leur don pour créer involontairement des drames, et bien des gens les suivront et leur conféreront une prétendue crédibilité. Tournez-vous plutôt vers ceux qui vous présenteront un portrait global et qui pourront alors vous fournir plus de détails visant à déterminer quelle réalité est la plus probable par rapport aux énergies alors présentes sur la Terre. Il est facile d'attirer une foule à soi si l'on crie assez fort, car la nature humaine est ainsi faite. Il est beaucoup plus difficile de rassembler des gens pour leur faire entendre un message d'espoir et de sagesse. Mais ce public sera composé des plus humbles… ceux-là mêmes qui hériteront de cette planète.

— *J'ai justement une autre question à ce propos. Dans son dernier livre (*La levée du voile, *tome IX), Kryeon parle de deux pays à surveiller,* *soit la Chine et l'Iran. Il y explique que nous serons surpris de voir la sagesse issue de ces deux parties du monde. Pourtant, dans un autre livre, émanant d'une source que l'on peut considérer comme digne de foi, il est mentionné que la prochaine bombe nucléaire proviendra de l'Iran, ce qui aurait bien sûr des répercussions considérables sur l'humanité entière. Le moins que l'on puisse dire, c'est que des points de vue aussi divergents sont déroutants pour nous. Ma question ne vise pas à comparer des informations mais plutôt à comprendre deux choses totalement différentes émanant de deux sources réputées fiables. Cette différence tient-elle à une mauvaise compréhension, à un manque de discernement, ou simplement à l'existence d'une autre possibilité mise en évidence ? De plus, ne sommes-nous pas censés avoir évité ce genre de scénario catastrophique ?*

Beaucoup d'entre vous ont connu les années 1950, 1960 et 1970. Au cours de ces années, un des pays de la Terre fut appelé « l'empire du mal » par le président des États-Unis. Vous en souvenez-vous ?

Durant cette période, la peur régnait dans le monde, l'espoir s'était presque éteint, et les gens s'imaginaient que ce pays « maléfique » était sur le point de déclencher un holocauste nucléaire mondial. Il paraissait plus puissant que tous les autres. Le premier à lancer un engin dans l'espace, il semblait prêt à utiliser son énorme arsenal nucléaire sur un simple coup de tête.

Les prophètes virent que ce pays pouvait jouer un rôle primordial dans une fin du monde précipitée et que la tournure des événements dépendrait en grande partie de celui-ci. Nostradamus en avait parlé dans ses quatrains, et les écrits chrétiens comportaient des métaphores décrivant la destruction de la planète qui pouvait alors survenir à tout instant, par suite d'un échange nucléaire entre ce pays et les États-Unis, le tout provoqué par des tensions liées à l'État d'Israël.

Ce pays, c'était l'Union des républiques socialistes soviétiques, ou tout simplement, l'Union soviétique. Voilà ce qu'il était advenu de la Russie après la Seconde Guerre mondiale. Elle était l'une des dangereuses superpuissances de la planète. Pendant presque cinquante ans, elle a exercé son influence, et de nombreux pays auparavant souverains étaient alors tombés sous son contrôle.

L'Union soviétique représentait en outre un ancien modèle de pensée, et nombre de ceux qui pouvaient « voir » l'avenir rapportaient que, dans leurs visions de l'avenir, la Terre était en ruine. Vous commencez peut-être à établir un parallèle entre cette réponse et la précédente. Voilà un exemple de ce dont je vous parlais. Les voyants vous ont communiqué une vision pessimiste de l'avenir, et plusieurs y ont cru puisque tout ce qu'ils voyaient autour d'eux semblait leur indiquer qu'elle allait probablement se matérialiser. D'autres, par contre, virent le grand changement qui approchait, mais cette vision ne correspondait pas à ce que la plupart des gens considéraient comme l'évolution prévisible des événements à l'époque.

Je suis arrivé en 1987, immédiatement après la Convergence harmonique. L'Union soviétique était encore une grande puissance et les prophéties pessimistes avaient toujours la cote. Toutefois, j'avais alors affirmé que la fin du monde n'était pas imminente et que de miraculeux changements de conscience allaient bientôt survenir. Un an plus tard, ce qui semblait jusque-là impossible se produisit. L'empire du mal s'effondra de lui-même ! Presque du jour au lendemain, il cessa d'être une menace. Les États qui avaient été contraints d'adhérer à l'Union soviétique brisèrent leurs chaînes et reprirent leur souveraineté. Ce fut la fin de la guerre froide. Et c'est alors que s'évanouit toute crainte de l'holocauste nucléaire imminent qui avait nourri, un demi-siècle durant, les cauchemars des prophètes de malheur. À l'étonnement général, cinquante années d'inquiétude, de peur, de course aux armements et d'espionnage furent reléguées aux livres d'histoire tandis que le peuple russe entamait le long voyage qui allait lui permettre de s'extirper de décennies d'oppression et de ruine économique. Ce long périple se poursuit toujours, car il est difficile d'effacer rapidement les traces laissées par 50 ans d'histoire.

Je vous le demande donc : Si un prophète humain vous avait dit en 1980 que tout cela allait survenir, que lui auriez-vous répondu ?

« *Impossible ?... Dégage ?... Retourne à ton channeling ?... Es-tu tombé sur la tête ? Regarde autour de toi !...* » Probablement l'une de ces réponses. Normal... Voilà le résultat d'une perception tridimensionnelle des choses. Mais l'énergie interdimensionnelle, puissante et imprévisible, n'est pas soumise aux contraintes du temps.

Examinez comment les choses se passent aujourd'hui. À présent, c'est l'Iran qui a été catalogué comme faisant partie de « l'axe du mal » par votre président des États-Unis. La situation paraît dangereuse et l'inquiétude, la peur, la course aux armements et l'espionnage sont de retour. Ce pays a également des problèmes avec Israël. La symbolique « horloge du Jugement dernier » a été avancée de deux minutes par les savants atomistes qui s'en occupent. Je vous soumets donc les questions suivantes :

1. L'Union soviétique était-elle dangereuse ? La réponse est oui... Très.
2. L'était-elle plus que l'Iran ne l'est aujourd'hui, ou moins ? À vous de répondre.
3. Ayant vu se dérouler, exactement comme nous vous l'avions annoncé, le miracle de la chute de l'Union soviétique, quelle leçon allez-vous tirer de cette histoire spirituelle ? Allez-vous encore une fois vous enfermer dans le désespoir et espérer que Dieu intervienne en vue de changer la situation ? Allez-vous suivre les conseils de tous ces faux prophètes qui vous suggèrent de creuser un abri sous votre maison et d'y entasser des provisions ? Ou bien allez-vous plutôt reprendre le flambeau et recréer ce que vous avez fait en 1988 lorsque vous avez à tout jamais modifié l'histoire ?

Il n'y a aucune différence entre les prophéties pessimistes relatives à l'Iran et celles qui concernaient l'Union soviétique. En fait, elles sont intrinsèquement identiques. À l'époque, la population russe n'était pas l'ennemi, mais les dictateurs communistes l'étaient. Quand ces derniers perdirent le pouvoir, vous avez sans doute remarqué qu'il n'y a pas eu de grande bataille finale. Le changement a eu lieu de l'intérieur, et ce sont les Russes eux-mêmes qui ont précipité la fin du régime communiste.

C'étaient eux les plus sages, car ils ont pris sur eux de changer l'histoire du monde en se servant de la lumière émise à leur intention par tous les autres humains de la Terre qui se sont joints à eux dans leurs efforts de paix. Il n'y a eu ni bataille, ni morts, ni bombes… et l'Occident tout entier en fut frappé de stupéfaction.

Le peuple iranien est très sage. Beaucoup de ces gens sont jeunes, plus jeunes en fait que la moyenne d'âge des Occidentaux. Par conséquent, ils pensent autrement. Au lieu d'être des extrémistes radicaux prêts à se sacrifier dans une quelconque bataille finale pour leur Dieu, beaucoup se demandent plutôt comment ils pourraient réussir à refréner les ardeurs de leurs leaders sans toutefois renier leur foi. Beaucoup ne désirent que créer une situation susceptible de leur apporter la prospérité économique et une vie plus paisible dans leur région du monde. Mais ne vous y trompez pas, ils ne sont pas des alliés de l'Occident et ne sont pas à la veille de le devenir. Ils aiment leur propre culture ainsi que le prophète ayant fondé leur religion. Mais ils souhaitent dissiper l'idée selon laquelle ils sont tous prêts à se sacrifier en martyrs, sous la houlette de leurs vieux leaders qui semblent disposés à courir des risques et à les pousser jusqu'au bord de l'abîme.

Ce pays dispose de ressources suffisantes pour apporter la richesse à pratiquement tous ses citoyens, lesquels font donc preuve de la même sagesse que tous ceux qui aspirent à la paix et à leur développement industriel. Leur grand prophète leur a enseigné l'unité, et pourtant leurs chefs politiques fomentent la division dans les plus hauts paliers de leurs institutions politiques… et s'élèvent contre la lignée karmique de la planète (les Juifs). Les citoyens iraniens sont parfaitement conscients de la sottise démontrée par leurs leaders et beaucoup d'entre eux ont peur de perdre leur vie et leur pays… et il se peut que ce qu'ils craignent se matérialise s'ils ne font rien. C'est donc encore une fois une question de libre arbitre.

Je vous le demande donc, quelle réalité préférez-vous ? Est-ce l'ancien paradigme, soit ce qui *pourrait* se produire, ou le nouveau, ce qui *peut* arriver ? Nous vous l'avons dit dans le passé, la réponse à tout cela se trouve entre vos mains. Les prophètes de malheur ne voient que le vieux chemin et ne croient pas que l'on puisse le changer. Pour eux, leurs prophéties sont tout aussi valables que celles des autres, puisqu'ils peuvent clairement « voir » ces événements potentiels tels qu'ils existent dans l'Akash. Mais il en va de même pour les autres possibilités, dont celle que les autorités iraniennes décident, dans leur sagesse, de jouer un rôle important au Proche-Orient, non pas en soutenant le terrorisme, mais grâce à leur force commerciale et financière.

La Chine a de grands besoins en pétrole, encore davantage même que la majorité des pays occidentaux. Quel pays, croyez-vous, est le mieux placé pour y répondre ? Un pays ravagé à la suite d'une attaque nucléaire lancée en riposte à une agression militaire contre Israël, ou bien la *nouvelle République islamique de l'Iran*, fournisseur de ressources pétrolières à la Chine ? Bénis soient ceux qui mettront en balance les aspects pratiques de la vie et la dimension spirituelle, car ils auront ainsi une bien meilleure compréhension de la manière dont une situation donnée peut être renversée au bénéfice des générations à venir. Ma prédiction n'a pas changé, et la grande possibilité qui se dessine en ce moment dans l'énergie de l'Akash de la Terre est celle-ci : *vous allez transformer cette situation pour le mieux, tout comme vous l'avez fait la dernière fois, et avec le même genre de miracles et d'énergies alors observés – sauf que cette fois ça ne prendra pas cinquante ans !*

À un moment donné, chers humains, vous devrez revendiquer le pouvoir de faire ce genre de choses au lieu de penser qu'elles ne sont que des coïncidences ou le résultat d'une intervention divine. Maintenant, allez et faites ce que vous avez accompli auparavant, et ne prêtez pas attention aux dires de ceux qui ne pensent qu'à prêcher la peur et à vous rendre impuissants. Ces devins sont les premiers à s'éclipser lorsque leurs prophéties se révèlent fausses, mais ils refont souvent surface avec de nouvelles prophéties de malheur quand les choses redeviennent difficiles. L'aviez-vous déjà remarqué ?

Le Temple du rajeunissement

— *Dans* Aller au-delà de l'humain, *tome 2 de Kryeon, il est question du Temple du rajeunissement qui existait en Atlantide et dont un croquis fut présenté. Même si je ne dispose d'aucun détail à ce sujet, je me demande si un tel édifice existe aujourd'hui. Si c'est le cas, est-il construit exactement comme l'ancien temple atlante, ou bien est-il différent ? Je m'interroge, car je sais que de puissantes énergies de guérison sont dirigées aujourd'hui vers la Terre et continueront de l'être pendant plusieurs années. Si rien de comparable n'existe, à quelle époque un tel lieu voué à la guérison sera-t-il créé ?*

Quelque chose de similaire s'offre maintenant à vous : *la nouvelle conscience humaine.*

Si ce temple vous a été montré alors, c'était pour vous apprendre que non seulement de telles choses existaient, mais qu'on pouvait y être guéri sans qu'il soit nécessaire de recourir à vos technologies médicales modernes. On y faisait plutôt appel à un pouvoir interdimensionnel dont l'usage remontait au temps de la Lémurie, époque à laquelle ces temples avaient été conçus.

Le but même de la visite de Kryeon était de vous dire que les choses avaient grandement évolué sur votre planète relativement à ce que les humains peuvent désormais accomplir. Vous approchez rapidement de 2012 et vous entrez dans une période de renaissance et de renouveau. Nous vous avons expliqué que la trame énergétique serait modifiée afin d'améliorer les communications transmises à votre ADN. Elle l'a effectivement été. Nous vous avons affirmé que la trame cristalline serait activée, et elle l'a également été. Nous avons révélé l'existence des enfants de la nouvelle conscience, et cette information a fait le tour du monde et a été validée sur la Terre entière.

Vous pouvez donc constater que ces choses sont en train de se produire sur votre planète. Ce ne sont plus des prophéties. Voici votre réalité actuelle :

1. Grâce aux nouveaux outils dont vous disposez, vous êtes capables d'atteindre la maîtrise spirituelle.
2. Les restrictions qui avaient été placées sur votre ADN par des millénaires d'énergie négative et d'inactivité ont été levées. Votre ADN peut donc revenir à la « fréquence temporelle » lémurienne de jadis.
3. Les processus de guérison du corps humain alors employés dans le Temple du rajeunissement peuvent être utilisés dès à présent, mais il n'est plus nécessaire d'avoir un tel édifice ni les mêmes alignements magnétiques spéciaux dont on se servait anciennement. Cela fait partie des nouvelles possibilités de votre ADN et réside dans les couches sacrées décrites dans les enseignements que mon partenaire [Lee] a commencé à offrir.

N'allez pas imaginer que ces temples seront un jour reconstruits, pas plus que vous ne devriez espérer retourner un jour sur les bancs de l'école primaire pour réapprendre ce que l'on vous y a déjà enseigné. Ces années de formation sont derrière vous, et vous en êtes à un stade beaucoup plus avancé. Ne gaspillez pas de temps à des énergies anciennes ayant des attributs fort différents des vôtres aujourd'hui. Ce temple vous a été montré afin d'illustrer ce qui se trouve en vous.

Les rêves

— *Nos rêves reflètent-ils parfois une possibilité vécue par l'un des nombreux aspects de notre moi ? Ces derniers temps, il m'a semblé que mes rêves étaient d'un autre ordre (je suis sûre que beaucoup de nos lecteurs ont observé la même chose), comme si je vivais un scénario sans être endormie. Lorsque je me réveille, je n'ai pas l'impression d'avoir réellement dormi, et puis, quand je referme les yeux, le scénario reprend là où j'en étais. C'est complètement différent de ce à quoi je suis habituée. Comment dois-je interpréter cela ?*

Vous devez comprendre ce qu'est l'état de rêve. D'abord, il s'agit pour vous d'un état qui est rempli de confusion. Mais celle-ci tient simplement au fait que c'est l'un des seuls états auxquels les humains peuvent naturellement accéder qui est totalement en dehors de la réalité tridimensionnelle habituelle et qui entrouvre le voile. Vous êtes donc sans doute plus proches de la « vérité » sur la façon dont les choses fonctionnent quand vous rêvez, que lorsque vous êtes éveillés ! (Comprenez-vous cette fois la difficulté que peuvent éprouver les *channels* et les prophètes durant leurs visites de l'autre côté du voile ?)

La raison pour laquelle tellement de gens ont des rêves inhabituels ces jours-ci tient au fait que votre ADN réagit peu à peu au nouvel alignement magnétique de la trame énergétique, lequel alignement rend de nouvelles avenues d'éveil possibles. Grâce à ces dernières, vous êtes libres de choisir de commencer à lever partiellement le voile vous séparant de l'autre monde, ce qui a pour effet de vous permettre d'être littéralement à cheval entre deux réalités… tout comme les *channels*. Voilà ce que nous appelons la maîtrise ! Mais cette situation engendre des rêves qui sont exceptionnellement réels, hors du temps et de l'espace, parfois déroutants, réconfortants ou effrayants, et donnant l'impression d'être plus réels que jamais.

Avec le temps, vous allez également vous rendre compte de la possibilité de vivre la même expérience en méditant. Beaucoup de gens rapportent avoir des visions. Ce phénomène fait désormais partie de votre vie « normale ». Apprenez comment interpréter ces rêves en les considérant non pas simplement comme des choses se passant durant la nuit, mais plutôt comme une sorte d'intense communication que vous recevez alors. Ces rêves recèlent des indices révélateurs quant aux pouvoirs que vous possédez et à la relation que vous entretenez avec Dieu. Ils prennent souvent la forme d'images tridimensionnelles qui n'ont toutefois aucun lien avec vos perceptions habituelles à l'état de veille.

Quand, en rêve, vous recevez la visite d'une personne décédée, portez-y attention, car c'est dans ces moments que ce genre de communication peut se produire. L'expérience sera alors cent fois plus profonde que si vous alliez à une séance chez une personne prétendant entrer en contact avec les morts. En rêve, vous pouvez communiquer avec l'essence même de l'âme du trépassé, et non simplement avec sa coquille résiduelle de forme humaine restée sur terre, la seule chose que les médiums perçoivent habituellement. Vous échangez alors en temps réel avec la dimension akashique du défunt, soit avec l'aspect intemporel de son être, celui qui ne porte aucun nom humain et qui représente la quintessence de nombreuses existences successives de cette entité sur cette planète-ci et d'autres. Cette entité, débordante d'amour et de sagesse, se manifestera à vous sous l'apparence de l'être que vous avez perdu, mais une telle grâce et un tel amour en émaneront que cela aura pour effet de déclencher en vous une forte réaction émotionnelle.

Pour en revenir à ta question, les états de rêve et de veille présentent des similarités de plus en plus grandes. Ce fait à lui seul devrait suffire à confirmer ce dont je te parle, à savoir que vous êtes, chers humains, plus près que jamais auparavant de réussir à soulever le voile sur l'autre monde.

Une meilleure compréhension du passé, du présent et des possibilités futures

— *Même s'il s'agit là d'un sujet complexe, nous commençons à obtenir de différentes sources des informations selon lesquelles nos vies passées, présentes et futures sont vécues simultanément. Ce que je tente de faire, c'est d'en avoir une image claire. Kryeon a brièvement abordé ce sujet dans* Un nouveau don de Lumière, *tome VIII, et à nouveau dans* La levée du voile, *tome IX.*

Même si notre compréhension est limitée et le sujet, difficile, il est important à mon avis d'approfondir ce sujet avant que les choses ne deviennent encore plus embrouillées. Voici donc mes questions…

Dans l'ouvrage Le retour de la Lumière, *Kryeon a parlé de l'Akash et des Annales akashiques. D'après ses dires, l'Akash est un champ ésotérique universel où tous les événements passés sont enregistrés, et si assez de gens l'activaient, cela pourrait modifier le cours de l'histoire et, par conséquent, l'avenir de la Terre.*

Selon la compréhension que j'en ai, est-il juste d'affirmer que l'Akash est présentement la somme des potentialités dont certaines ont été choisies et vécues par l'humanité, que pour activer l'Akash il nous faudrait créer consciemment certaines des autres possibilités et potentialités jugées meilleures, et, enfin, que l'histoire est toujours faite de la dernière possibilité choisie par l'humanité ?

Quant au champ unifié de Gaia, comment pouvons-nous influer sur celui-ci – ou bien est-il sous l'influence du champ universel ? Selon moi, tous ces champs s'influencent mutuellement, en fonction des potentialités choisies.

Comment l'Akash influence-t-il le reste de l'univers ?

Est-ce dans l'Akash que vous, et toute autre civilisation jouant ou non un rôle actif sur terre, regardez pour voir quels sont les progrès accomplis ici, ou pour prendre en quelque sorte le pouls de la direction que nous suivons ?

D'abord, définissons en des termes simples ce qu'est l'Akash. Selon la définition qu'en donne Kryeon, non seulement l'Akash est-il la force de vie de la planète, mais il constitue également un enregistrement fidèle de toute son histoire. Il englobe le passé, le présent et l'avenir. Il représente toute vie s'y trouvant, autant celle que vous pouvez percevoir que celle qui est de nature interdimensionnelle et que vous ne reconnaissez même pas comme étant de la vie. Il comprend aussi Gaia, qui règne en maître sur l'Akash et veille au bien-être de toute forme de vie. Et bien sûr, Kryeon en fait aussi partie.

La force de vie est dynamique et s'adapte en fonction des choix librement consentis par l'humanité. L'Esprit prend effectivement la mesure de l'Akash pour déterminer la vibration de la planète dans son ensemble, et ce, même dans sa dimension ésotérique.

Les Annales akashiques de la Terre contiennent l'empreinte énergétique permanente de tout ce que vous avez été au fil des millénaires. Lorsque vous décidez, dans cette présente vie, de changer votre vibration, au même instant, toutes ces autres expressions (incarnations) qui, croyez-vous, appartiennent à votre passé, changent également. Bien des gens ne comprennent pas cela, je vais essayer d'illustrer la chose afin de vous aider tous à comprendre. Je vais même répéter cet exercice avant que toutes vos questions ne soient posées.

Si vous vous demandez de quelle manière un changement vibratoire effectué à ce jour peut se répercuter dans vos incarnations passées en modifiant notamment ce sur quoi elles portaient, considérez la chose comme s'il s'agissait d'un roman qui prendrait forme sous vos yeux. Vous découvrez un à un les personnages, ce qu'ils font et les rapports qu'ils entretiennent les uns avec les autres. Vous comprenez en outre que l'auteur du livre peut faire d'eux tout ce qu'il veut.

Par exemple, si l'auteur le désire, il peut choisir d'intituler la suite du livre « Biographie d'une famille », et ce livre ne sera plus alors qu'une intéressante série d'histoires décrivant les relations entre les divers personnages. De nombreux ouvrages de ce genre ont déjà été écrits. Mais supposons, par exemple, que l'auteur devienne soudain un écrivain de grand talent. Dans ce cas, il tisse une trame dramatique complexe qui se termine par une remarquable apothéose héroïque et, dès lors, tous ses personnages, qui étaient jusque-là simplement intéressants, font désormais partie d'une œuvre magistrale. Chacun joue un rôle manifestement important dans le dénouement héroïque du roman. On peut examiner le rôle tenu par chaque protagoniste et se rendre compte que si chacun d'eux n'avait pas posé les gestes décrits, alors cette autre chose ne se serait jamais produite. Chaque personnage était imbriqué dans la trame mystique tissée par les apparentes coïncidences suscitées par l'énergie des autres personnages.

Que faut-il comprendre de cet exemple ? Ces personnages du roman représentent des vies passées. Si l'auteur ne fait rien dans sa vie actuelle pour réunir les fils de ces vies antérieures, alors celles-ci ne seront d'aucune utilité particulière dans le présent. Elles seront des jalons intéressants, sans plus. Toutefois, si l'humain (l'auteur de cette histoire) décide de s'éveiller et d'atteindre la maîtrise, la perception qu'il a de ces personnages du passé change du tout au tout. Il réalise soudain que chacun constitue un morceau d'un vaste casse-tête qui a contribué à créer la paix sur terre ! Pouvez-vous voir en somme comment, de ce point de vue, ce que vous faites aujourd'hui peut modifier le passé, ou à tout le moins la perception que vous en avez ?

On peut donc en conclure que ce que vous faites à ce jour exerce absoluement une grande influence sur l'Akash et change même sa nature. Tout est touché par cela ; la Terre entière est concernée par ces continuels changements d'énergie. Toute transformation effectuée aujourd'hui dans l'équilibre énergétique a donc pour effet de modifier le passé.

> — *À présent, ceci étant clarifié au sujet de la Terre, nous savons aussi qu'il en est de même pour nous. Nous sommes le résultat de la totalité des choix que nous posons chaque instant… sur la base des influences passées, présentes et futures. Ce qui est déconcertant toutefois, c'est la raison pour laquelle le karma, qui a pour but de ramener l'équilibre par suite d'actions passées, existe toujours. Est-ce parce que nous vivons dans un monde linéaire où les choses fonctionnent ainsi, ou est-ce simplement parce que le karma ne peut être vécu que dans une temporalité linéaire ?*
>
> *Je viens de voir le film fascinant* Déjà vu, *dans lequel le passé, le présent et l'avenir semblent se télescoper. C'est l'histoire d'un homme qui reçoit dans le présent un message en provenance de l'avenir indiquant que le passé pourrait être changé… et c'est ce qu'il fait en remplaçant un scénario par un autre. Il y arrive à l'aide d'une machine capable de modifier le cours du temps, ce qui a pour effet de créer deux trames temporelles, ou deux scénarios parallèles possibles, l'une des deux trames passant avant l'autre, effaçant ainsi un événement dramatique qui s'était produit et le remplaçant par un meilleur dénouement. Nous voyons donc dans ce film comment un événement passé est modifié dans le présent, ce qui a pour résultat de changer l'avenir de centaines de personnes.* Déjà vu *nous aide à comprendre le concept selon lequel le passé, le présent et l'avenir constituent une seule et même chose.*
>
> *Ma question est la suivante : Un tel appareil existe-t-il réellement ? Il me semble impossible qu'un film soit réalisé sur un tel sujet sans qu'il reflète une réalité existante ou sur le point de l'être. Sommes-nous à la veille de vivre ce genre de chose ?*

On peut littéralement affirmer que vous le vivez en cet instant même, sans qu'il soit nécessaire de recourir à une quelconque machine magique. Même si cela paraît déroutant, prenons quelques instants pour examiner comment cela fonctionne. Quand vous êtes dans votre réalité tridimensionnelle, le temps est tel un ruban qui se déroule du passé au présent et à l'avenir. À l'instar d'une voie ferroviaire, il est étroit, avançant en ligne droite sans dévier de sa trajectoire. Vous regardez donc toujours vers l'avant, observant ce qui arrive et vous demandant de quoi l'avenir sera fait. En vérité, il vous est possible d'emprunter des douzaines de chemins différents, mais vous n'en découvrez qu'un seul.

Cependant, nous vous l'avons expliqué, lorsque vous sortez de votre réalité tridimensionnelle pour vous ouvrir à d'autres dimensions, vous pouvez alors choisir le chemin correspondant précisément au potentiel que vous voulez développer, et le superposer à votre « ruban linéaire ». Lorsque vous travaillez sur du matériel appartenant à vos vies antérieures, vous avez alors affaire à des énergies interdimensionnelles. Si vous avez une bonne compréhension de ce processus, vous êtes alors à même de comprendre toute l'utilité des vies passées. Ces vies font partie intégrante de vous et, à chacun de vos passages sur la planète, vous acquérez de l'énergie, des connaissances et de l'expérience, chaque incarnation vous amenant à un stade d'évolution plus avancé. Chaque fois que vous revenez, tout ce que vous avez appris jusque-là est disponible, bien que le libre arbitre vous empêche souvent d'y accéder. Certains chamans, aujourd'hui, ne veulent absolument pas ouvrir cette boîte, par crainte de l'énergie qu'elle renferme. Ils passent leur vie entière sans atteindre l'illumination, un choix qui, bien sûr, leur appartient puisqu'il n'y a aucun jugement dans cette observation.

Lorsque vous en prenez conscience, vous ne pouvez faire autrement que de réaliser que plus vous parvenez à penser et à agir de manière interdimensionnelle, plus s'accroît votre aptitude à puiser dans l'expérience acquise au fil de vos vies passées. Lorsque vous le faites, vous avez la possibilité de plonger dans ces anciennes incarnations pour en extraire des richesses de talent, de santé, de force et de savoir. Le tout fait partie des annales akashiques de votre ADN et n'attend que votre bon vouloir pour être mis à profit.

Alors supposons que vous décidiez de tirer parti de ces ressources intérieures. Vous voilà, en train de penser que vous êtes un humain tridimensionnel et que vous avez tout pigé, n'est-ce pas ? Le passé est le passé, dites-vous, et personne ne peut rien y changer. L'avenir est inconnu, et là encore vous ne pouvez rien y faire. Surprise ! Vous êtes sur le point de les changer tous les deux. Lorsque vous allez puiser dans l'Akash pour y revendiquer le savoir que vous possédiez quand vous étiez un leader spirituel, un orateur, ou un guérisseur... que faites-vous au juste ? Dans une perspective tridimensionnelle, vous puisez dans le passé pour y chercher l'énergie qui est toujours active – puisque d'un point de vue interdimensionnel, ce passé est éternellement présent. Puis, vous l'insérez dans votre vie actuelle, ce qui a pour effet de modifier l'avenir. Ce faisant, vous avez transformé le passé, puisque vous y êtes allé et que vous avez utilisé l'énergie qui ne pouvait être disponible que grâce à votre « machine temporelle » personnelle !

La véritable réponse à votre question est donc que tout ce qui touche à la réalité interdimensionnelle devient une machine temporelle. La chose la plus interdimensionnelle que vous possédiez est votre propre ADN, sans compter la faculté spirituelle que vous avez d'accéder à cette réalité.

Un jour, un appareil physique semblable à celui que vous décrivez sera mis au point, mais il ne permettra que d'observer le passé, non de le modifier. Vous ne pouvez pas non plus revivre des événements passés, car ils sont enregistrés, tel un film que l'on ne peut que visionner. Toutefois, d'un point de vue ésotérique, vous pouvez réellement vous en servir pour transférer jusqu'à votre époque l'énergie d'un temps révolu. Cela peut être considéré comme l'ultime machine à voyager dans le temps, et elle est parfaitement à votre portée.

— *De nombreux* channels *ont abordé le concept selon lequel il est possible de modifier notre passé, mais cela aurait pour effet de changer également celui des autres personnes ayant été en relation avec nous. Comment une telle décision se prend-elle ? Dans cet exemple, une décision consciente a été prise, dans le présent, de revenir en arrière avant qu'un événement ne se produise, et ce, afin d'éviter un dénouement dramatique. Mais peut-être cela n'a-t-il aucune importance, puisque de nombreux aspects de nous-mêmes contribuent au choix d'un dénouement possible et que chacun sera heureux du choix retenu, quel qu'il soit ! Peut-être aussi que ma pensée est toujours sous l'emprise de la dualité et que tout cela me dépasse justement pour cette raison ! Peut-on supposer qu'il s'agit là d'un grand champ unifié de conscience et que nous pouvons jouer tous les rôles désirés, sans conséquences ?*

Prenons la Convergence harmonique. Il ne s'agit pas seulement du nom d'un événement astronomique, car il est devenu également synonyme de l'énergie du 11:11 et de l'époque où vous avez décidé de remodeler le cours de votre histoire. Du moins, c'est ce que vous célébrez chaque année. Il est donc légitime de se demander si tout le monde à l'époque a permis l'organisation de cet événement.

Nous vous avons répété à maintes reprises qu'une infime minorité de gens effectueraient un changement pour la vaste majorité des autres. C'est ce qui est survenu, et ils vont continuer à le faire. Nous vous avons affirmé en 2006 que moins d'un demi de 1 % des humains allaient créer un changement global et instaurer la paix sur terre. D'un point de vue purement intellectuel, certains pourraient demander : « Est-ce correct ? Qu'arrivera-t-il si le reste de l'humanité ne veut pas de ce que cette minorité a créé ? »

Encore une fois, vous allez devoir changer votre perception pour comprendre tout cela. J'aimerais adresser la question suivante à ceux d'entre vous qui jouissent d'une forme de gouvernement représentatif. Il s'agit d'une analogie offerte uniquement pour l'enseignement ; elle ne s'applique pas à toutes les situations, mais donne un aperçu de la façon dont cela fonctionne. Lorsqu'une loi ayant des répercussions sur votre vie est adoptée par l'assemblée législative de votre pays, vous ne vous précipitez pas dans la rue en criant : « *Qui vous a donné la permission de faire cela ? Personne ne me l'a demandé !* » En vérité, vous acceptez le fait que vous avez confié à vos représentants politiques élus le pouvoir d'effectuer les changements qu'ils estiment être les meilleurs pour votre pays, puis vous vaquez ensuite aux occupations habituelles nécessaires à votre survie et à votre confort.

C'est là un instantané de la manière dont les choses fonctionnent. Rappelez-vous toutefois que vous n'êtes pas entièrement ici, alors que vous vous promenez en prétendant être un humain. De fait, la majeure partie de votre énergie divine est toujours dans l'Akash, en train de planifier avec les autres autour de vous. Considérez cela comme une réunion ininterrompue et un Haut Conseil des Moi supérieurs de tous les humains présents sur terre, qui sont ensemble tout le temps afin de créer des événements semblant relever d'un étonnant synchronisme. Mais non fortuits, ces derniers sont simplement planifiés en fonction de votre propre énergie et de ce que vous désirez manifester.

Il existe donc une règle dont nous ne vous avons jamais parlé, selon laquelle *le sort de l'humanité entière dépend des quelques humains qui s'efforcent d'atteindre la maîtrise spirituelle, car ce sont eux qui déterminent l'avenir de la planète et sa fréquence vibratoire.* Les autres humains ne s'éveilleront peut-être jamais assez pour atteindre l'illumination, ou même ne s'aventureront jamais dans une église autrement que mus par la curiosité ou la peur. Si vous en doutez, alors expliquez pourquoi la présence dans le passé de seulement trois maîtres détermine encore aujourd'hui les croyances de plus de 2,5 milliards de vos semblables ? Intuitivement, vous comprenez que tous ces gens leur ont donné la permission de façonner leur vie et leur avenir.

Dans le cas de la Convergence harmonique, vous avez été assez nombreux à vous éveiller et à demander que l'ancienne énergie soit convertie. En fait, vous avez examiné « l'ancienne fin du roman » de l'aventure humaine et vous avez constaté qu'elle ne correspondait plus à qui vous étiez devenus. Vous avez dès lors choisi de continuer en empruntant un nouveau chemin et de créer de nouvelles possibilités. Votre histoire était loin d'être terminée ! C'est ce qui a entraîné mon émergence sur la planète afin de m'exprimer par l'entremise d'un *channel* et de reconfigurer la grille magnétique, ce qui a permis d'ajuster votre ADN.

L'ensemble des Moi supérieurs de l'humanité a acclamé cette décision et donné son accord au fait que les choses évoluent au-delà de l'ancien dénouement, et des milliards d'humains n'ont pas la moindre idée de ce qui s'est passé. Mais dans votre ADN, chaque cellule le sait parfaitement et s'en réjouit. L'aspect de vous qui se trouve de l'autre côté du voile connaît le véritable but que vous poursuivez sur la planète, et tout ce qui s'est produit dans la foulée de ce que l'énergie du 11:11 a enclenché coïncide précisément avec la raison de votre présence ici. Une infime minorité d'humains continue à façonner l'avenir de tous les autres, et elle le fait avec leur permission sans qu'ils en aient vraiment conscience.

En ce qui concerne le karma, vous souvenez-vous du message que nous vous adressions en 1989 ? Si vous vous en rappelez, vous comprenez que le mécanisme de ce que vous appelez le karma n'est plus actif. Révolue est l'époque où une énergie créée dans une vie antérieure demandait à être compensée dans la vie suivante en raison de ce que vous appelez le karma. Vous êtes rendus au-delà de ce processus désuet lié à une vieille énergie d'équilibre. Dans la nouvelle énergie d'équilibre, l'être humain crée un « groupe de soutien pour les vies antérieures » qui lui fournit les outils dont il a besoin pour parvenir à la maîtrise intérieure. L'ancien fardeau qu'il fallait porter toute sa vie à cause du karma est désormais levé, et le nouvel humain est spirituellement plus évolué en raison de ce qui est survenu lors du 11:11.

Beaucoup de gens perçoivent ce changement et se sentent perdus ! Chaque cellule de leur corps s'attend à subir les conséquences d'un quelconque karma, mais rien ne se passe. Bienvenue sur la Nouvelle Terre ! Bienvenue dans un nouveau système qui honore davantage l'humain qu'à tout autre moment de son histoire. Un grand maître vous a jadis dit que les doux hériteront de la Terre. Voilà de quoi il est ici question, car les doux ont changé votre histoire et votre avenir.

– De plus en plus de gens voient un ADN détortillé dans leurs visualisations. Avec tous les changements en cours, peut-être celui-ci s'adapte-t-il à la dimension supérieure qui émerge. D'autres observent également qu'il est plus facile de guérir et d'obtenir des informations lorsque l'ADN n'est pas enroulé sur lui-même, mais parallèle. Cela voudrait-il dire que nous pouvons maintenant accéder plus facilement aux informations dont nous avons besoin ?

Mon autre question concerne la lumière. Selon ce que je comprends, la lumière coordonne les cellules pour qu'elles fonctionnent à l'unisson. La présence de lumière sous forme concentrée indique la présence d'informations également sous forme concentrée. Comme l'ADN est de l'information concentrée, est-ce à dire qu'il est fait de lumière, de couleurs et probablement de sons ? Est-ce possible ?

Avant de répondre à ta seconde question, permets-moi de répondre à celle qui porte sur l'ADN. L'ADN est enroulé sur lui-même en raison de la force magnétique. Sa forme d'échelle est unique et due non seulement à des réactions chimiques, mais aussi aux caractéristiques propres à la structure atomique de cette molécule et aux très petites charges magnétiques des atomes qui la composent. Plus les objets sont petits dans la matière, plus ils sont sensibles à l'influence de la structure des champs magnétiques et de certaines composantes fondamentales de toute matière. La molécule d'ADN est certainement assez petite pour être influencée. Sa forme spiralée est donc absolument nécessaire.

Le fait de voir un ADN déroulé est une métaphore pour la résolution d'un casse-tête. Lorsque vous voyez pour la première fois le boîtier d'une transmission automatique, vous n'avez pas la moindre idée de la façon dont cette dernière fonctionne. Mais si vous ouvrez le boîtier et que vous en examinez soigneusement les divers éléments après les avoir démontés et placés sur une toile, un éclair de compréhension jaillit dans votre esprit et vous commencez à comprendre sa conception.

Le fait de voir un ADN déroulé signifie donc que vous voyez un casse-tête ayant été décrypté. Ceci ouvre une voie plus claire à la guérison et au travail de base de l'ADN que le fait de le « voir » sous sa forme normalement requise pour qu'il agisse sur le plan biologique. De même, une transmission automatique sera sans effet si elle est en pièces détachées, mais elle constituera un merveilleux outil d'enseignements pour ceux qui souhaitent l'améliorer et comprendre son fonctionnement.

À propos, il y a de la lumière dans l'ADN... de la lumière physique. Certains scientifiques ont même pu l'observer. Nous vous encourageons donc à l'examiner plus attentivement afin de dévoiler davantage ce phénomène. Placez de l'ADN actif dans un lieu très obscur et observez-le avec des instruments conçus pour déceler la lumière. Après un moment, vous constaterez qu'il « luit ». À présent, dites-moi ce que cela vous révèle. (*Kryeon sourit.*)

— *Se pourrait-il que notre aura soit l'extension de la lumière concentrée émanant de notre ADN, un peu comme une lumière intérieure se reflétant hors de notre corps ? L'aura serait alors la contrepartie énergétique d'un aspect scientifique plus complexe de ce que nous sommes.*

Si tel est le cas, pourrait-on également dire que nous sommes incapables d'agir directement sur notre ADN étant donné nos connaissances actuelles limitées ? Que l'aura joue ce rôle et que si nous en savions davantage sur l'aura, il nous serait possible de modifier notre ADN ?

Votre ADN influence directement votre aura. Celle-ci témoigne de la couleur de votre énergie interdimensionnelle, et cette même couleur dépend de la façon dont votre ADN change. Il ne vous est donc possible de modifier vos attributs auriques qu'en travaillant sur l'ADN. Les appareils photo Kirlian ne photographient pas vraiment l'aura. Ils permettent uniquement de photographier l'énergie magnétique résiduelle susceptible d'être détectée dans votre dimension. Seules les personnes ayant des facultés de perception extrasensorielle peuvent réellement voir une aura. Ces appareils photo ne sont pas des appareils interdimensionnels.

La plupart des humains, y compris les plus illuminés, n'ont pas le sentiment d'avoir une quelconque influence sur leur ADN, mais ils en ont pourtant une. J'ai récemment révélé à mon partenaire [Lee] les mécanismes internes de la majeure partie de l'ADN constituée des portions non codées que les scientifiques considèrent toujours comme de l'ADN « poubelle » ou, plus récemment, comme la « matière obscure du génome humain ». C'est là que se trouvent les annales akashiques, les connexions lémuriennes que vous avez tous, et même les attributs non humains que les Pléiadiens vous ont donnés. Ce sont les parties interdimensionnelles de l'ADN qui peuvent être activées par vos propres efforts pour vous faire accéder à la maîtrise spirituelle.

Vous pourriez donc affirmer que la différence entre le pire humain qui ait jamais existé et le plus grand maître spirituel de tous les temps tient essentiellement au degré d'activation de ces parties interdimensionnelles de l'ADN. Chaque humain exerce un contrôle sur le sien. Il peut tourner le dos à la divinité qui sommeille en lui et choisir de s'enfoncer dans la plus vile forme d'énergie imaginable, et ainsi devenir obsédé par la mort, la torture, la cupidité, le pouvoir et le culte du mal. Il peut également découvrir sa divinité et accéder à une dimension sacrée jusque-là réservée uniquement aux grands maîtres spirituels. C'est de cela qu'il s'agit lorsqu'il est question de libre arbitre et de dualité. L'être humain est donc à la fois Dieu et démon ; c'est lui qui a le contrôle de la noirceur et de la lumière présentes dans son âme.

Cette idée est tellement étrangère à la plupart des humains, que ces derniers attribuent plutôt ces choses aux anges et aux démons, et épousent la mythologie du bien et du mal pour lui trouver une explication convaincante... sans jamais assumer aucune responsabilité dans un sens ou dans l'autre ! Si quelque chose de mauvais survient, alors c'est la faute du diable. Par contre, si quelque chose de merveilleux arrive, alors ils en attribuent la responsabilité à Dieu. En vérité, ce sont les humains qui sont aux commandes.

Changez vos intentions ; travaillez sur vous-mêmes ; demandez des réponses ; consacrez votre vie à une quête pour la paix et faites en sorte de comprendre et d'étudier ce que les maîtres du passé ont accompli. Si vous le faites, cela changera votre ADN, lequel assimilera l'énergie de votre intention à des « ordres du patron », et votre aura changera à son tour.

Vous ne pouvez jamais « agir » sur votre ADN. Vous enlevez simplement le voile empêchant certains de ses aspects tridimensionnels de fonctionner pleinement. Réfléchissez-y un peu. Lorsque vous travaillez sur votre ADN, en réalité vous *soustrayez les aspects humains* !

La nouvelle frontière

J'aimerais vous parler de la nouvelle frontière. Il y en a qui vous diront que c'est forcément la Chine. Ce n'est pas le cas. Oh ! des choses extraordinaires vont certainement se produire en Chine, un pays qui représente la nouvelle révolution industrielle pour la planète. Mais comme c'est précisément ce à quoi l'on s'attendait, ce n'est donc rien de vraiment nouveau. Vous saviez déjà cela.

L'Esprit ne donne pas de conseils généraux. Il révèle des avenirs potentiels et offre des suggestions dans le contexte de ce que vous créez déjà. Permettez-moi donc de vous donner quelques conseils au sujet de la Chine, sur la base de ce que l'avenir vous réserve. Le dragon agit avec lenteur et existe depuis des milliers d'années, alors que le pays où se trouve présentement mon partenaire [Lee] n'a été fondé qu'il y a à peine 500 ans. La Chine sait ce qu'elle fait. Elle étudie à sa façon le capitalisme, et elle n'a pas terminé. Les Asiatiques excellent dans l'art de démonter et de remonter les choses afin d'étudier leur fonctionnement et de fabriquer ensuite de meilleurs produits que ceux qu'ils ont étudiés. C'est ce que fait la Chine en ce moment avec Hong Kong, un modèle de savoir-faire en matière de haute finance et de capitalisme international qui a été développé sous l'autorité britannique. D'après vous, est-ce purement le fruit du hasard si les Chinois ont hérité de Hong Kong au terme d'un bail de 99 ans et si cela a eu lieu de votre vivant ? Ils étudient et ils apprennent, et, dans leurs efforts pour créer un capitalisme chinois, ils répéteront plusieurs des erreurs commises par votre pays.

Mais les pays occidentaux seraient bien avisés de leur apporter un soutien dans les domaines où ils sont faibles et de partager avec eux les connaissances et la sagesse nécessaires pour faire marcher les choses dont ils ont besoin, sans leur imposer par la même occasion la culture occidentale. Laissez-les s'exprimer librement dans leur culture asiatique, et ils développeront une économie plus forte que la vôtre et qui pourrait même vous surprendre, car elle apportera également l'abondance en Occident par des investissements et son expansion. Mais cela n'a rien de nouveau pour vous.

Alors, pensez-vous, si la Chine n'est pas la nouvelle frontière, ce doit sans doute être le Proche-Orient. Mais je vous le dis, ce n'est pas là non plus qu'elle se trouve. Le Proche-Orient constitue un problème crucial. Cette région est un foyer de conflits et un véritable casse-tête qui doit être résolu et stabilisé afin que vous puissiez aller au-delà de l'année charnière 2012 et entrer dans l'ère de paix promise. Il n'est pas nécessaire que tout soit réglé avant 2012, mais ce serait une bonne chose si vous commenciez maintenant à stabiliser cette région, le berceau de votre civilisation.

De quelle partie de la Terre croyez-vous que je vais maintenant parler ? Quelle est la nouvelle frontière ? Je vais vous transmettre une information dont seuls ceux qui viendront après vous pourront vérifier l'exactitude. Mais, bien évidemment, vous serez nombreux à vous être alors réincarnés. Je sais qui vous êtes et pourquoi vous êtes ici. Je connais les circonstances particulières de chacune de vos vies personnelles.

Je veux parler de l'UA. Qu'est-ce donc ? Il faudra encore sans doute près de 50 ans, soit deux générations, avant que l'Union africaine ne soit formée. Vous connaissez le Dr Todd Ovokaitys, un homme qui aidera à guérir le continent africain d'ici une vingtaine d'années. Le jour où les citoyens de ce grand continent auront retrouvé la santé, ils auront alors les mêmes besoins que les autres économies normales. Ce que vous ne savez pas, c'est que des sommes colossales seront investies dans la santé des Africains ! Il y en a sur terre qui voient clairement une telle chose survenir et qui voient aussi de grandes cités apparaître au sein de cette future Union africaine. Cette dernière résultera de l'assemblage de nombreux États africains sur un modèle identique à celui de l'Union européenne (UE). Toutefois, l'UA sera plus grande et plus puissante, avec ses propres marchés boursiers qui rivaliseront avec tout ce que la Terre a déjà connu, y compris les Chinois, et ce, parce que les ressources dont le monde aura besoin dans l'avenir se trouvent en Afrique, y compris certaines dont vous n'avez encore aucune connaissance. Voilà où se situe la nouvelle grande frontière, et dans cette nouvelle énergie, il faut que ce continent soit guéri, ce qui est en voie de se réaliser et, de fait, le sera.

Trois grandes inventions en matière de santé seront bientôt disponibles sur ce continent. L'une d'elles proviendra du Dr Ovokaitys ; quant aux deux autres, présentement mises au point, elles seront également de nature curative. Grâce à ces trois inventions, il sera possible de guérir entièrement ce continent. Cela se fera en bonne partie durant votre vie, pourvu que les Nations unies y participent. Commencez-vous à mieux comprendre ? L'ONU se doit d'apporter la paix en Afrique ! Concentrez-vous sur ceux qui s'opposent à la paix et expliquez-leur pourquoi ils devraient tous vivre dans la paix. L'éducation, la négociation et le raisonnement sont de si puissants outils que le recours à la force est inutile. Il faut s'attendre à ce que ces nouvelles cités créent un type de civilisation que cette planète n'a jamais connu auparavant. Elles seront sans égales et surpasseront tout ce qui a pu exister dans le passé. Telle est la nouvelle frontière. Les germes de cette nouvelle civilisation émergeront de votre vivant. Contre toute attente, vous verrez que des sommes colossales y seront investies, et un jour il n'y aura plus aucune trace des guerres tribales et de toute la corruption que l'on y observe présentement, et ce, même dans les régions de production de pierres diamantaires. Vous pouvez me croire, mais lorsque ces changements débuteront, vous comprendrez mieux.

Oh ! une dernière chose. Je vais vous révéler, pour la seule et unique fois, ce que mon partenaire a consenti à faire dans sa prochaine vie. [Lee ne connaît pas cette information alors qu'il s'apprête à la canaliser.] Voyez-vous, le temps n'existe pas de notre côté du voile. Toutes les possibilités y sont connues. Il ne s'agit pas d'une prédestination, mais d'une prédisposition à l'égard de ce qu'il a déjà décidé de faire à un niveau de son être dont il ignore tout. Il n'a aucune idée de ce que je vais dire. Il va l'entendre en même temps que vous et, en l'apprenant, il s'en réjouira.

Dans environ 65 ou 70 ans, le potentiel existe, pour l'instant, qu'un homme naisse et grandisse en Afrique pour y devenir, à l'âge de 36 ans, un nouveau leader noir. Ce sera mon partenaire, l'homme qui est en train de canaliser cette information. C'est ce qu'il choisit et ce qu'il veut sur le plan de l'âme. Son leadership sera de nature spirituelle et non politique, et il se consacrera à aider ceux qui auront besoin d'une guérison émotionnelle du cœur, ce qui est indispensable à la naissance d'une nouvelle grande civilisation. Surveillez bien, car cette fois-ci, son travail ne portera pas le nom de Kryeon, mais bien plutôt un nom adapté à la culture de cette époque et que les gens comprendront dans leur langue.

Chers humains, conservez précieusement cette transcription pour le bénéfice de ceux qui vivront alors, afin qu'ils connaissent cet homme grâce à ses antécédents. Ces propos vous paraissent énigmatiques pour l'instant, mais vous en saisirez tout le sens lorsque cela aura lieu.

J'ai tout à fait conscience d'être en mon partenaire en ce moment et de ressentir ce qu'il ressent. C'est là une fusion spirituelle, n'est-ce pas ? Sachez qu'aujourd'hui il y a une énergie tout à fait différente. Chers humains, si, en terminant votre lecture, vous choisissez de voir en lui un phare pour l'avenir vous serez différents de la personne que vous étiez avant de la commencer. Ne soyez pas surpris non plus qu'une guérison soit survenue en vous pendant que vous lisiez.

Bénis soient ceux qui sont de simples travailleurs de la Lumière, car ce sont eux qui, chaque année, sauvent un million de vies.

Dieu sait qui vous êtes.

L'année 2008

Considérez 2007 comme une année propice pour régler certaines choses en raison de ce qui va se produire en 2008. J'ai déjà abordé cette question auparavant. L'énergie de 2008 offre de grandes possibilités. Si vous examinez toutes les possibilités s'offrant à vous, vous constaterez que celles de 2008 rayonnent davantage en faveur de votre énergie que celles de 2007. L'année 2007 en est une d'accomplissement et de responsabilité face à toutes les choses dont vous ne voulez pas entendre parler, et ce, afin de vous préparer à l'année « 1 » (2008 en numérologie).

L'année 2008 recèle un grand potentiel pour de nouveaux commencements au sens large. Et pourtant, il y en aura qui diront : « *Oui, le commencement de la fin !* » (*Rire.*) Très chers, si c'est là que vous voulez aller, alors allez-y. Mais voici le potentiel de 2008 : ce sera le commencement de ce qui devra être dégagé pour laisser place à ce qui se passera en 2012. Il ne restera plus alors que quatre années avant le début de 2012.

Nous étions debout, mon partenaire et moi, sur une scène à Tel-Aviv, il y a quelques années. Je lui transmettais l'information qu'il devait communiquer aux Israéliens présents. Deux mille huit sera potentiellement une année charnière pour Israël, car c'est alors qu'émergera une conscience qui permettra de créer la structure politique finale visant à résoudre ses problèmes avec ses voisins, ce qui aura des répercussions sur plusieurs générations. Oh ! il ne faut pas vous attendre à ce que les Israéliens et les Palestiniens se mettent soudain à s'aimer en 2008. Dieu agit avec lenteur, mais on peut penser qu'une entente sage sera conclue grâce à laquelle des échanges commerciaux pourront se développer entre eux d'ici une ou deux générations. J'aimerais donc vous poser la question suivante : Vous qui faites partie de la génération ayant connu l'époque de la guerre froide, qu'avez-vous alors senti qui vous paraissait impossible ? Si je vous avais demandé durant les années 1960 de quoi serait fait votre avenir, et si je vous avais dit que l'Union soviétique cesserait d'exister, auriez-vous invoqué le fait qu'il y avait trop de peur dans ce pays, trop de puissances en jeu, trop de structures de contrôle, ou que le poids de l'histoire était trop grand pour qu'une telle chose soit possible ? Eh bien, cela s'est pourtant produit, n'est-ce pas ? Et ce, sans la guerre, parce que votre conscience a changé !

Pouvez-vous concevoir alors que 2007 soit l'année de la fin des vieilles habitudes et du développement de nouvelles qui permettront d'instaurer un nouveau paradigme sur la Terre entière ? Ainsi, combien de minutes par jour consacrez-vous à envoyer de la lumière à d'autres endroits sur la planète ? Pourquoi, selon vous, êtes-vous toujours là ? Il vous faudrait peut-être réévaluer les choses. Allez-vous encore me répéter qu'il y a trop de haine dans le monde et que les derniers millénaires ont démontré que la paix y est impossible ? Allez-vous tenir compte du message d'espoir que la Convergence harmonique a apporté… ou bien allez-vous vous complaire dans votre réalité actuelle et vous construire un autre abri souterrain en prévision d'une catastrophe imminente ? Ne voyez-vous pas en quoi ce genre d'attitude est une répétition de la même énergie de peur ?

Au lieu de faire cela, pourquoi ne pas plutôt réévaluer à quel point l'Univers vous aime ? Aucun monstre effrayant ne se cache de l'autre côté du voile. Au contraire, votre famille, qui vous aime tendrement et vous connaît intimement, vous y attend. C'est avec elle que vous œuvrez pour réarranger les énergies de cette planète. Ici même, dans cette salle, se trouvent des gens qui, chaque jour, envoient à tous de la lumière, collaborent avec les peuples autochtones, dispensent la sagesse de la planète, et utilisent les énergies de guérison à l'aide, notamment, de cristaux. *Nous savons qui vous êtes !*

Hors de l'espace et du temps, il semble que vous êtes sur ma *table* des potentialités. Je vous vois en train de lire ce message. Vous êtes ce qu'il y a de plus précieux pour cette planète. Le saviez-vous ? La Présence divine en vous peut créer la paix sur terre. Faites retentir partout ce message ; faites en sorte qu'il parvienne à des milliers de personnes qui voudront bien nous accorder deux minutes par jour pour envoyer leur lumière. Il suffit qu'un demi de 1 % des gens sur la Terre s'éveillent et fassent ces choses pour que la paix s'instaure pour des générations à venir – pour vous-mêmes, vos enfants et vos petits-enfants. Voilà ce dont la Conscience divine en vous est capable… et vous en avez déjà eu la preuve de votre vivant. Le temps est venu de le refaire. Il est temps de célébrer ce défi et de clamer : « *C'est bien dans mon âme.* » Bénis soient ceux qui lisent ceci.

— Pour faire suite à cette idée d'un nouveau commencement, est-ce la raison pour laquelle tous les maîtres ayant jadis vécu sur terre y sont de retour aujourd'hui ? Sont-ils revenus en préparation à ce qui va se produire en 2008 ?

Les maîtres sont revenus le 5 mars 2005, au cours de ce que nous avons appelé la « Matrice du paradis* ». Cet événement est passé largement inaperçu, mais c'est néanmoins l'un des plus importants à être survenus entre vous et le voile.

Ils sont revenus afin que l'énergie de l'ascension soit disponible pour vous, grâce à leur énergie magnétique, car ils sont postés sur la grille magnétique, celle que nous avons préparée à leur intention et qui était complétée à la fin de 2002. Commencez-vous à mieux comprendre de quoi il s'agit ?

Acceptez les nouveaux outils que l'Esprit vous offre et sachez que l'énergie magnétique communique avec votre ADN et configure les possibilités de votre conscience. Les maîtres sont revenus afin qu'à votre tour vous puissiez être des maîtres… C'est simple, mais profond.

Le voyage des travailleurs de lumière en 2008

Pour cette dernière partie, j'aimerais faire quelque chose de différent et terminer ce chapitre par une des fameuses histoires, à la fois métaphores et paraboles, de Kryeon décrivant le chemin que devront parcourir les travailleurs de la lumière en 2008… leurs défis, leurs joies, leurs réalisations, et ainsi de suite.

---

* (NdÉ : La Matrice du paradis a réactivé le projet original du *paradis sur terre*. Ce projet était conservé dans les Annales akashiques de la Terre. Il faut savoir qu'il existe à l'intérieur de la planète un ensemble de « registres de l'ADN planétaire » qui renferment tout ce que notre planète a vécu depuis sa création, y compris les codes géométriques sacrés originaux de la Terre. À l'origine, ces codes avaient été activés en Lémurie, avant son déclin à l'époque de l'Atlantide. Le paradis sur terre était en fait le plan initial et l'intention des Élohim, les créateurs angéliques pour cette planète. La réactivation de cette intention a eu lieu et sa spirale a touché Hawaii le 5 mars 2005.)

Wo et le visage de Dieu

La culture mûrissait dans le pays de Wo, car la tribu qui célébrait cet ancien guerrier et ce grand saint homme appelé Wo évoluait depuis plus de 500 ans. Elle disposait maintenant de sa propre assemblée, de ses tribunaux et même d'une bibliothèque. Les descendants de ce valeureux fondateur de leur civilisation étaient désormais nombreux, mais ceux et celles qui étaient d'une lignée pure étaient révérés et s'appelaient tous « Wo ». Or, pour les fins de cette parabole, même si ce nom, qui ne possédait aucun genre particulier, pouvait désigner autant un homme qu'une femme, nous allons le considérer ici comme un nom masculin.

Wo, le leader actuel et saint homme de la tribu, était un descendant de cette lignée ancestrale. Il n'avait jamais connu rien d'autre que l'adoration de ses citoyens, et toute sa vie on l'avait vu comme un saint homme, non comme un souverain ou un roi. Un gouvernement élu dirigeait le pays avec les allées et venues habituelles d'officiels, mais Wo, à l'instar d'un roi, avait été là durant toutes ces années. Il avait un jeune fils qui se préparait à être le prochain « chef Wo », et tout semblait aller pour le mieux dans le meilleur des mondes.

Dans toute civilisation, les choses évoluent. Lentement, les opinions changent et s'affinent, et de nombreuses questions qui ne pouvaient jamais être abordées ni débattues commençaient maintenant à émerger. Par le passé, Wo avait toujours fait comme ses ancêtres. Le système de croyances de toute sa communauté était fondé sur l'histoire et sur les paroles des anciens chefs Wo rapportées dans les livres alors que ces derniers étaient en communication avec Dieu. De nombreux livres étaient disponibles pour qui voulait les consulter, mais seul Wo était capable de les interpréter, ou même de les modifier. C'était également à Wo que revenait la responsabilité d'écrire dans le Livre de la vie, ainsi qu'on l'appelait, et de transmettre ses propres prophéties et visions, puisqu'il était le seul à pouvoir parler avec Dieu.

Tout se passa ainsi, jusqu'au jour où il devint évident que plusieurs parmi les penseurs les plus progressistes de cette société voulaient en savoir davantage au sujet du Dieu qu'ils adoraient. Ils commençaient à se demander qui ils étaient et comment ils pourraient mieux servir le Dieu qu'ils aimaient et qui comblait tous leurs besoins. Ils se mirent à poser de sérieuses questions à Wo et s'apprêtèrent à lui demander de faire une chose impossible et impensable.

Le pays de Wo était constitué d'une immense vallée entourée de montagnes. Tous les habitants vivaient exclusivement dans cette vallée, car ils étaient tous persuadés qu'en sortir serait aller au-devant d'une mort certaine pour quiconque n'était pas un descendant direct du grand Wo. Selon la croyance populaire, cette vallée était bénie et protégée par Dieu. Les montagnes étaient des lieux saints et les seuls qui étaient autorisés à les gravir étaient justement les saints hommes de la tribu de Wo, et ce, seulement s'ils étaient guidés par Wo lui-même. Chaque année, Wo escaladait la principale montagne et accomplissait le rituel annuel destiné à assurer la venue des pluies dont dépendait la survie de son peuple, qui avait développé de très bonnes méthodes de culture. De fait, des averses tombaient régulièrement du ciel, alimentant ainsi les torrents qui dévalaient des montagnes environnantes et remplissaient les bassins construits par les hommes, dans le but de retenir cette eau providentielle. Il n'y avait aucun lac dans cette contrée ni aucune mer… sauf celle dont il était question dans leur mythologie, selon laquelle la source principale d'eau devait se trouver auprès de Dieu et qu'elle était cachée quelque part. L'eau était considérée comme une ressource sacrée.

Lorsque Wo entamait son pèlerinage annuel, il avait entre autres la responsabilité de monter jusqu'au point le plus élevé de la plus haute montagne afin d'aller parler à Dieu. Chaque année, il en ramenait le récit de moments d'intenses inspirations qu'il communiquait aux gens dès son retour. Il n'avait jamais réellement entendu la voix de Dieu, mais il se gardait bien de le mentionner à quiconque. Il transmettait donc le « message de Dieu » qu'il prétendait avoir reçu lors de ces instants de communion. Il savait que ses ancêtres avaient fait de même avant lui, et tout était bien ainsi. Ces messages comportaient chaque fois des instructions et des protocoles, rien de vraiment nouveau en somme, mais seulement des affirmations de ce qui était historiquement connu.

Puis, lors d'un de ces voyages, il vit une chose extraordinaire. Il avait laissé derrière lui les autres descendants de Wo l'ayant accompagné sur la montagne, puis il avait continué seul jusqu'au sommet. Les nuages s'étaient écartés, et quand il regarda de l'autre côté de la vallée, ses yeux se rivèrent sur cette vision fantastique. Il tomba à genoux, fixant d'un regard ébahi un vaste océan apparu entre les nuages qui s'étaient séparés d'une étrange façon… Il y avait là plus d'eau que Wo n'en avait jamais vue… aussi loin que portait son regard ! Voilà, se dit-il, d'où provient l'eau que la pluie apporte. C'était sans doute là que Dieu vivait, et Wo était le seul à avoir jamais contemplé cet endroit. C'était le signe, pensait-il, qu'il venait de voir Dieu. À son retour parmi les siens, il raconta cette extraordinaire histoire et expliqua que l'eau devait forcément s'élever de cet Océan-Dieu et leur être ensuite apportée par la voie du ciel, au-dessus des montagnes, pour s'en écouler jusque dans les réservoirs grâce auxquels ils pouvaient irriguer leurs cultures et avoir de quoi se nourrir pour vivre.

Un jour, les anciens et les politiciens se rassemblèrent devant Wo. Ils participaient tous à une importante assemblée spirituelle qui, chaque année, était consacrée à l'expression de sentiments de gratitude. C'était aussi un temps où chacun pouvait poser des questions à Wo, qui prenait grand plaisir à y répondre. Mais ce jour-là, les choses furent différentes. Le chef du conseil s'adressa à lui en ces termes : « *Magnifique Wo, nous en sommes à un stade de notre civilisation où nous avons réellement besoin d'en savoir plus sur Dieu. Vos ancêtres nous ont laissé un riche héritage d'histoires, de livres, de perspectives et d'enseignements ancestraux, mais nous sommes maintenant prêts à en apprendre davantage.* »

Wo était manifestement intéressé à entendre cette supplique, non sans craindre quelque peu ce qui allait suivre. Jamais auparavant on ne lui avait soumis une quelconque requête, sauf pour guérir quelqu'un ou lui demander le genre de choses dont les gens ont besoin de la part de leurs leaders spirituels.

« *Nous aimerions que vous, le seul homme vivant qui puisse le faire, alliez de l'autre côté des hautes montagnes pour rencontrer Dieu. Étant le seul à avoir la capacité et le droit de le faire, nous vous prions d'aller plonger dans les eaux de Dieu, d'y ouvrir les yeux et de nous faire part ensuite de son apparence. Étant incapables de visualiser Dieu, nous n'avons aucune image de lui et nous aimerions pouvoir enfin dessiner son image sacrée et savoir comment nous le représenter en pensée. Nous voudrions frapper des pièces de monnaie à son effigie et développer nos connaissances spirituelles. Nous avons besoin de connaître le visage de Dieu, Maître Wo !* »

Wo était abasourdi. Ils veulent que je fasse quoi ! Ils auraient aussi bien pu me demander de m'élancer dans un feu ! Ne savaient-ils pas que je mourrais si je faisais cela ? Je ne suis pas Dieu, pensa Wo. Je ne suis qu'un descendant. Je ne me suis même pas proposé pour être leur chef ; je n'ai fait que naître dans ce rôle. Et voilà que maintenant ils veulent tout à coup que je devienne quelqu'un de plus important et que je fasse une chose impensable… entrer dans l'eau de Dieu… dans le corps de Dieu !

« *Bien sûr que je vais le faire* », répondit Wo. Il ne pouvait croire qu'il avait aussi rapidement accepté, mais après tout, n'était-il pas le descendant du grand Wo. De tous les humains, il était celui qui était le plus proche de Dieu, et il savait bien que c'était à lui de le faire… qu'il en meure ou non. Il accepta donc, sans grand enthousiasme, d'y aller.

Wo aimait son peuple. Les gens le traitaient si bien, et il avait été témoin de tellement de naissances et de décès. Il les connaissait tous, ainsi que leurs familles, leurs désirs et leurs besoins. Il avait convenu avec eux qu'il était effectivement temps qu'ils en apprennent davantage, mais il se prit à espérer que cette mission revienne à celui qui lui succéderait. Toutefois, en regardant son fils, il se fit la réflexion qu'il était préférable que ce soit lui qui s'y rende plutôt que son garçon. Wo prit alors conscience que cette aventure marquerait sans doute la fin de sa vie et que lorsqu'on réaliserait qu'il n'en revenait pas, plus jamais sa tribu n'enverrait un autre émissaire tenter pareil exploit, connaissant mieux les dangers que cela représentait. Ils pleureraient sa perte et seraient assez intelligents pour ne plus jamais demander à quiconque une telle chose. Wo était prêt à mourir pour sa tribu et à épargner ainsi à son fils un tel sort.

Wo entreprit donc le long voyage jusqu'au sommet des montagnes, accompagné d'une équipe de jeunes descendants du grand chef Wo. Ils accomplirent les rituels requis à chaque étape de leur ascension et atteignirent finalement l'endroit à partir duquel seul Wo pouvait continuer pour aller jusqu'à la mer pendant qu'ils attendraient sur place son retour. Wo leur fit la recommandation suivante : « *Si je ne suis pas revenu dans une semaine, alors vous saurez que Dieu ne m'a pas laissé revenir.* » Tous ne comprirent que trop bien ce qu'il entendait par là, car ils craignaient les conséquences de ce que Wo s'apprêtait à faire. Ce dernier quitta donc le groupe et descendit jusqu'à l'océan. Tout au long de sa route, il ne cessa de s'arrêter pour prier, repoussant ainsi le plus possible le moment où il atteindrait le rivage. Finalement, il arriva au pied de la montagne, directement sur le bord de la mer, face aux petites vagues qui venaient s'échouer sur le sable. Aussi étrange que cela puisse paraître, jamais aucun humain de cette contrée ne s'était aventuré jusqu'à la mer. Il était le tout premier. Qu'allait-il ressentir en pénétrant dans l'eau du Créateur ? Que se produirait-il lorsqu'il se submergerait et verrait le visage de Dieu ?

En définitive, après avoir longtemps hésité, Wo s'avança dans l'eau. Son premier choc fut de découvrir à quel point l'eau était froide ! C'était tout à fait inattendu, puisque la pluie était souvent chaude, et Wo savait que la pluie venait de cet endroit. Son deuxième choc fut de constater que cette eau était imbuvable ! Elle était beaucoup trop salée, et il fut presque malade après en avoir bu. Comment une mer aussi mauvaise pouvait-elle apporter de l'eau aussi pure au village ? Wo se rendit compte qu'il y avait beaucoup de choses incompréhensibles pour lui.

Voilà, le moment était venu. Wo était maintenant à un endroit assez profond pour immerger sa tête et son corps dans l'eau, et regarder autour de lui. Il ne savait pas nager… personne ne le savait. Il n'y avait ni lacs ni étangs d'où il venait, et l'eau était trop sacrée pour y nager. Wo était terrorisé. Toute cette expérience le faisait trembler de peur. Néanmoins, il prit courageusement une grande respiration et plongea dans l'eau glaciale.

Presque aussitôt après, Wo ouvrit les yeux dans une eau très trouble. Il savait que la première chose qu'il verrait serait le visage de Dieu, puisque c'est là que Dieu était censé vivre. De fait, son vœu fut exaucé, car un visage se trouvait directement devant le sien ! Il était très différent de tout ce que Wo avait pu imaginer… Ce visage était étroit, avec des yeux rapprochés, de petites ouïes s'agitaient sur les côtés, et des nageoires remplaçaient des bras. Wo l'avait vu ! Dieu était un poisson, mais bien évidemment, les humains n'avaient jamais vu de poissons auparavant, et Wo n'avait donc aucune idée de ce que c'était.

Wo sortit précipitamment de l'eau, très heureux de savoir ce qu'il était venu découvrir. Il commença immédiatement à gravir la montagne pour aller retrouver les autres qui l'attendaient, et il arriva en un temps record. Tous étaient stupéfaits de le voir revenir si tôt ! Wo rayonnait de satisfaction. Je sais de quoi Dieu a l'air, annonça-t-il fièrement ! Il répétait constamment la même chose.

Lorsqu'ils parvinrent au village, Wo dessina avec soin ce qu'il avait vu et tous furent émerveillés par ce qu'ils virent. Quelle magnifique créature que ce Dieu, dirent-ils. Et c'est ainsi que l'image d'un poisson devint l'objet d'une dévotion sans bornes durant plusieurs années. On en retrouva bientôt l'effigie sur des pièces de monnaie et sur leurs autels sacrés, et tous en étaient fort heureux… ou presque.

Trois ans plus tard, les membres du conseil vinrent de nouveau rencontrer Wo et leur chef lui dit : « *Wo, nous te demandons de retourner renouveler tes vœux à Dieu et de contempler à nouveau son visage. Nous avons réfléchi à tout cela et nous pensons que lorsque tu t'es retrouvé face à face avec Dieu, tu n'as pas honoré l'événement. Après avoir simplement vu Dieu, tu es parti précipitamment.* » Wo s'attendait à cela, et il savait qu'ils avaient raison. Il n'avait manifesté ni respect ni aucun égard pour le visage de Dieu, et il était parti trop vite.

« *Bien sûr, je vais y retourner* », dit Wo, même s'il savait au fond de lui-même qu'il n'avait nulle envie de répéter ce voyage. Mais il avait tout de même accepté. Il repartit donc avec la même équipe pour aller une fois de plus à la rencontre du visage de Dieu. Il se demandait ce qu'il allait dire ou faire cette fois. Il ne pourrait pas parler au visage de Dieu, puisqu'il serait sous l'eau. Comment allait-il pouvoir communiquer avec lui ?

Cette fois, Wo avisa l'équipe qui devait l'attendre qu'il serait bientôt de retour, comme la dernière fois. Cela étant convenu, il s'élança seul sur le sentier menant à la mer. Il arriva au même endroit que précédemment et constata que rien n'avait changé. Il se prépara à plonger dans l'eau, mais non sans avoir d'abord prié et accompli un rituel dédié à la « mer de Dieu ». Puis, il entra avec grande cérémonie dans l'eau.

Au début, Wo ne vit rien, mais il était prêt à voir une fois de plus le visage de Dieu. Et c'est alors qu'il fut frappé de stupéfaction ! Devant lui se trouvait le visage bulbeux d'un être beaucoup plus gros que celui du Dieu-poisson et doté de huit longs tentacules. Une grande frayeur s'empara de Wo ! En quoi Dieu s'était-il transformé ? Quand cela s'était-il produit ? Que devait-il faire ? L'étrange apparition examina Wo en tournant autour de lui. Wo articula à l'intention du visage les paroles de la « Prière à Dieu » que tous les humains connaissaient si bien. Il espérait que cela aiderait à communiquer son adoration envers Dieu et à le sauver. Puis le visage s'éloigna dans l'obscurité des profondeurs marines. Cela avait marché !

Wo sortit lentement de l'eau froide en se demandant quoi faire. Le visage de Dieu a changé, se dit-il. Qu'est-ce que cela signifie ? Que vais-je dire aux gens du village ? Il remonta lentement jusqu'au sommet de la montagne pour y rejoindre son équipe, et retourna au village. Wo était songeur alors qu'il s'approchait des membres du conseil. Une fois auprès d'eux, il leur raconta tout ce qui s'était passé. Ils furent aussi fort étonnés. Ils espéraient que ce nouveau contact avec Dieu améliorerait leur communication avec lui, mais au lieu de cela ils apprenaient que le visage de Dieu avant changé ! Que leur fallait-il faire maintenant ? Devaient-ils redessiner toutes les images de Dieu ? Et quelle image justement ! Personne n'osait l'affirmer tout haut, mais ce nouveau visage était vraiment laid ! Ils étaient tous bien embêtés.

Wo savait que quelque chose clochait dans tout cela. Il avait consacré sa vie entière à l'adoration et à la méditation. Il connaissait la beauté ineffable de Dieu et l'amour que ce dernier rayonnait. Cela n'avait tout simplement pas de sens. Il sentait intuitivement qu'il allait devoir retourner là-bas une fois de plus, mais il n'en souffla mot à personne, attendant que les membres du conseil le lui demandent, ce qui ne tarda pas.

Au bout d'à peine quelques mois, le chef du conseil revint voir Wo et lui demanda respectueusement ceci : « *Wo, il y a quelque chose qui ne va pas. Nous nous demandons si ce que tu as vu était réellement le visage de Dieu, et si c'est bien le cas, pourquoi il était si différent de la première fois. À notre avis, Dieu n'aurait pu changer autant en seulement trois années !* » Ils avaient raison.

Wo savait qu'il devrait cette fois revenir avec de bonnes réponses, mais il avait besoin d'aide pour y arriver. Cette fois, il demanda que plusieurs anciens de la tribu, des membres du conseil et des descendants du premier chef Wo forment un grand cercle de méditation durant son absence. Il désirait ainsi avoir le soutien de ceux qui savaient comment prier et il estimait que cela l'aiderait à trouver la vérité lorsqu'il serait dans l'eau. Il voulait que ces gens se mettent à prier à peu près au moment où il entrerait dans l'eau. Ils firent donc les préparatifs nécessaires en ce sens.

Une fois de plus, Wo se mit en route pour la mer. Les membres de son groupe de soutien prirent leur place habituelle dans l'escorte qui l'accompagnait jusqu'au sommet de la montagne, où ils campèrent en attendant son retour, alors qu'il descendait pour la troisième fois l'autre versant montagneux pour aller de nouveau plonger dans l'océan.

Wo ressentait l'aide puissante de tous les autres alors qu'il contemplait la grande mer et exprimait son désir le plus cher… « *Je vous prie, Dieu, qu'il me soit donné cette fois de connaître toute la vérité à votre sujet.* » Wo s'approcha de l'eau, le cœur rempli de confiance. Cette fois, il ne se contenterait pas de la première chose qu'il verrait. Il demeurerait dans l'eau aussi longtemps que l'énigme ne serait pas résolue. Il était bien déterminé à ne pas repartir tant qu'il n'aurait pas de réponses satisfaisantes. Qui était Dieu ? De quoi avait-il l'air ? Pourquoi changeait-il de visage ?

Wo gonfla ses poumons au maximum et plongea dans les profondeurs du lagon où il se trouvait. Comme il était maintenant passablement habitué à nager sous l'eau, il n'hésita pas à s'enfoncer de plus en plus profondément. C'est alors qu'il vit une chose miraculeuse. Une nuée de visages de Dieu passa près de lui ! Comment cela était-il possible ? Il vit également plusieurs êtres à tentacules. Dieu était-il constitué d'un groupe d'êtres aux formes diverses ? Que se passait-il ! Wo venait de se rendre compte qu'il ne retenait plus son souffle… Il respirait sans peine ! C'était un miracle ! Il avait reçu la faculté de respirer sous l'eau et d'y rester aussi longtemps qu'il le désirait. Puis il vit une chose fort étrange.

C'était une porte. Pourquoi y avait-il une porte au fond de la mer de Dieu ? Il l'examina attentivement et y aperçut l'inscription « *Le visage de Dieu* ». Il sourit, car il venait de trouver ce qu'il cherchait. Wo réalisa que c'était sa façon d'aborder la mer qui créait sa vérité et que ses visites précédentes, trop brèves et dominées par la peur, ne lui avaient pas permis de découvrir de réponses. Ayant fait preuve d'une intention plus mature et plus pure en vue de connaître la vérité, il avait pu ainsi trouver cette porte. Il l'ouvrit.

Les membres de son escorte qui l'attendaient sur la montagne commencèrent à trouver le temps long. Les jours passaient et l'inquiétude les gagnait. Chacun gardait le silence à ce sujet et ce n'est qu'après cinq jours d'attente qu'ils exprimèrent peu à peu tout haut leurs craintes. Puis ils comprirent tous, sans l'avouer vraiment, que Wo ne reviendrait plus. La mort dans l'âme, la larme à l'œil, ils redescendirent la montagne sans leur prophète, sans l'homme qu'ils aimaient tant et qui les avait tellement aidés dans leur quête spirituelle.

Alors que ces jeunes gens déprimés s'approchaient du village, ils entendirent un grand tapage. Des cris de jubilation et de joie en montaient, accompagnés d'exclamations excitées et de chants qui résonnaient dans toute la vallée. Les villageois dansaient et se réjouissaient ! Que se passait-il donc ? Puis, l'équipe de montagnards aux traits tirés s'arrêta net, le souffle coupé par la surprise, car Wo était debout au milieu de la foule !

Quand Wo avait ouvert la porte, il avait reçu une vision. Une voix calme et puissante s'était fait entendre dans sa tête : « *Wo*, dit la voix, *nous t'aimons.* » Sans trop comprendre comment, Wo était maintenant debout dans un endroit sec. « *Wo*, poursuivit la voix, *nous honorons ta quête et nous allons te montrer le véritable visage de Dieu.* » Wo voulait répondre quelque chose, mais il en était incapable. Tous ses membres étaient paralysés d'une manière sacrée impossible à comprendre, alors que presque toutes ses fonctions corporelles étaient suspendues. Il pleurait de joie.

Dans sa vision, Wo vit lentement défiler les visages de tous les membres de sa famille humaine actuelle et passée, ainsi que ceux des membres du village. Ce qui lui parut se prolonger pendant des heures ne dura en réalité que quelques instants. Et il finit par comprendre le sens de ce qu'il voyait. Le visage de Dieu était celui de sa propre famille et de tous ceux qui l'entouraient. C'était également le sien et celui des membres du conseil. Sans qu'il sache trop comment ni pourquoi, ils faisaient tous partie de cette magie. Puis, il commença à saisir ce qu'on lui montrait. L'homme était fait à l'image de Dieu ! Par conséquent, les visages des hommes et des femmes étaient collectivement le visage du Créateur. Quel merveilleux message il allait pouvoir rapporter au village !

Puis, tout à coup, Wo fut instantanément transporté au milieu du cercle des anciens qui priaient pour lui dans le village. Son apparition soudaine fut un choc pour lui comme pour les anciens ! Pendant quelques instants, ils se dévisagèrent tous d'un air ébahi, se demandant ce qui venait de se dérouler. Puis, ils se mirent à pousser des cris de joie, prenant conscience qu'un véritable miracle avait eu lieu et qu'ils vivaient un extraordinaire moment de vérité. Dieu venait de leur livrer Wo afin qu'ils puissent tous comprendre et croire. La suite fait désormais partie de l'histoire de ce peuple.

Peu à peu, les pièces de monnaie furent remplacées par de nouvelles, frappées à l'effigie de tous les membres du village. Le visage de chacun apparaissait sur l'une de ces pièces, sur les autels consacrés à Dieu et dans les divers lieux de cérémonie. Wo vécut une très longue vie et plus jamais on ne lui demanda, pas plus qu'à son fils ou à qui que ce soit d'autre, de retourner jusqu'à l'océan, car en fait c'est l'océan qui, d'une certaine manière, était venu jusqu'à eux.

Voilà une histoire amusante, n'est-ce pas ? Je vous ai parlé d'humains fort simples accomplissant leurs tâches quotidiennes normales et cherchant des signes de la présence de Dieu dans leur vie. Cette histoire illustre essentiellement comment Dieu est perçu par l'humanité, dans la plupart des mythologies et dans les nombreuses histoires imaginées par l'homme. Bien que ce récit puisse vous paraître simplifié à l'extrême, il reflète en bonne partie le type de relation que l'humanité entretient avec l'Esprit.

Lorsque vous franchissez le voile, vos croyances mythologiques demeurent intactes et vous voyez tout ce que votre nature humaine souhaite voir. Si un poisson passe près de vous, alors Dieu est un poisson. Si vous regardez à votre gauche et que vous apercevez une pieuvre, alors Dieu est une pieuvre. Comprenez-vous ? Vous apportez avec vous vos perceptions tridimensionnelles lorsque vous entrez dans les eaux troubles que l'on appelle « l'autre côté du voile ». En dépit de la lumière des choses interdimensionnelles qui vous entoure, vous nagez dans les eaux ténébreuses de vos propres limitations.

Pendant des années, vos hommes saints ont exploré les profondeurs de la réalité divine, tentant de comprendre ce qui se passait sur la planète et ce que l'avenir leur réservait. Mais la plupart n'ont rien vu d'autre que le poisson ou la pieuvre de la fable, car la vision de ce qu'ils s'attendaient à voir les satisfaisait, et le récit qu'ils vous ont fait de leurs expériences était tout à fait humain et principalement fondé sur leurs perceptions humaines. Ils n'ont fait qu'enrichir la mythologie existante, ce qui eut pour effet de semer encore davantage de confusion dans l'esprit de ceux qui tentèrent par la suite de rassembler les fils épars de tous ces récits nébuleux en une compréhension sensée et plausible de la réalité. Et c'est ainsi que, peu à peu, prit forme, à partir de ce mélange de récits, de chants, de vérités partielles, de déformations des faits et de contradictions, ce que chaque culture considère comme ses écrits sacrés.

Lorsque l'être humain entre dans les réalités interdimensionnelles avec des intentions pures et par suite d'une pratique disciplinée de la méditation, la vérité lui apparaît alors dans toute sa splendeur. C'est grâce à cette même vérité qu'il accède à un état où les miracles deviennent possibles et où il perçoit sa véritable famille. Peu de choses sont vraiment inaccessibles à l'humanité, ainsi que les maîtres du passé l'ont prouvé. Les miracles qu'ils ont accomplis étaient bien réels et les guérisons, tout à fait profondes. Mais beaucoup ont alors voué un culte au messager au lieu de s'attarder à comprendre le message profond livré par celui-ci, à savoir que l'homme a été créé à l'image de Dieu.

Cette vérité signifie que vous faites tous partie du Tout et que vous pouvez toucher le visage de Dieu en découvrant et en honorant la divinité qui est en vous comme en chacun.

Est-ce vraiment là une chose si étrange ? Est-ce réellement si difficile à faire ? Vous préférez accorder votre pouvoir à des statues et à des concepts n'ayant sans doute aucune base historique réelle ? Ne serait-il pas beaucoup plus simple d'entrer en vous et de découvrir la vérité ?

Un nouveau commencement se profile à l'horizon de 2008 pour ceux et celles qui désirent trouver la paix sur terre. Ils ne la trouveront pas en regardant le « poisson ». Le moment est venu pour chacun de regarder à l'intérieur de lui-même.

Kryeon

Deuxième partie

La Fraternité de Lumière

Le voile de l'oubli réside en vous, car chaque personne porte le sien. Voilà pourquoi l'ascension est un processus si individuel. C'est aussi de cette façon que les nouvelles générations interviennent… et s'améliorent, puisque les filtres de voile plus minces avec lesquels vous êtes nés sont encore plus minces dans ces générations.

Message de Edna G. Frankel

Salutations, chers lecteurs ! C'est pour moi un grand honneur que de faire partie de ce deuxième livre de l'anthologie « Vers 2012 ».

Il m'est difficile de croire qu'une année entière s'est déjà écoulée depuis ma participation au premier livre. La présence des Frères a été une bénédiction dans ma vie, et je les remercie de leur patience infinie, de leur grâce affectueuse et de leur merveilleux sens de l'humour. Ils m'ont enseigné que si nous ne pouvons rire de nous-mêmes, c'est que nous prenons la vie trop au sérieux !

La plupart des gens qui entrent en contact avec moi sont fatigués de lire des livres et de participer à des séminaires. Ils sont fatigués d'essayer d'« aboutir quelque part » métaphysiquement, car ils sont physiquement épuisés. Il ne fait aucun doute que les énergies s'intensifient, et vous commencez à ressentir la résistance de vos aspects plus denses. Nous traînons tous des blocages importants issus de la troisième dimension, qui peuvent empêcher nos corps d'absorber les nouvelles énergies, comme ils sont censés le faire. Peu importe la question, ou le but énoncé, la première réponse des Frères est : « Nettoyez-vous. » Nettoyez votre système nerveux, dégagez l'excès de pression interne, et absorbez petit à petit les énergies supérieures par votre chakra couronne. Ce qui rend merveilleux leur enseignement, c'est qu'il suffit de garder vos mâchoires détendues pour dégager la douleur et le stress des quatre couches PÉMS (physique, émotionnelle, mentale et spirituelle), quelle que soit votre pratique quotidienne.

Les Frères m'ont appelée leur petit « Maître plombier ». Au départ, cela ne me faisait pas rire, mais j'en suis venue à comprendre à quel point il nous est essentiel d'apprendre à éliminer l'excès de pression interne pour laisser place à la nouvelle énergie qu'il faudra absorber. En vérité, ce sont les premiers stades du Cercle de Grâce, et les Frères espèrent que vous apprendrez tous comment, eh oui, déféquer et manger sur le plan éthérique !

Maintenant, alors que je multiplie les cours à des travailleurs de lumière doués, je vois cet autre immense cadeau que m'ont fait les Frères : durant les séminaires, lorsque nous effectuons en groupe un balayage énergétique sur table, nous nettoyons beaucoup de blocages en un court laps de temps. Le fait de voir mes élèves devenir plus légers et plus lumineux me procure la joie d'enseigner. J'apprends tellement de vous tous ! En retour, je vous remercie de tout ce que vous m'apportez.

J'ai vu des gens coincés dans la peur en pensant que 2012 représentait la fin du temps que nous connaissons et la fin de la vie dans la troisième dimension telle que nous la connaissons. C'est vrai sur le plan sensoriel que vous atteindréz, mais votre corps et tout ce qui l'entoure (routes, édifices, etc.) seront encore là. L'année 2012 m'apparaît comme une balise pour de nouveaux départs. Ceux d'entre nous qui sont conscients et sensibles aux changements énergétiques reçoivent une « fenêtre temporelle » pour se préparer et travailler à traverser et à dépasser en souplesse le Grand Changement. Vous avez encore le temps de dégager votre noyau physique. Une pratique quotidienne est le meilleur « remède » qui soit pour accéder à la clarté et au lien avec vos couches énergétiques. La maîtrise de soi est le plus grand don spirituel du Cercle de Grâce. Non seulement vous enseigne-t-elle comment dégager la pression interne et vous recharger, mais elle vous met en contact direct et personnel avec l'Esprit. Lorsque vous commencez à sentir des choses bouger dans votre corps et que vous *savez* que les Frères sont là, l'Esprit implante votre foi en Dieu au plus profond de vous, là où Dieu habite.

J'espère voir le jour où le soin et l'entretien de l'aura deviendront aussi importants que le soin du corps. J'ai presque 54 ans. Croyez-vous que nous pourrons faire tout cela au cours des vingt prochaines années ? J'aimerais vraiment prendre ma retraite à 75 ans !

Lumineuses bénédictions à tous,

Edna G. Frankel
SARA

Mes remerciements aux nombreuses personnes qui m'ont contactée au sujet du séminaire *Cercle de Grâce*.

Au Niveau 2, j'enseigne aux pratiquants comment combiner les énergies chaudes et froides pour dégager l'aura d'une personne de la pression extérieure, afin qu'elle ne puisse y être attirée par le magnétisme exercé par cette dernière.

Depuis l'année 2000, j'ai canalisé de l'information sur la guérison holistique. À l'époque, je n'avais aucune idée de l'envergure du Cercle de Grâce ni du plan général des Frères à mon égard. Cela a commencé comme une méditation active destinée à dégager les couches denses (physique, émotionnelle, mentale et spirituelle) du corps éthérique, sur le plan individuel.

Introduction de la Fraternité

À tous nos chers enfants

Nous vous chérissons tous, sans exception.
Vous pouvez tous, sans exception, réussir,
Car vous êtes, sans exception, Dieu dans la Forme.

Aux jours les plus sombres, rappelez-vous que vous êtes Lumière.
Commencez par remercier, et votre journée s'illuminera.
Restez dans le Présent, car chaque jour est un présent.
Savourez chaque moment alors qu'il s'enfuit.

Ne vous limitez pas par l'inquiétude et le doute.
Dieu n'a ni limites, ni peur, ni programme.
Dieu seul a de l'Amour en quantité illimitée.
Vous faites partie de ses trésors inappréciables.

Alors, pratiquez d'abord le fait d'être en Amour avec vous-mêmes.
Aimez-vous complètement, tels que vous êtes !
Vous avez été créés à l'image de Dieu,
Et Dieu soigne chaque détail à la perfection.

La vie est sans fin, elle ne fait que se transformer.
Nous offrons d'aider à dégager et à polir vos vaisseaux,
Afin que le Passage puisse être un moment de Grâce,
Et non de dissensions.

Restez confiants, chers cœurs, tout ira bien.
Car en effet, *tout est comme il se doit !*
Abandonnez toute culpabilité, tous les jeux de blâme et de honte.
Tendez les bras pour bénir et aimer Tout,
Car chacun de vous est, en effet, un Dieu vivant dans la Forme.

Vous êtes tous, sans exception, des bien-aimés de Dieu.
Vous êtes, sans exception, Dieu dans la Forme.
Trouvez Dieu en vous, et vous verrez
Que nous sommes tous Un dans l'Éternité.

Nous sommes, dans l'Amour total,

                        la Fraternité de Lumière

Le voile dévoilé

— *Comment le voile fonctionne-t-il vraiment ?*

Salutations, chers amis, de la part de la Fraternité de Lumière. Nous sommes l'ordre de Melchisédech, des gardiens spirituels de la Terre et de l'humanité. Notre mission, notre dévouement envers le plan divin, consiste à vous aider à évoluer avec grâce. À cette fin, nous aimerions partager avec vous un aspect de votre « câblage » énergétique qui a été, jusqu'à maintenant, au-delà de votre cadre de référence. Nous allons vous parler du Voile de l'oubli, de son emplacement et de son fonctionnement.

La plupart d'entre vous savent que le voile est un « mécanisme spirituel » qui vous garde tous enfermés dans la réalité tridimensionnelle et vous empêche de connaître quoi que ce soit des nombreuses dimensions qui vous dépassent. Oui, une partie du contrat de votre âme fait en sorte que vous oubliez votre état éternel véritable et plongez dans la troisième dimension sans vous souvenir de ce qui s'est passé avant ou après cette vie physique. Autrement, vous ne pourriez maintenir l'« illusion » totale d'être des humains à chaque vie.

Alors, comment fonctionne le voile pour accomplir cela ? Pendant que vous êtes à l'état de veille, il protège votre *conscience* mentale de votre conscience aurique, en limitant votre portée sensorielle physique. Oui, votre aura est toujours là, en fonction, mais vous n'avez pas conscience de l'existence de vos couches énergétiques. C'est pourquoi nous l'appelons votre lien *ensommeillé* à l'Esprit. Voici de l'humour cosmique : le soir, lorsque votre corps et votre esprit sont endormis, le voile se soulève et vous êtes chacun à nouveau un être éternel, énergétique, avec un corps temporaire qui dort.

À présent, nous vous posons une question, chers lecteurs. Vous êtes-vous déjà demandé *où* se trouve, en fait, le Voile de l'oubli ? Pour la plupart des gens, il fait partie de ces nombreux concepts métaphysiques qui ont belle allure et du sens. Toutefois, ces gens ne « voient » aucune preuve logique ou physique de son existence. Bien sûr, puisque le voile est ce qui garde votre dualité bien en place et vous tient tous séparés de la connexion consciente à l'Esprit, on pourrait prétendre que vous n'êtes pas *censés* le voir ! Oui, tout va bien jusqu'ici, mais cette perspective replace le voile dans la zone conceptuelle théorique et le retire de votre véritable existence quotidienne. Le Voile de l'oubli n'est pas un concept informe ni un mur brumeux au-delà de l'horizon que vous rencontrerez si vous marchez suffisamment loin. Si le voile est supposé garder votre réalité tridimensionnelle fixe en gardant votre niveau sensoriel limité à la troisième dimension, vous êtes-vous déjà demandé pourquoi chaque personne atteint une vibration élevée au bon moment, et de la bonne manière ? Si le voile était le même pour tout le monde (c'est-à-dire s'il agissait sur chaque personne de la même façon), tout le monde ne ferait-il pas le même progrès en même temps ? De plus, si le voile était fixé dans votre monde tridimensionnel à l'extérieur de votre corps, vous y réagiriez tous plus ou moins de la même façon. Est-ce plus clair ? *Chaque personne a son propre Voile de l'oubli, intégré à ses couches PÉMS et à son système de chakras.* Lorsque nous disons « Pour monter, il faut descendre en soi » et « Le royaume de Dieu est en vous », nous l'entendons littéralement ! Votre connexion au Moi Supérieur se trouve dans le lien qui existe, au huitième chakra, entre le Vous éternel et le vous temporairement physique. Jusqu'à présent, cette connexion a agi comme un miroir à sens unique, en vous gardant chacun inconscient de votre lien aux niveaux énergétiques de vous-même au-delà de votre noyau physique.

Nous expliquerons d'abord que votre cerveau gauche vous relie à votre corps physique, et que votre cerveau droit vous relie à votre soi aurique ou énergétique. Votre conscience tridimensionnelle actuelle est extrêmement physique, n'est-ce pas ? Mais où est passée votre aura ? Elle est là, ne vous en faites pas. Chaque forme de vie sur cette planète a un schéma de base identique au vôtre ; il consiste en des formes de vie énergétiques et des noyaux physiques. Par exemple, les chauves-souris sont presque aveugles, mais elles volent assez bien grâce à leurs capacités auditives aussi raffinées que des radars. Tous les animaux et toutes les plantes s'accordent au rythme des saisons par l'information aurique qui entraîne des changements physiques dans leurs formes. Les animaux migrateurs comme les poissons et les oiseaux ne transportent pas des coordonnées de navigation précises dans leurs petits cerveaux ; ils n'ont pas non plus de calendriers leur indiquant quand voler vers le sud ou nager vers le nord. Ils obéissent à leur programmation génétique, à leur instinct, et aux lignes d'énergie magnétique de la planète. Ils sont également connectés à leur corps et à leur aura, à défaut de quoi ils seraient incapables d'accomplir toutes ces étonnantes prouesses.

Chers humains, vous êtes la race la plus « sensible » de la planète, à l'autre extrémité du spectre par rapport aux chauves-souris, n'est-ce pas ? Comme votre corps a une étendue sensorielle limitée, vous avez compensé au moyen de technologies externes afin de voir et d'entendre mieux, et ce, des lunettes et prothèses auditives, jusqu'aux télescopes et satellites situés au-delà de votre atmosphère. Nous nous émerveillons de votre ingéniosité, de votre curiosité et de votre persistance, mais voilà, vous êtes allés presque aussi loin que vous le pouviez dans votre recherche scientifique et votre apprentissage sans vous heurter à l'existence d'autres dimensions.

Cela causera beaucoup de confusion, car depuis plusieurs générations, vous êtes des créatures du cerveau gauche. Nous vous rappelons, chers amis, que la Terre s'élève, à partir de son plan énergétique tridimensionnel, vers une expression supérieure, un plan d'existence multidimensionnel. Votre potentiel d'expansion en ce court laps de temps humain, ce « changement de millénaire », consiste à égaler l'évolution imminente de la Terre en élevant votre propre vibration. Comment ? La Terre est en train de se transformer, d'abord sur le plan énergétique, ce qui donne lieu à des changements physiques graduels dans son merveilleux corps.

Que se passera-t-il, selon vous, par suite de ce processus de transformation ? Vous développerez une perception et une connexion complètes avec votre aura. Ce que vous avez toujours classé sous l'appellation « perception extrasensorielle » est en réalité une « perception sensorielle entière » pour la forme humaine du corps de lumière. L'expansion des sens ? Une fonction aurique. La télépathie ? Une fonction aurique. La guérison énergétique ? Une fonction aurique. Comme nous l'avons souvent répété, votre noyau physique est votre moindre aspect ! Alors que vous rencontrerez et accueillerez peu à peu vos couches énergétiques, les poches de la densité tridimensionnelle que vous portez seront les premières choses que vous sentirez. Votre aura est « tricotée » dans votre noyau physique, par le biais des méridiens énergétiques rattachés, en réalité, à votre système nerveux, au moyen de votre peau. Oui, il y a un autre avantage à la pratique quotidienne du Cercle de Grâce. Plus votre système nerveux circulera librement, plus votre corps entier recevra de l'information sensorielle des sphères supérieures, à partir des filtres de voile qui s'amincissent dans votre huitième chakra. (Et vous pensiez que nous digressions !)

Le voile vous relie physiquement à votre corps par votre cerveau droit. Oui, c'est là qu'est ancrée la connexion physique. Les composantes énergétiques du voile sont logées dans le huitième chakra – le but de l'âme – au-dessus et au-dessous de vous. Voyez-vous la différence ? Nous espérons que oui ! Imaginez un moment vos propres muscles – chaque muscle ayant deux extrémités, et donc deux points d'insertion là où il se relie à votre squelette. Ainsi, le voile a une connexion physique à votre corps dans le cerveau droit, et une connexion énergétique à votre aura dans le huitième chakra.

Nous vous demandons de voir le huitième chakra comme une « peau extérieure » de votre corps éthérique dense, comme un grand ballon d'énergie qui vous englobe dans toutes les directions. Figurez-vous cette membrane à trente centimètres au-dessus de votre tête et trente autres centimètres sous vos pieds. Nous vous avons expliqué, dans un texte antérieur du *Cercle de Grâce* [de Edna G. Frankel, publié aux Éditions Ariane en 2005], que la couronne et la racine sont les deux chakras verticaux qui pointent l'un vers le haut, l'autre vers le bas, tandis que les chakras horizontaux, de deux à six, ont chacun un vortex énergétique à l'avant et à l'arrière, relié par un mince tube traversant le corps. Et les deux chakras verticaux, racine et couronne, ont chacun un second vortex, aussi ! Figurez-vous le sommet du huitième chakra pointant vers le bas, soit vers votre tête – il fournit l'énergie à votre chakra couronne ! Maintenant, figurez-vous le chakra racine pointant vers le bas et placez le bout du huitième chakra qui se trouve au-dessus de façon qu'il soit tourné vers le haut – c'est le vortex énergétique compagnon de la racine, qui vous renvoie de l'énergie propre et verte de la Terre afin de vous tenir enraciné ! C'est votre pleine connexion au cosmos – « ce qui est en haut est comme ce qui est en bas » ! Dans certains enseignements holistiques, le huitième chakra a été nommé votre connexion de l'Étoile de l'âme / l'Étoile de la Terre. Dans le col du huitième chakra, à l'intérieur de chaque fleur qui pointe vers le bas, vers la couronne à partir du haut, et qui pointe aussi vers le haut, vers les pieds à partir du bas, se trouve un petit filtre doré. Le filtre au-dessus de votre couronne contrôle la quantité d'énergie universelle et la fréquence que le corps peut absorber à un certain moment. Puisque votre système de méridiens est assorti d'un « disjoncteur » autour de la tête afin de protéger le chakra couronne d'un reflux de la pression interne, la couronne a également besoin d'un moyen de libérer de la pression. Le filtre doré au-dessus de la couronne, en plus de fournir de l'énergie universelle à votre système énergétique, s'inverse également pour libérer l'excès de pression de votre chakra couronne.

Le filtre doré sous vos pieds (dans la partie inférieure de votre huitième chakra tournée vers le haut, vers la racine) sert de drain à toute la pression excessive dégagée par votre corps, et détermine également l'apport d'énergie de la Terre que votre corps peut supporter. Oui, chaque filtre a un double but dans des directions opposées, ce qui sert de soupape au système du septième chakra que contient le cercle énergétique du huitième chakra.

Afin de connaître la quantité d'énergies divine et terrestre requise pour nourrir vos chakras intérieurs, le huitième doit déterminer leur quotient actuel de « densité lumineuse ». Comment ces interactions énergétiques se déroulent-elles ? Ah, comme vous êtes tous bien conçus, nous en sommes éblouis. Regardez le compagnon du huitième chakra. Dans un texte antérieur du *Cercle de Grâce*, nous avons affirmé que le sixième chakra, votre troisième œil, a une « connexion de surveillance physique » à chacun des six autres chakras. Le sixième chakra est constamment en train de lire l'énergie (la sienne et celle des autres chakras), et de relayer cette information à son compagnon, le huitième. Le huitième chakra ajuste ses filtres internes à partir de ces lectures énergétiques. N'est-ce pas étonnamment simple ?

Oui, là où le voile se trouve et ce qu'il fait sont deux choses assez simples à expliquer, mais son fonctionnement réel dépasse les limites de ce texte. Nous ajouterons toutefois que votre huitième chakra sait intimement comment se porte le reste de votre être sur les plans physique, émotionnel, mental et spirituel. Ainsi, le Moi supérieur connaît toujours les détails de vos blocages et des leçons à venir. Même si une personne est en santé physique, elle a encore besoin de dégager son « bagage éthérique » émotionnel, mental et spirituel (c'est-à-dire les poches de pression tridimensionnelle à faible densité) de son aura. Les leçons de vie qu'elle s'attire reviennent sans cesse parce qu'elle aimante ce niveau vibratoire de leçons. Et cette fréquence est contrôlée par le huitième chakra, basé sur la santé vibratoire des sept chakras internes. Les gens en mode victime, par exemple, continuent d'attirer des leçons de victimes, jusqu'à ce qu'ils élèvent leur vibration au-delà de cette fréquence et qu'ils n'aient plus besoin d'attirer ces leçons. Alors, comment ces vibrations sont-elles émises et reçues ? Le Moi supérieur vous guidera patiemment et sans relâche tout au long de vos leçons, jusqu'à ce que votre devoir spirituel ait été accompli. Toutes ces « vibrations de leçons » qui rebondissent entre les gens (pour provoquer le drame et stimuler l'apprentissage) se produisent parce que vous êtes des transmetteurs inconscients. Vous ne savez pas à quel point vous diffusez énergétiquement, tout le temps ! Qu'il s'agisse des émotions de la couche émotionnelle, ou des boucles répétitives dans la couche mentale, la plupart des gens sont coincés dans l'un de ces modes, sinon les deux. Voilà pourquoi nos enseignements visent entre autres l'apprentissage du contrôle de vos pensées et de vos émotions. Non seulement une diffusion inconsciente est-elle une immense perte d'énergie, mais elle renforce constamment les choses mêmes que vous essayez de dégager, et ce, en raison de la Loi d'attraction universelle.

Chers amis, lorsque vous aurez appris comment dégager les poches de densité tridimensionnelle que vous portez tous dans vos couches physique, émotionnelle, mentale et spirituelle, votre ascension vibratoire sera garantie. Lorsque vous apprendrez comment cesser de « nourrir » ces poches et que vous commencerez plutôt à les dégager, vous vous sentirez mieux, vous accomplirez davantage, et vous améliorerez la qualité de vos vies. Le Voile de l'oubli réside en vous, car chaque personne porte le sien. Voilà pourquoi l'ascension est un processus si individuel. C'est aussi de cette façon que les nouvelles générations interviennent… et s'améliorent, puisque les filtres de voile plus minces avec lesquels vous êtes nés sont encore plus minces dans ces générations.

Afin que vous soyez en résonance avec ces filtres et que vous puissiez vous mêler aux énergies supérieures, nous vous avons enseigné à dégager votre aura et votre noyau physique de la pression interne excessive qui vous retient dans la densité de la troisième dimension. Voyez-vous à présent, chers amis, pourquoi une pratique quotidienne vous est nécessaire ? Pourquoi la lecture et l'apprentissage de concepts métaphysiques ne vous font avancer que partiellement vers votre objectif ? Plus votre système de méridiens est clair, plus vous pouvez entretenir de « lumière ». Plus votre quotient de densité lumineuse est élevé, plus vos filtres de voile s'amincissent – *sur le plan physique*. C'est là que vos couches éthériques, vos sens, vos systèmes et vos organes corporels sont tous « câblés ». Pour manifester quoi que ce soit sur le plan tridimensionnel matériel, vous devez le faire d'un niveau plus élevé, le cinquième, celui de l'union entre tous les chakras. Lorsque vous aurez suffisamment nettoyé et équilibré vos sept chakras internes pour vous mêler pleinement à la résonance vibratoire du huitième chakra, vous atteindrez une unité, ou un champ de chakra unifié, qui deviendra le chakra Tout en un. Oui, lorsque vous serez chacun pleinement intégré sur ce plan, vous aurez une charge pleinement consciente de votre quotient de « densité lumineuse ». Vous saurez exactement quand vous aurez besoin de dégager, ce qu'il y aura à dégager, et d'où ; vous saurez quand il faudra vous recharger. Vous comprendrez et pratiquerez le soin et l'entretien de l'aura.

À ceux d'entre vous qui s'inquiètent de leur « quotient de densité lumineuse », des nombres précis de leur sens, nous disons : « Cessez de vous en faire ! De dissiper de l'énergie dans cette direction ! » Il vous faudrait une forte connaissance du fonctionnement de la géométrie sacrée pour pleinement comprendre ce processus et le sens de chaque degré d'inclinaison. En définitive, cette connaissance ne vous servira pas, à moins de savoir comment l'appliquer. Le voile est l'un des nombreux systèmes autonomes intégrés à votre corps. Voudriez-vous être chacun pleinement et consciemment responsable de votre digestion ? De vos taux d'hormones ? De votre production de moelle osseuse ? Cette conscience corporelle ne ferait qu'interférer avec votre vie courante. Il vous suffit de focaliser avec soin sur le dégagement de pression de votre système nerveux, et de vous recharger au besoin, pour que vos couches corporelles PÉMS se rééquilibrent d'elles-mêmes !

Quand vous avez enlevé suffisamment de pression interne pour hisser votre corps éthérique dense vers une bande de fréquence énergétique plus élevée, qu'arrive-t-il alors ? Vous fusionnez avec votre chakra de l'Objectif de l'âme, chers amis. Le Moi supérieur se mêle à vous en ajustant vos filtres dorés afin que les huit centres énergétiques ne fassent plus qu'une seule vibration. Vous vous étendez au-delà du Voile de l'oubli, dont vous n'avez plus besoin pour rester focalisé aveuglément sur le jeu tridimensionnel de la vie terrestre. Oui, vous devenez un être véritablement interdimensionnel. Lorsque votre système de chakras atteindra la pleine intégration au huitième niveau, vous ne lirez plus nos paroles canalisées, cher humain précieux, vous converserez directement avec nous !

Nous anticipons donc ce moment, tout comme nous vous acclamons et vous soutenons le long de votre ascension individuelle. Rappelez-vous que votre processus d'ascension peut être personnel, mais que votre parcours métaphysique est amélioré en cours de route par des amis avec qui vous avez une convergence de vues. Nous vous chérissons tous tellement, braves anges guerriers qui se sont alignés pour renaître en vue du passage du millénaire ! Aidez-vous les uns les autres, travaillez les uns sur les autres, soutenez-vous les uns les autres, et rappelez-vous les 3 R : Repos, Relâchement et Recharge !

De la confusion à l'illusion – s'éveiller énergétiquement

Dans cette section, Martine nous a demandé d'exposer la nature de votre dualité et d'expliquer pourquoi votre « illusion » de la réalité provoque de la confusion sur tous les plans. Avant tout, nous dirons que, tandis que vous êtes enfoncés dans votre réalité duelle (tridimensionnelle), il est très déroutant pour vous de voir tout ce qui est physique alors qu'on vous dit que tout cela est une illusion. Lorsque vous saisirez pleinement ce concept sur tous les plans – physique, émotionnel, mental et spirituel –, alors le fait de *savoir* que la tridimensionnalité est une illusion résoudra votre confusion ! (*Petits rires. C'est déroutant au départ, n'est-ce pas ?*)

La dualité n'est qu'un gabarit de la conscience qui exige la séparation. Cette séparation se trouve entre la conscience du corps physique et le corps éthérique. Votre corps éthérique est votre lien à Tout Ce Qui Est, mais depuis bien des existences, vous êtes consciemment coupés de votre Moi supérieur. Cette séparation vous garde dans la dualité, tout comme le temps linéaire et votre vision actuelle de la mort. Nous pourrions dire que l'une des plus grandes influences sur la séparation dans votre histoire a été la montée des institutions religieuses, lesquelles vous ont imposé des règles restrictives qui ont davantage séparé l'homme de sa propre divinité. L'idée que vous et Dieu êtes séparés est un grand système de croyances défaillant qu'il faut libérer. Cependant, nous savons à quel point il est difficile de regarder autour de soi en se demandant comment les arbres, les édifices, les routes – tout ce qui est terrestre – peuvent ne pas être réels. *La physicalité est une fonction de la dualité, ou bien la séparation qu'exige cette dualité.* Tout cela est inextricablement entrelacé, tout comme votre aura et le noyau physique sont « tricotés » ensemble pour former et soutenir votre vie terrestre. Oui, vous êtes un microcosme du macrocosme !

La physicalité qui vous entoure est l'un des niveaux vibratoires les plus bas de toute l'existence. *Le mariage de l'esprit à la matière est votre but en ce changement de millénaire. Le changement est la transmutation de l'humain au corps dense en une vibration supérieure, une fréquence supérieure d'énergie qui résulte en une forme au corps léger.* La transformation actuelle de la Terre élève votre vibration, accélérant ainsi tous vos processus PÉMS (physique, émotionnel, mental et spirituel). Votre confusion et votre frustration sont transitoires, chers amis, alors que votre esprit cherche à rattraper la transition que devine votre corps. La confusion ressentie est semblable à un récepteur radio réglé entre deux stations et qui ne peut alors capter que des parasites. Lorsque vous aurez atteint le potentiel d'Unité d'intégration de votre système à huit chakras, les arbres, les routes et les édifices seront encore là, mais vous verrez tellement plus qu'avant !

Chaque fois que vous remuez la soupe, des choses remontent du fond. Ces vieilles choses, c'est ce que les énergies montantes obligent votre corps à libérer. À présent, il est temps d'assimiler et de *devenir* cette connaissance spirituelle supérieure au lieu de la garder à l'écart, séparée et intéressante, puis de replacer le livre sur l'étagère. Cela se poursuit dans la dualité, voyez-vous ? Il est temps, désormais, de vivre votre foi, de l'incarner, d'accueillir l'idée qu'il y a une vie après la vie telle que vous la connaissez.

Chaque fois que vous atteignez un nouveau stade, votre tête heurte le niveau au-dessus. Vous connaissez déjà une grande partie de l'information que nous sommes en train de vous retransmettre. Il est temps, cette fois, de la faire entrer dans votre corps et de devenir celle-ci. C'est tout un pas ! Jusqu'ici, vous avez fait l'expérience de votre vie spirituelle par petites doses seulement. À présent, nous vous disons que vous devez le faire tout le temps, et pour cela, vous devez devenir cette vie spirituelle. Cela exige plusieurs changements, voyez-vous : faire l'expérience, faire et ainsi devenir, encore et encore, toujours jusqu'à ce que vous incarniez pleinement les changements de fréquence, depuis les troisième et quatrième dimensions, jusqu'aux quatrième et cinquième dimensions.

Nous vous rappelons ici que Dieu *est* la création, et ce, dans bien plus de dimensions que vous ne le savez ! En effet, toute sa création est en expansion et en croissance constante. Une fois sa création mise en marche, dans la géométrie sacrée et la science spirituelle parfaites, que la vie continue de grandir et d'évoluer reste un miracle continu, en équilibre absolu. Tout, dans votre réalité de dualité, grandit, vit, se reproduit et meurt. C'est le cycle de la vie, de la mort et de la renaissance sur votre planète. La nature qui vous entoure démontre sans relâche que même si les arbres paraissent morts en hiver, ils reviennent à la vie chaque année. Oui, les arbres semblent mourir, car ils perdent leurs feuilles et ont l'air secs et sans vie. Mais le printemps venu, leurs racines attirent une nouvelle vie et leurs branches font pousser de nouvelles feuilles. Encore une fois, l'illusion de la mort fait partie du cycle de l'hiver, tout comme le miracle des ours qui hibernent pendant six mois sans manger ni boire, puis sortent de leur tanière et se mettent à marcher dans les parages. N'est-ce pas un miracle, aussi ?

Sur votre planète, toutes les formes de vie se poursuivent au-delà de la mort individuelle, car même si cet ours meurt, ses oursons perpétuent l'essence de l'ours et la présence physique de l'ours sur terre. Cette perspective que nous offrons ici consiste à voir l'illusion à partir de l'intérieur, tout en acceptant la mort transitoire de votre corps dans le cadre de votre réalité, non pas de toute votre vraie réalité.

Lorsque vous sortirez de la dualité, vous deviendrez un être énergétique éternel, avec un noyau physique temporaire relié à l'énergie de Tout Ce Qui Est.

Bien des gens luttent contre le concept de dualité. Nous vous soulignons que la dualité n'est qu'une forme imposée aux grilles électromagnétiques de la Terre afin que vous appreniez vos leçons. Cette forme est facile à contourner, à traverser et à dépasser ; il suffit de s'élever dans la fréquence supérieure de l'Unité dans laquelle il ne reste pas de dualité. Voilà le véritable défi : s'élever au-dessus de la vision de la mort en tant que fin permanente. Vous voir chacun sous la forme d'un être éternel et énergétique pour qui la mort n'est qu'une simple transition, qu'un retour chez soi, à la vraie réalité de Tout Ce Qui Est. Ce concept est le plus difficile à adopter lorsque vous souffrez la perte d'un être aimé, surtout d'un enfant. Cet enfant était (est !) une âme très brave qui a entrepris le contrat d'entrer dans le corps et de mourir jeune, servant ainsi de point de focalisation d'une leçon pour tous ceux qui l'ont aimé et soigné. Sachez que votre enfant est en santé et heureux, de retour « à la maison ». Cet enfant a sauté douze vies en se portant volontaire pour une vie aussi difficile. Imaginez, par conséquent, que les profondeurs de votre chagrin refléteront les joyeux sommets que votre enfant a atteints dans la croissance de l'âme, dans cette vie unique, courte et pénible. Rappelez-vous ! Il n'y a pas de mort, sinon celle du corps. Par conséquent, personne ne meurt vraiment !

À partir de votre point de vue du Moi supérieur, le but suprême de votre âme en cette vie est une quête spirituelle qui vise à transmuter la matière d'un niveau inférieur à un niveau supérieur d'existence. Cela exige une forme à partir de ce plan inférieur. Dans le cas de l'humanité terrestre, un corps physique est nécessaire pour passer de la tridimensionnalité à un portail, soit à une porte par laquelle seules les fréquences supérieures peuvent s'élever. Pour que cette transmutation de l'esprit sur la matière soit complète, elle doit être accomplie par la conscience qui avait oublié qui elle était. Qui avait oublié son état d'Être éternel, sa vaste et immense présence en tant qu'ange dans le corps de Dieu. Nous employons le terme « ange », car c'est là une image chère à la plupart d'entre vous, et une façon magnifique de peindre en mots notre amour pour vous.

Lorsque vous serez pleinement dans le présent, chers lecteurs, tant de choses changeront ! Il se passe tant de choses en même temps qu'on ne pourrait véritablement en isoler une et dire : « Voici la fin, allons-y. » Il n'y a pas de fin dans le présent, il n'y a qu'une création intemporelle. Rappelez-vous ! Le temps est aussi un aspect de votre réalité qui a été imposé à votre planète, à ses grilles électromagnétiques. Le temps régit la linéarité et la dualité. Sans temps linéaire, il n'y aurait pas de naissance, de vie et de mort, voyez-vous. Étant donné la manière dont vous avez tous été conçus pour vivre dans cette réalité de dualité, le temps linéaire était une composante absolument nécessaire. Maintenant, on vous demande de devenir plus grands que la petite image humaine à laquelle vous êtes habitués, pour élargir votre vision au-delà du temps linéaire afin d'étendre votre potentiel. Ce processus évolutionnaire exige une expansion de votre conscience dans les domaines non physiques. (Pause, car notre Logos s'avance en énergie pour traiter de ce sujet.)

Le père Melchisédech, Logos galactique, prend la parole

JE SUIS le père Melchisédech, voix de la Fraternité. On nous appelle l'ordre de Melchisédech, la (Grande) Fraternité blanche, et maintenant, le nom que nous avons choisi est Fraternité de Lumière. Nous sommes des légions d'anciens Frères, de Maîtres ascensionnés, d'anges, et d'espèces ascensionnées porteuses de lumière, en provenance de dimensions différentes. Nous sommes les scribes de Dieu, les rassembleurs d'informations, de connaissances et, j'ose le dire, de vérités.

Quelqu'un doit garder les registres, chers amis. Nous sommes responsables des Archives akashiques. Nous sommes ceux qui se rappellent tout, qui enseignent aux autres le concept de Totalité. Nous sommes également les témoins du progrès des autres et nous les aidons quand c'est possible. Nous sommes les mécaniciens matériels et les chirurgiens spirituels qui prennent soin des humains. Les Frères avec lesquels vous travaillez, nous les appelons les « Fils du paradis ». Le seigneur Sananda dirige les légions de la guérison, et l'archange Michaël mène les légions guerrières. Ensemble, ils coupent les liens et scellent les blessures de tous ceux qui demandent la transformation. Nous nous consacrons, dans ce quadrant, à l'évolution de l'humanité par la transmission de la sagesse et de la connaissance grâce auxquelles vous pouvez choisir de vous élever au-dessus de ce que vous voyez avec vos yeux et entendez avec vos oreilles physiques.

Nous sommes venus vous aider à dégager la densité sur tous les plans, afin que vous puissiez vous élever en fréquence et vous harmoniser ainsi avec les domaines non physiques. Pour purifier vos corps, méditez ou amorcez un processus de dégagement avec lequel vous êtes à l'aise. Pratiquez chaque jour et commencez maintenant ! Voilà l'essentiel de notre message. Travailler avec le Cercle de Grâce, par exemple, vous aidera à vous dégager et à vous équilibrer afin de saisir le domaine de l'invisible, auquel nous vous demandons de croire et que vous devez chercher à atteindre. C'est le domaine véritable et glorieux de la vaste réalité qui vous est invisible à présent. Voici la Vraie Vie, la vie éternelle, qui sera aussi la vôtre lorsque vous en aurez fini de cette petite vie.

C'est le changement perceptuel que vous êtes tous en train d'effectuer, et il n'est pas facile. Aussi enfoncés que vous soyez dans la dualité, vous rendez présentement un service essentiel, très essentiel même, à l'humanité en transmutant votre réalité physique en une expression supérieure. Afin de pouvoir le faire totalement, vous devez avoir monté en grade, avoir vécu dans cette dualité et croire pleinement en cette dualité afin de la dépasser ensuite. Cette étape que vous traversez actuellement est fort nécessaire sur la voie, laquelle, nous vous le disons, s'étend bien au-delà de ce qu'il vous est possible de voir pour le moment. S'il vous plaît, ne perdez pas espoir, car il y a bien davantage par-delà. Vous êtes les bien-aimés, tous et chacun.

La Fraternité reprend la parole...

Oui, tant de choses encore vous attendent en cours de route. Prenons un moment pour vous donner un « point de vue supérieur » sur le changement de millénaire. Cette période d'un peu plus de 25 années a débuté par la Convergence harmonique du 17 août 1987, alors que la Conscience de la Terre et la Conscience humaine ont accepté de passer à un plan supérieur de fréquence vibratoire. Depuis, beaucoup de changements se sont produits sur la planète. Vingt-cinq années, cela peut paraître long à vos yeux à mesure que vous les vivez, mais cela ne dure qu'un clin d'œil en temps éternel. Si vous calculez le passage du temps depuis le changement de millénaire d'août 1987 jusqu'au solstice d'hiver de 2012, cela représente en fait 25 ans, 4 mois et 5 jours (y compris 2012).

Oui, le Plan divin se garde toujours une marge de manœuvre. Maintenant que vous le savez, ne tenez plus compte des dates ! Celles-ci n'ont aucune importance. Vous n'avez rien manqué. En termes simples, disons qu'à mesure que chaque nouvelle « bande de fréquence » énergétique s'intégrera aux grilles de la Terre, elle sera disponible pour vous. À vous de décider ensuite à quel rythme vous prendrez de l'expansion pour incorporer chaque niveau. Puisque la cinquième dimension comprend les quatrième et troisième dimensions, chaque personne prendra de l'expansion à son propre rythme et à sa façon.

Aux fins de notre discussion, nous vous demandons de considérer cette période de temps comme équivalant à environ quatre segments de six années. Au cours des six premières années du changement (1987 à 1993), vous avez commencé à recevoir de nouveaux conseils spirituels. Vous avez assimilé ces concepts spirituels, et davantage, au cours des six années qui ont suivi (1994 à 2000) sur le plan mental. De 2000 à 2006, vous étiez à dégager les émotions, y compris le cœur en 2004. De 2007 à 2012, les six dernières années des énergies de changement font en sorte que vos corps se désencombrent sur le plan physique. Les gens ressentent de la pression dans leurs chakras inférieurs ; ils ont l'impression d'avoir les jambes lourdes ; ils éprouvent une densité dans leur chair ; ils sentent que leurs liens énergétiques ne sont pas aussi rapides qu'avant, ni aussi aisément accessibles. Les énergies qui mûrissent présentement sur la planète font en sorte que vos noyaux physiques ressentent le besoin de libérer de la pression. Alors, les gens se sentent mal, fatigués ; ils ont de la difficulté à se concentrer ou à réfléchir longtemps, n'est-ce pas ? Les maux et les douleurs chroniques éclatent, tout comme les vieilles maladies qu'ils pensaient disparues depuis longtemps. Il n'est pas étonnant qu'ils éprouvent de la confusion sur tous les plans, puisque leur réalité semble devenir plus lourde, plus dense, et non plus légère et plus brillante.

Chers amis, vous êtes maintenant en train d'éliminer les *schémas de maladie* de vos champs électromagnétiques. Comme nous l'avons déjà demandé, à quoi vous attendiez-vous quand vous avez fini par sentir votre aura ? Au lieu de vous montrer le paradis, celle-ci vous donne un résumé de votre « blessurologie », la biographie de votre biologie qui remonte à la surface pour être dégagée. Les gens peuvent porter en eux des blocages éthériques depuis l'enfance et ne pas s'apercevoir que leurs méridiens sont encore bloqués dans des zones qu'ils croyaient guéries depuis longtemps. Par exemple, une blessure au genou à l'adolescence peut encore empêcher les méridiens de cette partie du corps de se dégager vers le bas, par le chakra du pied. Trente ans plus tard, la personne pourra développer une douleur à la hanche, au bas du dos, au milieu ou dans le haut du dos. Elle n'aura alors aucune idée que cette vieille blessure empêche encore toute cette partie de libérer de la pression. Si elle consulte le médecin à cause de ces symptômes, celui-ci dira généralement : « On n'a rien trouvé, mais, de toute évidence, vous avez de la douleur ; alors, prenez ces pilules chaque jour et vous irez mieux. » Même si cette vieille blessure au genou est mentionnée au médecin, ce dernier l'ignorera, parce qu'elle est ancienne, guérie et éloignée du site de la douleur.

Un praticien holistique, par un balayage énergétique sur cette personne, trouverait sans doute que le blocage au genou est dense et froid comme de la glace. Dans le travail de table du Cercle de Grâce, on agit d'abord sur ce genou avec des « énergies chaudes », puis lorsque la pression monte, on la tire à l'écart de la table, au-delà de l'aura de la personne, afin de la dégager sans qu'elle soit prise au piège de nouveau sur le plan électromagnétique, dans le champ aurique du client. Lorsqu'il se relève, le client se sent « plus léger », car son système a été ouvert et dégagé d'une façon entièrement nouvelle. Biens des modalités différentes correspondent au Cercle de Grâce, et vous verrez que lorsque quelqu'un peut faire le dégagement pour et par lui-même, cela lui apporte beaucoup plus de confiance en soi, d'énergie, et une qualité de vie meilleure. Quand vos systèmes sont délivrés de blocages majeurs et que les méridiens circulent librement, toutes vos autres modalités fonctionnent avec plus d'efficacité et d'efficience !

Si le praticien analysait une radiographie aurique, il verrait immédiatement où se situe le véritable blocage et jusqu'où la pression a refoulé pour provoquer une douleur dorsale. Constatant quels méridiens sont bloqués, il pourrait ainsi formuler un diagnostic plus complet et plus juste. Ici, nous disons aux scientifiques : « Ne perdez pas de temps à essayer de manipuler l'ADN. » Dans la troisième dimension, vous n'en voyez que quelques couches. L'ADN est multidimensionnel, et vous n'avez aucune idée des répercussions sur les plans supérieurs lorsque vous limitez vos actions dans la tridimensionnalité. Vous devriez vous concentrer sur la création de radiographies auriques ou d'un quelconque moyen technique de voir le champ aurique d'une personne, au lieu de limiter votre recherche sur l'ADN. Cela étant, vous pourrez ensuite comparer les champs sains aux champs malsains, et retracer le développement des maladies d'une toute nouvelle façon !

Il faudra peut-être encore cinquante ans, sinon quelques générations, pour que la science et la spiritualité fusionnent vraiment. Mais nous sommes très encouragés en voyant la naissance de ce mouvement à mesure que les travailleurs de la lumière façonnent leurs propres outils et utilisent leurs talents dans un climat social beaucoup plus progressiste que par le passé.

Nous croyons qu'après le passage de 2012 il y aura à l'évidence plus d'« ajustements » à faire, à mesure que vous ressentirez tous les effets de la ceinture de photons. Il se peut que certaines personnes développent une vision aurique, et d'autres, une intuition aurique, ou d'autres encore, des changements de physiologie qui les « ouvriront » au fait de considérer l'invisible comme une réalité. Puisque le changement est planétaire, il y aura beaucoup de confusion chez les masses non éveillées, y compris dans les domaines médicaux. Pensez-y : Chez qui toutes ces personnes iront-elles quérir de l'aide ? Il y aura beaucoup de progrès scientifiques et spirituels après 2012, et vous devrez utiliser ces deux approches afin de trouver la voie véritable de la guérison.

Beaucoup de travailleurs de la lumière sont affligés de ne pouvoir se « guérir » eux-mêmes. D'autres sont frustrés devant leur incapacité à manifester leurs buts. D'autres encore courent d'un praticien à l'autre, tentant de faire ranimer, ou améliorer, leur ADN, ou quoi que ce soit d'autre. Cela, en particulier, nous apparaît comme un gaspillage d'argent. *La « montée » planétaire est en train de transformer votre ADN pour vous !*

Votre tâche consiste à éliminer suffisamment de blocages et de pression interne pour vous élever avec grâce avec le corps que vous avez actuellement, dans l'équilibre approprié. En ce qui a trait aux questions soulevées ci-dessus, nous répondons : « Dégagez ! » Débarrassez-vous de votre densité, de votre bagage, des tensions de votre vie. Dans une séance de dégagement, libérez d'abord la couche supérieure du stress courant de la journée ou de la semaine. En dessous se trouve la couche chronique, où votre vieux torticolis peut s'élever, où un genou arthritique, une synovite du coude, toutes ces vieilles douleurs peuvent être extirpées ! Sous cette deuxième couche se trouve le plan génétique, celui des vies antérieures, qui affranchit l'ADN des traumatismes passés, des systèmes de croyances défaillants et des schémas de maladie hérités. Votre dégagement doit progresser de l'extérieur vers l'intérieur, sur le plan courant, puis chronique, puis génétique, afin qu'aucun tort ne vous soit causé durant ce processus. Oui, chers enfants, c'est comme peler un oignon !

La bonne nouvelle, c'est qu'avec un dégagement adéquat et tenace, aucun de vos problèmes ne se logera dans votre noyau physique. Encore une fois, une pratique quotidienne permet un entretien préventif. Tant que vous continuerez de désencombrer votre aura et votre corps d'une manière qui fonctionne pour vous, vous ne devriez pas tomber malade ! Plus vous le ferez souvent, plus rapidement vous arriverez à cette troisième couche génétique et la dégagerez, elle aussi. Une fois que vous aurez enlevé suffisamment de « débris » de votre corps PÉMS, vous aurez naturellement accès à la sagesse encodée dans votre ADN et à bien d'autres choses encore !

Beaucoup d'entre vous se disent sans doute que tout ça paraît facile, mais qu'ils sont trop malades, ou fatigués, ou éreintés, pour le faire. Nous vous demandons seulement de prendre soin de votre corps, de choisir des aliments et des liquides sains, de faire régulièrement de l'exercice ou de la marche, de dormir autant que nécessaire, de vous accorder une sieste ou de vous reposer à un moment de la journée. Actuellement, le meilleur remède à votre confusion consiste à vous reposer, ou à passer du temps à l'extérieur, pourvu que votre corps puisse s'ajuster aisément aux niveaux d'énergie qui arrivent. Donnez à votre corps le temps nécessaire pour qu'il se « recâble » dans une nouvelle expression électromagnétique. Veuillez également vous rappeler que le temps s'accélère beaucoup plus rapidement à présent. Vous pensez disposer d'une journée de 24 heures, mais il s'agit bien plus de 15 heures. Les gens qui travaillent huit heures par jour semblent n'avoir aucun moment de répit ; ils ont à peine le temps de se reposer, de se détendre, et de passer du temps en famille.

— *Comment pouvons-nous mieux comprendre notre corps, et ce, de façon à percevoir les signaux qu'il nous envoie ?*

Nous avons déjà mentionné que vous avez, en plus de tout le reste, un autre emploi à temps partiel ! En effet, votre corps utilise environ le quart de votre énergie physique pour se transformer. C'est pourquoi nous vous prions de vous reposer autant que possible, d'essayer d'organiser votre semaine de travail de manière qu'une journée remplie soit suivie d'une journée tranquille. Sinon, vous allez ignorer les signaux de votre corps, vous surcharger de travail, et découvrir à votre grande surprise que vous êtes tombé malade ! Cela pourra se traduire par un accident stupide, une contagion inattendue, une maladie récurrente, ou de nouveaux symptômes de fatigue, de dépression, etc., qui vous obligeront cette fois à accorder un temps de repos à votre corps !

Certaines personnes sentent les effets des toxines de leur environnement. Lorsque votre corps est surchargé de produits chimiques synthétiques, il atteint un point où le système immunitaire devient épuisé. Des symptômes peuvent indiquer cet état, ou le médecin peut en déduire que vous avez un problème relié au foie ou à la rate, ou un déséquilibre hormonal, ou encore, que ça ressemble au « syndrome de fatigue chronique ».

Le médecin n'entre en jeu qu'une fois la maladie manifestée, que ce soit dans le système immunitaire ou dans une région où un schéma de maladie héréditaire existe. Ou bien le corps tombe en panne à l'emplacement du blocage ou de la blessure, ou bien votre système électromagnétique se bouche de telle façon qu'une maladie héréditaire apparaît, ou vous rend vulnérable à la maladie par la contagion.

Certaines personnes ont développé une réaction à la vaccination susceptible de se révéler dans le corps après des années seulement. Des allergies peuvent être héréditaires, ou peuvent provenir d'un blocage de l'épaule ou de la gorge qui cause une pression dans la tête. Cette pression peut entraîner des problèmes de sinus, d'oreilles ou d'yeux, ou des schémas de migraine. Oui, le fait de dégager le chakra de la gorge peut alléger les symptômes d'allergie de bien des gens. Rappelez-vous, chers praticiens, que lorsque vous travaillez sur le cinquième chakra, celui de la gorge, vous devez passer un peu de temps sur le deuxième, celui du sacrum, car les deux font la paire. Comme nous l'avons expliqué dans un autre texte sur les paires de chakras, les deux chakras de chaque paire doivent être en équilibre pour que l'un et l'autre retrouvent la santé.

Confusion provenant de produits chimiques et de contaminants

— *Il y a tellement de pollution, de produits chimiques et de contaminants partout ! Comment devrons-nous vivre pour vaincre tout cela ? Comment respecter notre corps ?*

Très peu d'Occidentaux se rappellent encore l'époque qui a précédé l'existence des trains, des avions et des voitures. Si vous reculiez de quelques centaines d'années, soit juste avant l'industrialisation, vous verriez que le rythme de vie était alors beaucoup plus lent. Les gens s'éveillaient avec le soleil et allaient au lit à la nuit tombante. Ils cultivaient des légumes purs et propres, et mangeaient de la nourriture locale, ce qui les aidait grandement à s'enraciner. Comme ils avaient moins d'information disponible, et ce, moins rapidement qu'à ce jour, ils avaient moins de choses à assimiler, moins de stress, et plus de temps libre pour autre chose. Ils passaient plus de temps dans la nature, marchaient beaucoup plus, ou allaient à cheval, ce qui s'avérait aussi un exercice. Bref, ils étaient beaucoup plus en harmonie avec la nature et ses cycles, et beaucoup plus en accord avec leur corps que vous ne l'êtes aujourd'hui.

Le corps humain a beaucoup de caractéristiques incroyables et intrinsèques, mis à part le Cercle de Grâce. L'une d'elles est que vous avez faim lorsque votre corps a besoin de carburant et que vous vous sentez rassasié lorsqu'il en a suffisamment reçu. C'est vraiment simple, non ? C'est comme faire le plein et conduire jusqu'à ce que le réservoir soit vide. Pourquoi y a-t-il alors des gens qui meurent de faim sur un continent, tandis que sur un autre les gens souffrent d'obésité et ont des problèmes alimentaires ? Il y a tellement de déséquilibres créés par vos sociétés pressées et intellectuelles ! Il est temps de les voir clairement et d'assumer la responsabilité de changer ce que vous pouvez dans votre propre vie.

Combien d'entre vous tombent de sommeil à neuf ou dix heures, mais restent éveillés pour regarder une émission de télé à onze heures ? Votre corps avait besoin de ces quelques heures supplémentaires de sommeil et essayait de vous le dire ! L'arrivée de l'électricité a grandement réduit la capacité des gens à s'accorder aux cycles de la Terre. Tant de personnes souffrent de privation du sommeil sans s'en rendre compte ! Lorsque vous avez soif, vous servez-vous un verre d'eau de source, ou une autre eau gazeuse, un autre thé ou café ? Tout liquide sucré est considéré comme un aliment par votre estomac, qui met trois heures à le digérer. Entre-temps, votre corps a encore soif ! Tellement de gens souffrent de déshydratation, ce qui peut entraîner des migraines, et ne s'aperçoivent même pas que leur corps a besoin d'eau ! La prochaine fois que vous sentirez un début de mal de tête, buvez d'abord un verre d'eau, puis attendez quelques minutes avant d'avaler une pilule – vous n'en aurez peut-être pas besoin !

Voyez-vous toutes les façons dont les gens se sont coupés des signaux de leur propre corps ? Prenez, par exemple, le vernis à ongles. Ou plutôt, rangez-le ! Une chose qui sent aussi mauvais n'est certainement pas bonne à respirer, encore moins à avoir sur vos ongles des semaines durant. Et ces rafraîchisseurs d'air qui sont censés faire en sorte que tout sente meilleur ? Ils émoussent vos sens olfactifs et font entrer des produits chimiques inutiles chez vous et dans votre corps. Combien d'entre vous lisent les étiquettes des aliments qu'ils achètent ? Savez-vous combien d'additifs, de colorants et d'agents de conservation vous absorbez ? Ce sont des poisons synthétiques que le corps ne reconnaît pas et qu'il ne peut donc proprement éliminer.

À propos de poisons synthétiques, connaissez-vous vraiment les effets de tous vos médicaments sur votre corps ? Il y a là une véritable dichotomie à signaler entre les pratiques médicales actuelles et les thérapies énergétiques que nous vous enseignons. La médecine moderne s'attache à remonter les symptômes jusqu'à leur source. Autrement dit, vous allez tous chez le médecin *une fois* malades. Si vous étiez vraiment conscients de vos couches physique, émotionnelle, mentale et spirituelle, de votre corps aurique et des organes (chakras) qu'il contient, vous auriez un point de vue totalement différent sur la santé et sur le moyen de l'atteindre et de l'entretenir. Apprenez à lire l'aura, chers amis, et vous verrez les déséquilibres *avant* qu'ils n'envahissent le noyau physique. L'une de ces approches est préventive, l'autre curative. L'idée de prendre des médicaments une fois que vous êtes malades est une approche « palliative » de la guérison.

Nous respectons vos progrès dans les traitements médicaux et en technologie ; ils ont eu de grandes répercussions sur votre espérance de vie. Les personnes âgées de la génération actuelle vivent beaucoup plus longtemps que leurs parents. Leurs enfants, les baby-boomers, nés entre 1946 et 1964 (après la Deuxième Guerre mondiale et avant la guerre du Vietnam), doivent affronter un peu plus de choses. Ils représentent la première génération née après la découverte du DDT, le premier pesticide moderne, lequel a été développé au début de la Deuxième Guerre mondiale pour aider à débarrasser des moustiques les zones affectées par la malaria, et utilisé partout dans le monde dans les années quarante jusque dans les années soixante. Puis les preuves environnementales ont commencé à s'accumuler, démontrant que le DDT tuait les poissons et les oiseaux, et mettait en péril toute la chaîne alimentaire, y compris vous au sommet ! On a également découvert que le DDT se retrouvait dans le lait maternel. La génération du baby-boom fut ainsi la première à être nourrie du premier polluant chimique mondial émis sur terre. Celui-ci fut interdit dans plusieurs pays au cours des années 1970 et 1980, après avoir été vaporisé partout dans le monde pendant trente ans…

Aujourd'hui encore, les gens sont affectés par des polluants biologiques et chimiques dont ils n'ont pas même conscience. Des toxines artificielles encrassent vos corps et accélèrent le vieillissement. Elles peuvent endommager les poumons et inhiber votre système immunitaire, élevant le risque de cancer.

Chers amis, pensez à tous les agents de conservation, les exhausteurs de saveur, les colorants et autres produits chimiques régulièrement ajoutés aux aliments préparés dans le commerce, les parfums artificiels, les solvants de nettoyage et les « produits corporels ou de beauté » omniprésents dans votre environnement.

— *Les allergies semblent désormais omniprésentes et tout le monde semble en avoir. Pourquoi une telle augmentation ?*

C'est un fait, et nous allons vous donner quelques conseils sur la façon de diminuer leur effet.

Vous savez sans doute que certains pays nourrissent leur population de céréales génétiquement modifiées, et ce, sans méfiance. Cela provoque présentement une forte augmentation d'allergies à des aliments courants. Pensez à l'apparition tardive d'allergies inattendues qui apparaissent maintenant chez les baby-boomers, leurs enfants et leurs petits-enfants. Voyez-vous comment tous les progrès que vous avez faits au cours des cinquante dernières années ont également intoxiqué vos corps et votre environnement ? Le système immunitaire humain est conçu pour filtrer les composés naturels présents dans la nature et constitués des composantes cellulaires similaires. Chargez ces systèmes de suffisamment de produits artificiels et toxiques, année après année, et constatez le résultat : votre corps finit par être surchargé de toxines qu'il ne peut reconnaître, traiter ni éliminer. Si vous ajoutez la pollution de l'air et de l'eau par les dépotoirs toxiques qui filtrent dans votre nappe phréatique, votre corps est exposé à la plus grande quantité de toxines de toute l'histoire.

Nous ne voulons pas vous effrayer par cette information. Nous vous offrons simplement notre perspective par rapport à la question demandée.

Nous partageons votre point de vue quant à la façon dont le corps se développe, évolue ou régresse, selon le cas. En ayant ces informations, vous pouvez tous être plus conscients de ce que vous mettez dans votre corps, sur et autour de lui. Écoutez mieux ce qu'il vous communique. Rappelez-vous : *seule votre couche mentale parle français, vos autres couches vous envoient des messages sous forme de « sentiments »*. Vous avez qualifié cela d'« intuitions », mais en réalité ce sont vos couches auriques qui tentent de communiquer avec vous.

Chers amis, à mesure que vous travaillerez avec votre aura vous atteindrez la communication avec toute votre structure électromagnétique. Et vous verrez à quel point un grand ménage s'avérera nécessaire !

Bien des gens ont trouvé un grand soulagement dans les processus naturels de désintoxication. Si vous développez soudainement des allergies ou de l'asthme (qui est aussi une réaction allergique du corps, soit à un agent extérieur, soit au stress interne), vous aurez peut-être avantage à dégager votre système immunitaire en général, ou à nettoyer plus précisément la vésicule biliaire, le foie, le pancréas, la rate ou les intestins.

La plupart des gens développent une gamme déroutante de symptômes physiques qui ne semblent pas avoir de cause. Certains ont de fortes migraines et ne savent pas pourquoi. Ils pourraient réagir au glutamate de sodium ou aux noix ! Certaines personnes ont le ventre gonflé ou rempli de gaz à l'occasion, puis un mal de tête, ce qui est symptomatique d'une intolérance au lactose. Cependant, même l'intolérance au lactose peut être déroutante ; des personnes peuvent manger du yaourt et de la crème glacée sans avoir de réactions, mais ne peuvent manger ni pizza ni lasagne sans tomber malades. Chaque fois que vous tombez malade, notez où vous étiez et ce que vous avez mangé. Vous pourriez rapidement mettre de côté les coupables en respectant les signaux de votre corps et en modifiant votre alimentation.

Il existe aujourd'hui bien des traitements différents à base d'herbes, et vous pouvez les examiner, mais veuillez le faire avec l'aide d'un conseiller holistique ou nutritionnel compétent. Ce qui fonctionne pour certaines personnes ne fonctionne pas pour d'autres. Si vous prenez des médicaments sous ordonnance, il est particulièrement important de vérifier les contre-indications. Par exemple, l'usage régulier de ce que vous appelez Tylenol affectera les niveaux de glutathion de votre foie. Vous pouvez le remplacer par un supplément de glutathion, ou choisir de renforcer la santé de votre foie par une alimentation saine. Oui, les vitamines A, C et E sont essentielles au bon fonctionnement du foie, lequel soutient tout votre système immunitaire.

On peut changer beaucoup de choses avec une alimentation saine, chers enfants ! Vous savez pertinemment que l'ingestion de sucre déprime votre système immunitaire ; alors, nous vous en prions… *prenez la responsabilité de ce que vous donnez à votre corps.* La part la plus toxique de votre système est l'appareil intestinal, que vous pouvez également mieux équilibrer par le régime alimentaire. Le yaourt ou d'autres aliments fermentés aident à garder les bactéries saines en abondance dans vos intestins, et ces bactéries aident votre corps à décomposer les toxines afin de pouvoir les éliminer.

Vous avez sans aucun doute beaucoup entendu parler de cette information, mais l'avez-vous appliquée ? À présent, nous allons vous poser une question : Quel est le meilleur agent de nettoyage immunitaire du monde ? (Oui, c'est une question piège, nous pouvons déjà vous entendre grogner.) C'est quelque chose que vous avez probablement déjà à votre portée… que vous utilisez plusieurs fois par jour… Oui, il s'agit de l'eau !

Votre meilleur agent de nettoyage interne consiste en l'ingestion de huit verres d'eau pure par jour ! Ce n'est pas un mythe.

Quelles sont les autres choses faciles à faire pour promouvoir votre santé et celle de votre famille ? Si vous souffrez d'asthme, surtout gardez la maison propre ! Devons-nous vraiment mentionner que la fumée secondaire aggrave grandement l'asthme (et n'est bonne pour personne) ? Demandez aux gens d'enlever leurs chaussures en entrant chez vous, afin de ne pas traîner de polluants ni de toxines de l'extérieur. Nettoyer vos tapis une fois l'an est une bonne habitude préventive. La moisissure (ou les champignons qui se développent en présence d'humidité ou de décomposition) constitue un autre déclencheur de réactions allergiques tels l'asthme et l'eczéma, de douleurs aux articulations, de maux de tête et de fatigue. Vous pouvez décourager la croissance des moisissures en gardant le taux d'humidité interne de votre foyer en deçà de 50 % et en vous assurant que votre grenier et votre sous-sol sont bien ventilés.

Les allergènes les plus courants* sont de type alimentaire ou en suspension dans l'air. Le pollen des arbres et des plantes, les spores de moisissure, la desquamation qui provient de la fourrure des animaux et les mites de la poussière sont faciles à éviter si vous savez qu'ils sont les coupables.

Quant aux allergies alimentaires, elles sont plus faciles à affronter lorsque vous avez déterminé à quoi vous êtes allergique ! Les aliments allergènes de base sont les œufs, les produits laitiers, le poisson et les fruits de mer, les fruits, les noix et les céréales. Une réaction allergique peut être douce ou très grave, allant de la démangeaison à l'urticaire, ou à l'enflure de la gorge.

Nous soulignerons toutefois que la plupart des *nouvelles* allergies qui surviennent sont dues, en partie, au réchauffement planétaire. Oui, lorsque les journées sont chaudes et humides jusqu'en janvier, au lieu d'être froides et neigeuses dès octobre ou novembre, cela donne aux puces, aux moustiques et à d'autres insectes quelques mois de plus pour continuer à se reproduire. La nature aussi devient confuse, car la moisissure et les fleurs s'épanouissent alors qu'elles ne le devraient pas. Tout cela pro-

---

* *Note de l'auteure :* La N.A.E.T. est une technique holistique très efficace pour dégager les intolérances ou les allergies de votre corps (voir www.naet.com). Elle cible précisément le système nerveux et restructure votre réaction de manière à lui redonner l'équilibre. Mieux encore, elle n'est absolument pas agressive. Vous pouvez examiner des dérivés de cette méthode, dont le N.E.T. Ces pratiques fonctionnent très bien en tandem avec le Bio-Cleanse® ou le IonCleanse®, des bains de pieds (ou de mains) dans lesquels un courant électrique à faible voltage traverse l'eau, ce qui permet à vos pieds (ou vos mains) d'éliminer des toxines. L'eau prend alors des couleurs différentes, selon les toxines de la personne. Ces bains ouvrent vos chakras des pieds ou des mains et dégagent vos méridiens tout comme le Cercle de Grâce ! Voici une suggestion. La prochaine fois que vous prendrez un bain de cette nature, gardez vos mâchoires détendues, et vous sentirez vos méridiens se dégager.

Ce sont là des façons holistiques et non agressives de renforcer vos méridiens et de vous aider à éliminer vos intolérances ou vos allergies.

voque de l'asthme et d'autres réactions de type allergique au cours de la mauvaise saison, ce qui trouble votre corps et le met davantage à l'épreuve.

Il est donc important d'équilibrer votre corps. Votre processus de croissance émotionnel, mental et spirituel ainsi que l'équilibration de l'ensemble de ces couches ne peuvent s'accomplir que si le noyau intérieur est dégagé et apte à fonctionner sans pression interne excessive. Tous les blocages éthériques sont disposés par couches et s'entassent soigneusement au fil des ans, jusqu'à ce que l'aura ne puisse plus porter son lourd fardeau et que la maladie envahisse le noyau physique. Dans votre société, vous avez été entraînés à vous tourner vers quelqu'un ou quelque chose d'autre pour vous « réparer ». Les pilules ne peuvent qu'engourdir votre douleur et faire disparaître les symptômes, tandis que l'aura doit condenser une densité d'une fréquence encore plus basse à mesure que la douleur et le stress sont engourdis par les médicaments au lieu d'être libérés.

Pourquoi est-il si difficile actuellement de se guérir ? Le premier et principal obstacle à la guérison est que certaines personnes n'ont ni l'énergie ni la force d'entreprendre un programme de guérison. Oui, la guérison exige de l'énergie ! C'est pourquoi vous, praticiens travailleurs de la lumière, serez si précieux tout au long de la transformation et au-delà, afin d'assister les gens à dénouer les blocages les plus importants. Le but est que chaque personne puisse devenir responsable de son propre entretien de PÉMS.

Que vous choisissiez le massage, l'acupuncture ou des approches plus énergiques, il est important de recourir immédiatement à l'aide appropriée lorsque vous commencez à vous sentir « mal en point » ou inquiet, au lieu d'attendre qu'une maladie physique se développe pour ensuite chercher de l'aide.

Le deuxième obstacle principal à la guérison, ce sont vos vieux systèmes de croyances, enracinés et erronés. Oui, votre biologie suit vos croyances ; j'ai une maladie en phase terminale, je vais mourir. Rien ne va plus. Je ne guérirai jamais. Je suis triste, pauvre, vieux, solitaire, etc. Si vous commencez plutôt à ressentir de la joie et de la gratitude pour tout ce que vous avez vraiment, vous ne vous attarderez pas aux « mauvaises

choses ». Rappelez-vous, vous créez ce sur quoi vous vous concentrez !
Tout votre être vibre sur le plan de vos pensées et sentiments à propos de tout.
L'amour inconditionnel est le plan le plus élevé d'émotion énergétique que vous puissiez sentir, et la peur sous toutes ses facettes comprend la moitié inférieure de l'échelle émotionnelle vibratoire. Puisque vous êtes tous encore des êtres linéaires, nous vous demandons ceci : Où, sur cette échelle émotionnelle de un à cent, choisissez-vous de vivre ? La peur, la colère, le doute nuisent au corps et le font vieillir. L'amour guérit, recharge et garde votre corps jeune.

Voyez-vous que vous avez ce choix en tout temps ?

Faites-vous aider ; utilisez tous les outils à votre disposition pour le corps, l'esprit et l'âme, mais ne cherchez pas de miracles à l'extérieur de vous. Le vrai miracle repose en vous, en votre Flamme divine, laquelle survit à toute querelle terrestre. Ne demandez pas aux médecins d'arranger tout ça, et ne vous attendez pas à ce que des guérisseurs holistiques vous guérissent ; tous ces gens sont censés vous aider et vous soutenir, vous rendre les choses plus faciles, sans plus. Ne cédez pas votre pouvoir ! Lorsque vous vous sentez victime et que vous demandez l'aide des autres, il est facile par après de les pointer du doigt et de leur dire qu'ils ont échoué ! Vous avez échoué à me guérir, et c'est votre faute si je suis encore malade. Assumez la responsabilité de votre état, rassemblez autant d'informations que possible sur vos symptômes, puis cherchez les outils médicaux et holistiques avec lesquels vous êtes à l'aise. Ne soyez pas passif ou victime, mais actif dans votre processus de guérison.

Chers amis, profitez tous de l'« aide spirituelle » que nous vous offrons et croyez en votre propre pouvoir de créer la réalité que vous désirez, en fonction de vos besoins. Saviez-vous, avant que nous commencions à communiquer avec vous, que vous pouviez contrôler votre propre système nerveux ? Que vous pouviez lui ordonner de libérer le stress et la douleur, et absorber un nouveau carburant pour le corps ? Quel concept farfelu ! C'est comme arriver à contrôler votre rythme cardiaque, ce que vous apprendrez d'ailleurs à faire (par la respiration) dans ce processus – seulement pour vous détendre. Oui, vous êtes tous en train de devenir des gourous ! Vous avez le pouvoir de contrôler votre pensée et, par conséquent, d'influencer votre biologie, de la commander !

Vous avez également le pouvoir de faire la paix avec vos limites et de trouver la joie à chaque petit instant, même si vous vivez dans un fauteuil roulant. C'est le pouvoir de l'esprit sur la matière, et une fois que vous aurez trouvé la paix de l'esprit, plus rien d'autre n'aura vraiment d'importance ! Nous ne voulons pas minimiser votre douleur ni en rire ; de grâce, ne pensez pas cela. Tout ce qui est cause de douleur émotionnelle dans votre vie représente ce qui a besoin d'être changé d'abord.

Tout ce qui entraîne de la douleur physique peut ensuite être pleinement dégagé. Nous respectons tout ce que vous avez vécu et disons que la douleur est aussi un processus d'apprentissage, que l'expérience est une leçon, et que vous ferez un grand Retour vers nous pleinement guéris, pleinement parfaits dans votre forme spirituelle, ayant résolu bien des questions en cette dure vie. *Nous vous aimons avec tant d'affection !*

Ce qui est en haut est comme ce qui est en bas

Nous aimerions terminer cette partie concernant le corps en disant que les humains sont le « pont » entre l'Esprit et la matière, entre les énergies terrestres et divines, et qu'ils doivent intégrer les deux en équilibre. Oui, maintenant que vos sens s'ouvrent, vous êtes en train de devenir plus « sensibilisés » à tous les fonctionnements de votre corps !

Chaque personne qui est sur une voie d'ascension trouvera le même obstacle à franchir – partir d'une existence physique « sous la ceinture » (à partir des trois chakras inférieurs) et aller jusqu'à vivre à partir du cœur en tant que creuset d'intégration des sept chakras et des autres. Nous avons dit que la joie est l'émotion humaine la plus élevée vers la vibration de Dieu. Ici, nous ajoutons que l'orgasme est le niveau le plus élevé d'Énergie divine que le corps humain peut contenir sans subir de tort. Cela vous donnera une nouvelle perspective sur la véritable intensité de la vibration de Dieu ! *Lorsque nous disons que plus votre corps est dégagé, plus élevée sera la vibration que vous pourrez maintenir, comprenez-vous ?*

Encore une fois, tout cela est affaire de perspective – la vôtre. Laquelle choisissez-vous ? Le corps ne disparaîtra pas, chers amis, c'est votre véhicule pour cette existence-ci. Maintenant que vous êtes en train de vous étendre jusqu'à votre taille véritable dans votre conscience, vous en viendrez à voir que la meilleure façon – en fait la seule – de véritablement fonctionner, c'est lorsque toutes vos couches font tout en équilibre, tout le temps. Alors, vous serez pleinement dans le présent ! En vérité, *vous saurez* lorsque vous serez pleinement équilibrés ; vous n'aurez pas à nous le demander ! Lorsque vous vous serez engagés dans cet « état d'esprit supérieur », vous en serez conscients, nous vous le garantissons ! Comprenez que lorsque vous faites le travail du Cercle de Grâce, vous dégagez d'abord la pression actuelle, puis la pression chronique, puis sous celle-ci, les lésions éthériques des schémas de vie passés. Ce processus n'est pas un simple outil qui servirait à traiter un mal de tête ; c'est un engagement à libérer des vies de poches de pression à faible densité qui vous empêchent de devenir chacun l'« être plus léger » qui est le but de votre âme.

L'intensité de la vie, du drame et du temps, tout cela augmente. La confusion que vous ressentez est *transitoire*, comme le bruit blanc entre les stations radiophoniques. On peut l'assourdir en focalisant ailleurs. De temps à autre, faites quelque chose que vous aimez. Sortez au soleil, faites quelques courses, trouvez un meilleur équilibre entre le travail et le jeu, entre le souci et le plaisir.

Rappelez-vous ! Vous créez ce sur quoi vous vous concentrez.

Cessez de tant vous inquiéter et accordez-vous plus de plaisir !

Sachez que vous allez tous très bien ! Soyez patients, ce n'est qu'une autre étape. Chaque fois, vous atteignez un nouveau plan et vous vous cognez la tête sur le plan d'en haut, et il y en a tellement d'autres au-dessus ! Si vous étiez catapultés à cet instant même vers la Source, vous ne pourriez survivre au voyage dans l'état actuel de votre corps physique.

Nous vous invitons à suivre les étapes une à une, afin de ne subir aucun tort. Le plan divin évolue en fonction du progrès effectué par chacun d'entre vous, en tant qu'être divin redécouvrant qui il est. Vous êtes tous éternels et chacun d'entre vous est aimé par l'Esprit. Comme vous êtes Dieu au même titre que nous, nous somme tous Un !

Les mondes immatériels de la Fraternité

— *Comment vivez-vous de l'autre côté du voile ?*

Parce que vous êtes encore dans la dualité, vous voyez nécessairement la création comme une chose séparée de vous. Dans les dimensions supérieures, les choses que nous créons sont partagées énergétiquement. Lorsque nous créons l'Amour et la Joie, nous fusionnons et les partageons. Nous en faisons l'expérience, et nous partageons ce que nous avons créé les uns avec les autres. Nous ne sommes pas dans des véhicules physiques ; nous sommes plutôt des créations individuelles d'énergie qui se coulent et fusionnent en tant qu'expressions de qui elles sont. Nous trouvons fort amusant de vous entendre discuter pour savoir si nous sommes tous « frères » dans la Fraternité de Lumière, ou si nous sommes vraiment la Fraternité et la Sororité de Lumière. *Chers amis, nous n'avons pas de corps physique !* Nous n'avons pas d'identité sexuelle, car nous n'avons pas, eh bien, vous savez quoi !

Dans les domaines supérieurs, nous avons bien des créations, bien des œuvres d'art. D'ailleurs, il y a une musique incroyable ici. La façon dont nous faisons tous l'expérience et le partage de nos créations est par l'immersion dans leur vibration. On ne peut s'immerger dans la vibration de quelque chose s'il s'agit d'une vibration séparée. La frustration que ressentent beaucoup d'entre vous vient de leur incapacité à voir notre perspective à moins d'avoir fait l'expérience de l'Unité sans quelque doute que ce soit. Lorsque vous aurez fait l'expérience de l'union totale avec votre huitième chakra, tous ces doutes, toutes ces frustrations deviendront choses du passé, des discussions insensées que vous deviez soulever afin de vous relier à votre Moi supérieur. Oui, gardez bien à l'esprit que la part la plus grande de votre être véritable est ici avec nous, dans les domaines multidimensionnels. Comme nous l'avons expliqué ailleurs, le Voile de l'oubli est comme un miroir à sens unique. Nous vous voyons, et nous vous rejoignons énergétiquement (dans les limites de la zone de libre arbitre), avec votre permission. De votre côté, vous fonctionnez surtout aveuglément dans votre monde à trois accords, sans vous rendre compte qu'il y a d'autres accords autour de vous !

Il est très difficile, lorsque vous vous trouvez dans un monde en noir et blanc, de comprendre quelqu'un qui vous demande : « Comment te sens-tu en voyant du bleu ? » Puisque vous n'en avez aucune expérience, vous répondez qu'il n'y a pas de bleu ! Pourtant, il y a du bleu, de l'orange et du rouge, et dans les domaines supérieurs, les couleurs sont encore plus incroyablement splendides. Pour nous, votre palette est très limitée en termes d'étendue de couleurs.

Lorsque vous réémergerez avec votre être éternel, vous saurez, vous vous souviendrez de tout ce que vous avez été, vous retrouverez votre mémoire, vous vous rappellerez physiquement et éthériquement. Vous avez un foyer et une famille dans les domaines supérieurs. Cette vie physique temporaire n'est qu'une année difficile d'école que vous avez consenti à fréquenter. À mesure que vous vous élevez vers les grades supérieurs, il y a la frustration de ne pas tout à fait y arriver, ou de finalement y arriver sans en être encore à la cérémonie de remise des diplômes. Les frustrations de l'année suivante seront différentes, chers amis. Elles auront disparu.

Ceux qui ne sont ni éveillés ni conscients vivent encore dans la troisième dimension, engoncés dans la dualité. Ceux d'entre vous qui sont des travailleurs de lumière et qui agissent consciemment sur eux-mêmes se sont adaptés à la transition de la Terre dans la quatrième dimension très tôt après le millénaire. Alors, vous vivez dans la quatrième dimension, mais interagissez avec d'autres sur le plan de la troisième, d'une façon très physique. Rappelez-vous, dans le contenu antérieur du Cercle de Grâce, nous avons expliqué que la cinquième dimension comprend les troisième et quatrième. Comme des accords de piano ascendants, chaque fois que vous atteignez un niveau vibratoire, vous montez jusqu'à l'accord suivant, mais vous pouvez tout de même accéder aux accords d'où vous venez. Comme la plupart des travailleurs de lumière sont maintenant dans les quatrième et cinquième dimensions, ils peuvent tout de même fonctionner dans la troisième, mais il devient de plus en plus inconfortable pour eux de rester dans le « monde extérieur » pendant très longtemps. Voilà pourquoi nous vous demandons avec insistance de créer un espace sacré dans votre foyer, ou mieux encore, de changer votre maison en un espace sacré !

Partout où nous sommes, cet espace est sacré, car nous sommes tous dans le Corps de Dieu, dont nous faisons partie. Nous vivons surtout dans les cinquième et sixième dimensions, et avec votre permission, nous pouvons ralentir notre fréquence suffisamment pour nous accorder avec vous dans les quatrième et cinquième dimensions, et ce, pour vous aider à vous dégager sur tous les plans. Certains d'entre nous sont de la septième dimension et davantage, de bien des espèces en provenance d'autres planètes d'apprentissage. Le jugement n'existe pas dans les domaines supérieurs, nous nous entendons donc tous très bien ! Beaucoup de Maîtres anciens se sont rassemblés dans votre petit quadrant d'espace pour aider à vous faire entrer avec votre planète dans un nouveau plan d'existence.

Oui, notre plus grande joie est d'accomplir notre tâche dédiée au plan divin, celle d'aider la Terre et l'humanité à évoluer. Vous travaillez pour de l'argent, nous travaillons pour la Joie ! La joie est l'expression la plus élevée de l'Amour inconditionnel de Dieu ; c'est le « carburant » le plus précieux de tous ! En aidant à vous apporter la joie pour alléger et éclairer vos vies, nous sommes encore plus ravis, et ainsi la joie grandit ! Oui, puisque nous n'avons pas de corps et, par conséquent, aucune poche non plus (*petits rires*), l'argent nous est plutôt inutile ! Nous vous demandons de vous voir à partir de notre point de vue supérieur et de votre valeur personnelle basée sur des dons intérieurs et non sur des choses acquises des autres.

L'amour est la plus grande force de toutes. L'amour est inappréciable en valeur lorsqu'il est prodigué librement.

La plus grande différence entre le monde des troisième et quatrième dimensions et celui des cinquième et sixième dimensions concerne le service. Dans le premier cas, la plupart des gens se concentrent sur le service à soi, car c'est ainsi que survit la tribu. C'est le monde du « nous ou eux ». C'est encore la séparation, voyez-vous ? Lorsque vous vous élevez au-dessus et que vous vous orientez vers le service aux autres, il n'y a plus alors de « nous ou eux ». Vous ne formez plus qu'un seul groupe humain, voyez-vous ? *Lorsque vous finirez par reconnaître la divinité en vous et que vous la verrez et l'honorerez chez les autres, vous fonctionnerez à partir de la cinquième dimension, en vue du service aux autres. C'est la Voie du cœur. Tout est Un !*

Confusion des choix

Certains d'entre vous affrontent d'importantes décisions de vie et se trouvent dépassés par les choix, puis par les doutes. Comment voir clairement ? Comment choisir intelligemment ? Oh, chers petits cœurs, quel effrayant méli-mélo de pensées ! Votre esprit peut dire : « Je dois aller ici ou faire cela », mais votre cœur ou votre ventre se serre alors et dit : « Non, ça ne me semble pas bon, ça ne va pas bien fonctionner. » Vos pieds sont enfoncés dans l'indécision, et vous êtes paralysés par vos doutes ? Nous disons : «Vous n'êtes pas en train de lire cette information correctement, chers amis, et c'est la raison de votre confusion. »

Ce que vous avez étiqueté comme des « doutes » représente en fait votre intuition – l'aura qui communique avec votre couche émotionnelle en disant : « Beurk, c'est une énergie inférieure à celle dans laquelle je veux m'immerger. » C'est votre couche spirituelle qui dit : « Attention ! Tu as affaire à une autre leçon ! Tu n'as pas besoin de celle-ci, car ce serait reculer sur la voie, et non avancer ! » Vos sens supérieurs ne parlent pas votre langue, chers amis, seul votre corps mental le fait ! Le reste de vos couches communique avec vous par vagues de bien-être et de mal-être, un radar aurique qui vous guide vers plus de lieux, d'activités et d'amis qui sont inspirants, épanouissants.

Alors, lorsque vous doutez de vos choix ou de votre capacité de choisir avec sagesse, vous ne mettez pas de l'avant ce qui vous donnerait un meilleur sentiment et une impression de justesse. Vous ne doutez pas de vos doutes, chers amis, vous ne reconnaissez pas ni n'acceptez votre propre intuition ! En fait, vous doutez de votre propre connaissance supérieure, ce qui vous laisse patauger devant des choix inférieurs uniquement. Mais vous êtes chacun votre meilleur guide et juge. Si le fait de vous éloigner d'une situation rend votre cœur plus léger et vous emplit de soulagement, continuez de marcher jusqu'à ce que vous trouviez quelque chose qui résonne en douceur et vous attire ! Vous saurez quand vous l'aurez trouvé, car cela vous *semblera* bon. Suivez votre intuition, elle ne vous laissera jamais tomber ! Ne doutez pas de votre Moi supérieur.

Une autre raison explique pourquoi les gens deviennent confus : c'est qu'ils ne voient qu'un oui ou un non en guise de réponse. S'il vous plaît, rappelez-vous aussi le « moment divin », qui arrive quand c'est le « bon » moment. Il y a donc toujours un troisième choix : celui de ne pas prendre de décision encore ! Ou… d'autres questions ont peut-être besoin de réponses d'abord pour que vous puissiez ensuite prendre une décision finale. Patience, chers amis, patience. Lorsque vous vous sentirez confus et dépassés, étendez-vous un peu, reposez-vous, faites appel à nous et refaites vos forces pendant que nous nous occupons affectueusement de vous. Par la suite, vous serez beaucoup plus en paix et productifs, vous aurez les idées claires !

Tout en douceur, nous vous rappelons que nous sommes toujours avec vous, autour de vous, et que nous attendons que vous avanciez positivement afin que nous puissions soutenir et guider votre progrès tout au long de votre existence. Si vous ne faites pas ce premier pas et le suivant, et un autre encore, nous ne pourrons rien pour vous, sauf attendre patiemment et retenir vos potentiels pour vous. Ne vous attendez pas à voir tomber la manne sur vos têtes. Pas avant de pouvoir la créer vous-mêmes et la guider ! Travaillez à ce que vous aimez, gardez vos pensées et sentiments harmonisés sur le plan vibratoire le plus élevé, et vous réussirez ce que vous faites ! Nous vous offrons humblement la perspective suivante : *Peu importe où vous êtes et ce que vous choisissez de faire, la véritable quête de votre âme consiste tout simplement à devenir un meilleur humain, un être pleinement aligné sur les Lois universelles et la volonté de Dieu, qui consistent à donner et à recevoir uniquement de l'amour. C'est ça l'unité.*

2008 – L'année de l'éveil planétaire

Nous nous concentrons sur 2008, évaluant les futurs potentiels qui apparaissent tous en même temps. Il y a eu tant de prédictions différentes à propos des énergies ascendantes sur la planète Terre, de ce qui se passe, du moment où cela survient, du lieu où cela arrive, et à qui. Plus il y a de voix qui crient : « C'est l'année prochaine. Non, c'est dans deux ans. Non, c'est juste à temps… », plus c'est fatigant, non ? C'est comme essayer de deviner quel jour est un « jour de portail » et quel est le meilleur moment pour méditer en vue d'« aboutir quelque part ». Vous n'avez aucune idée de l'endroit où vous allez, n'est-ce pas ? Ah, chers enfants, il s'agit uniquement de prendre plaisir au processus, de ne pas vous en inquiéter ! La Terre a son propre rythme et cinq autres années de changement à traverser avant d'atteindre un nouvel équilibre électromagnétique dans la plénitude de la ceinture de photons.

Ce qui est en haut est ce qui est en bas. Tout comme vous êtes une fusion de l'Esprit et de la matière, vous êtes reliés à la planète et à son ascension. Nous vous l'avons déjà dit, chacun de vous atteindra une ouverture de conscience à l'endroit et au moment propices. Méditez-vous chaque jour ? Dans l'affirmative, et quelle que soit votre méditation préférée, vous ne manquerez jamais un seul jour de portail ou événement énergétique spécial. Vous vous élèverez avec les énergies de la Terre, tant que vous garderez vos mâchoires ouvertes afin de permettre à l'excès de pression interne de s'écouler vers le bas et de descendre pour faire place, dans votre organisme, à une nouvelle énergie propre. Comme nous l'enseignons dans les textes du Cercle de Grâce, l'avantage réel de toute méditation, immobile ou en mouvement, vient de sa pratique régulière !

Le meilleur conseil que nous puissions vous offrir pour l'année qui vient est d'être forts par rapport à vos convictions spirituelles. Nous avons qualifié 2006 de « l'année de la Nouvelle Intention », suivie de 2007, « l'année du Discernement spirituel ». En 2008, vous serez tous appelés non seulement à *mettre en pratique vos paroles*, mais aussi à *tenir bon* devant les drames, qu'ils soient d'ordre personnel ou planétaire. De notre point de vue, 2008 nous apparaît comme « l'année de l'Éveil planétaire ».

Ceux d'entre vous qui ont suivi le changement de millénaire depuis la fin des années 1980 sont si fatigués d'attendre ! Ceux qui sont devenus des chercheurs depuis l'année 2000 absorbent autant de leçons qu'ils le peuvent. Imaginez à quel point, en 2008, les énergies de la Terre vont se transformer lorsque des millions de personnes commenceront à s'apercevoir que le climat et la politique, tous deux déréglés, ont réellement une signification plus large ! Car 2008 sera l'année où vous vous éveillerez tous au fait que le réchauffement planétaire est à vos portes, et un tas de gens se mettront à prier !

Chers lecteurs, rappelez-vous que votre monde est illusoire. Peu importe que vous croyiez sincèrement au changement du millénaire, ou que vous deveniez conscients des dangers imminents du réchauffement planétaire. La blague cosmique, ici, c'est que dans les deux cas, les effets se rejoignent en un seul scénario ! Certains diront que le changement est en train de devenir palpable ; d'autres affirmeront que les anomalies climatiques du réchauffement planétaire sont de plus en plus prononcées. Peu importe vos croyances ; sachez seulement que dès 2012, les effets des deux seront clairement évidents. Oui, le plan divin est incroyable dans sa complexité, n'est-ce pas ? Il couvre tous les types de croyances afin de faire avancer vos leçons.

Quelles leçons ? Oh, chers amis, la vie est plus précieuse que l'or ou le pétrole. Sauver des gens est plus important qu'en tuer. Même si la majorité de la population mondiale n'entend jamais parler du changement de millénaire, le travail que vous, travailleurs de lumière, êtes en train de faire sur un plan hautement énergétique sera reflété par les milliers de gens qui sont, ou deviendront, impliqués dans la recherche et le sauvetage, et occupés à sauver des vies. Puisque plus de la moitié de la population du monde habite dans des régions côtières, les pauvres populations indigènes seront les plus durement frappées et les plus démunies. Nous ne parlons pas seulement ici d'événements climatiques désastreux, mais aussi des effets de schémas climatiques changeants que vous n'avez encore jamais vus. *N'ayez pas peur, chers lecteurs. Il ne s'agit pas de « déménager dans un endroit plus sécuritaire », car la planète entière est en changement. C'est plutôt une question d'enraciner votre lumière partout où vous êtes, et de maintenir cet espace pour ancrer les énergies supérieures.*

Un autre facteur accélérera l'« éveil planétaire » : l'information qui viendra d'au-delà de votre atmosphère, à mesure que vos satellites et vos télescopes capteront plus de preuves de changements galactiques. Oui, vous verrez, émerveillés, d'autres changements dans la gravité et le magnétisme du Soleil et des autres planètes de votre système solaire. Grâce aux efforts de bien des scientifiques, et de quelques politiciens, il se publiera beaucoup d'informations sur ce fameux réchauffement planétaire, lesquelles informations avaient été cachées par plusieurs pays. Lorsque les changements climatiques auront la priorité sur les querelles politiques et financières, la population verra peu à peu la futilité et le gaspillage de la guerre. Vos ressources, votre argent et votre main-d'œuvre devront prendre une autre direction, dans le but de sauver des gens au lieu de vous entretuer. Dès 2008, vous constaterez un « épuisement » mondial concernant la guerre et la vieille politique basée sur la peur. Cette vieille peur pâlira en importance à côté de l'ampleur nouvelle des problèmes climatiques. Des gens de tous les milieux se mettront à exiger que leurs gouvernements écoutent et obéissent, et non l'inverse.

Une part de l'« éveil des masses » se produira lorsque les gens se réapproprieront leur pouvoir individuel au lieu de s'incliner devant leurs vieilles traditions sociales basées sur la peur. Nous parlons ici de l'Orient comme de l'Occident, car ils doivent se rencontrer et s'entendre, tout comme juste assez de gens doivent exiger un changement avant que la science et la spiritualité puissent se rencontrer et fusionner. Si vous regardez attentivement, la plupart des leaders gouvernementaux et religieux sont des adultes d'un certain âge qui ont absorbé les leçons de la guerre froide, la mentalité « eux ou nous ». Un changement majeur viendra des rangs des jeunes adultes, des enfants de la génération du baby-boom, à mesure qu'ils obtiendront des postes d'influence dans la grande industrie et en politique. Tout au long de 2012 et au-delà, ils apporteront la perspective nouvelle et supérieure qui consiste à voir que tous les gens ne font qu'UN, et ce qui est le mieux pour le bien commun.

Il y aura une preuve claire de cela en 2008, lorsque les États-Unis éliront un nouveau président. Après deux mandats présidentiels (huit ans) de mensonges, de duplicité et de camouflage sous le régime Bush, le monde entier poussera un soupir de soulagement. Selon notre perception, il y a de fortes chances que la guerre en Irak soit alors terminée. Entre une guerre futile et honteuse en Irak, une politique étrangère stupide, et l'érosion des droits démocratiques de la citoyenneté américaine, les gens recherchent quelque chose de mieux, de plus noble, de plus intègre et de plus intelligent chez leur prochain leader. Par contraste avec le désintérêt total de Bush pour le bien-être de sa population, le prochain président élu en 2008 aura une intégrité spirituelle et une compassion claires et reconnaissables. Ce nouveau président aura une influence forte sur la politique mondiale ; il aidera à jeter de la lumière sur beaucoup d'injustices gouvernementales dans le monde. Il aidera à élever la barre quant à ce qu'il est moralement correct de faire, et visera un consensus mondial sur bien des questions cruciales.

Cette même tendance à rechercher une plus grande moralité se constatera dans bien des pays. Chers amis, si tout ce qui est mondial semble aller pire, nous vous invitons au courage ! Les vieilles habitudes fondées sur la peur, la guerre et les négociations doivent se jouer à l'échelle planétaire. Il y aura aussi une nouvelle direction plus jeune qui émergera au Moyen-Orient au cours des quelques prochaines années, laquelle aidera largement à apporter la paix en un « point chaud » très politique de votre planète. Même les pays arabes qui sont dirigés par des musulmans seront obligés de s'assainir eux aussi et de prendre mieux soin de leurs citoyens.

L'Afrique aura un plus grand besoin de l'aide et de l'influence de l'étranger pour mettre un terme à la guerre civile et aux massacres. Vous verrez une restructuration graduelle de la richesse et des actifs dans le monde à mesure que vous connaîtrez davantage la vérité et que les priorités planétaires passeront de « nous et eux » à « nous tous ». Voyez-vous la différence ? Comprenez-vous qu'une influence immense est nécessaire pour amener la conscience humaine du « service à soi » au « service aux autres » ?

Cette même influence s'exerce un cœur à la fois, un engagement à la fois ; une personne se transforme à son propre rythme pour influencer ensuite tous ceux qui l'entourent. Cette influence sera largement favorisée par l'accélération du réchauffement planétaire. Il faudra peut-être un jeu de « culpabilité, de blâme et de honte » pour que les gouvernements s'inclinent enfin devant la demande du public, mais il y a un grand potentiel en ce sens à mesure que la « vieille garde » est remplacée par des leaders plus jeunes, plus idéalistes et plus centrés dans le cœur. Ici, nous référons à l'après 2008, soit à la transformation même et à ce qui s'ensuivra. Pour vous, la « paix » peut vouloir dire que plus personne ne se bat désormais.

Mais ce n'est là que la première étape ! Ensuite, les régions opprimées du monde doivent être renforcées par de la nourriture, de l'eau, la satisfaction des besoins de base et l'*éducation*, afin d'avoir un but autre que leur simple survie. Le meilleur antidote à la pauvreté et à l'oppression consiste à former les gens à quelque chose de productif, à leur donner l'occasion d'apprendre un métier et à pourvoir aux besoins de leur famille. « Vivre en harmonie » représente bien plus qu'une politique pacifiste. Donner une chance aux gens de faire quelque chose de leur vie, de partager des ressources afin que personne ne souffre, voilà le véritable ciel sur terre.

Oui, nous parlons de développements sociaux et culturels au-delà de 2008. Plus vous en savez sur vos buts futurs, plus vous pouvez être précis dans les étapes et les détails, mieux seront vos manifestations ! Mais une fois encore, nous vous rappellerons que vous créez ce sur quoi vous focalisez. Il est inutile de prier pour la paix mondiale si c'est à partir d'une position de peur, chers amis, car vous contribuez ainsi à l'obscurité, non à la lumière. Continuez tout simplement d'envoyer votre lumière d'amour dans le monde, sans jugement ! Dès 2008, beaucoup plus de choses obscures et cachées viendront au jour en vue d'être examinées par le public.

Vous avez déjà vu beaucoup de corruption venir au jour dans le secteur de l'entreprise privée, et les responsables emprisonnés, laissant beaucoup de gens en chômage, sans fonds de retraite. À présent, la lumière de la vérité et de la compassion est focalisée sur le gouvernement ; elle révèle beaucoup de manipulations, de mensonges, de vols et de tromperies. La même chose s'est passée dans certaines de vos vieilles institutions religieuses, et celles-ci ont réagi de la même façon que les chefs de gouvernements, en utilisant la distraction, la peur et des banalités pour camoufler les scandales et ramener à leurs paroissiens leur « version » de la paix. Savez-vous ce qu'était le geste normal de l'Église lorsque l'un de ses prêtres ou pasteurs était accusé de pédophilie ? Au lieu de le retirer des rangs de l'Église, elle se contentait d'envoyer le coupable dans une autre paroisse, où on ne le connaissait pas ! Réveillez-vous, prêtez attention aux dires de vos enfants ou à leur langage corporel.

La foi et le pardon à l'ancienne, dispensés par un intercesseur humain entre vous et Dieu, commencent à être remis en question (Dieu merci !). Dans les nouvelles énergies spirituelles du « Tout est Un », qui enseignent que Dieu se trouve en chacun de nous, la vieille vision séparatiste ne peut plus tenir. Dans une autre partie de ce texte, il a été question des gens qui cèdent leur pouvoir aux médecins, au lieu de se soigner eux-mêmes. Nous voyons la même chose prévaloir historiquement dans vos communautés religieuses, et non seulement dans les églises.

Certaines religions séparent les hommes des femmes, et cette inégalité aussi a besoin de changer. Oui, en 2007-2008, plus que jamais, la malhonnêteté apparaîtra dans les organisations religieuses, qui relèvent à la fois de l'ère ancienne et de l'ère nouvelle. Cette fois, les choses ne seront pas « balayées sous le tapis », mais traitées autrement, avec une intégrité spirituelle. Lorsque les gens se mettront à croire que Dieu est en eux, et non séparé d'eux, le bien de tous deviendra plus important que le contrôle basé sur la peur qu'ils ont toujours connu. Voyez-vous comment Dieu, l'homme et la nature doivent travailler main dans la main pour faire avancer le plan divin ?

On fera également la lumière sur les compagnies de produits pharmaceutiques et les compagnies d'assurances. Encore une fois, la vieille façon de céder votre pouvoir aux autres sera remise en question. Les grandes compagnies d'assurances seront examinées de près dans les pays qui ont privatisé la médecine. Ce déséquilibre chez les gens qui ne reçoivent des soins médicaux adéquats que s'ils peuvent se les permettre laisse des millions de pauvres incapables de recevoir de l'aide au besoin. Cette emprise des compagnies d'assurances sur les patients et les médecins doit changer, car c'est une gestion malheureuse des soins de santé. La médecine socialisée sera aussi examinée pour des raisons différentes, mais dans le même but : *accorder une attention médicale adéquate aux gens dès qu'ils en ont besoin, sans attendre des mois.*

Entre-temps, aux États-Unis par exemple, des médecins sont surchargés de formulaires d'assurances et limités par rapport à ce qu'ils peuvent prescrire, compte tenu de ce que permettent les compagnies d'assurances. Vous savez, lorsque ces compagnies décident de ce qu'un médecin peut faire ou non, le résultat est triste pour toutes les personnes impliquées. Certains patients n'obtiennent pas suffisamment de soins médicaux adéquats, et les médecins n'ont pas la permission de pratiquer la médecine en fonction de leur formation. Ajoutons par ailleurs que l'assurance portant sur l'erreur de pratique médicale est devenue un système si exagéré que, dans certains pays, il met littéralement des médecins en faillite. Les compagnies d'assurances nécessitent une *restructuration morale* majeure, tout comme les compagnies pharmaceutiques, afin de répondre aux besoins des gens au lieu de se contenter d'exploiter ces derniers pour réaliser autant de profits que possible.

Chers lecteurs, comprenez que nous applaudissons tous les progrès médicaux et le développement de nombreux médicaments qui sauvent des vies. Hélas, les compagnies pharmaceutiques de nombreux pays sont si puissantes qu'elles peuvent créer une nouvelle maladie pour la « faire avaler » aux gens, tout simplement parce qu'elles ont développé un nouveau médicament. Par exemple, si vous faites de la recherche sur les troubles déficitaires de l'attention avec ou sans hyperactivité (TDA ou TDAH), vous ne trouverez aucune information antérieure à 1975. Pourquoi ? Parce que c'est alors que le Ritalin fut développé. Depuis, des millions d'enfants et d'adultes ont été traités au Ritalin ou par des médicaments du genre qui ont rapporté beaucoup de profits aux compagnies pharmaceutiques. Nous ne sommes pas ici pour discuter de la valeur de ce médicament en particulier ; nous l'utilisons tout simplement comme exemple de la manière dont les gens sont influencés par l'approbation gouvernementale et médicale de ces médicaments, et même par des publicités télévisées. Encore une fois, il s'agit d'une vieille approche basée sur la peur de « faire des affaires » et qu'il faut restructurer avec plus d'éthique morale. *Les soins de santé doivent être basés sur le cœur, non sur le profit.* Même si des années seront nécessaires après 2008 avant l'arrivée d'un véritable changement, vous verrez les germes de ce changement se produire en 2008…

Les anomalies climatiques nuiront également à la croissance des cultures et, par conséquent, aux approvisionnements en nourriture. Certaines régions subiront de longues sécheresses, tandis que d'autres seront inondées, et cette réalité deviendra chose courante. À mesure que les saisons s'éloigneront de leurs schémas antérieurs, certaines parties du globe verront un climat de printemps et d'été s'allonger, tandis que d'autres auront plus régulièrement une température froide. Cette distorsion dans la nature donnera lieu à une poussée de maladies. À mesure que le réchauffement planétaire apportera des températures plus élevées, cela favorisera la vie et la reproduction des insectes. La malaria, l'encéphalite et la fièvre dengue pourront se répandre de nouveau et affecter les populations les plus pauvres des climats les plus chauds.

En numérologie, 2007 est une année « 9 » (2 + 7 = 9). Neuf est le nombre de la maîtrise, de la complétude. Bien des travailleurs de lumière qui ont construit avec zèle leur futur travail voient les fruits de leurs accomplissements s'épanouir petit à petit en 2007. Quant à 2008, c'est une année « 1 » (2 + 8 = 10 = 1). Le 1 est le nombre du pionnier, des débuts, des changements qui viennent transformer les vieilles structures. Gardez espoir, chers travailleurs de la lumière qui cherchez encore le foyer véritable et les dons véritables, car une année 1 est parfaite pour entreprendre de nouvelles choses !

Nous vous rappelons ici que chaque personne effectue le passage à son propre rythme et à sa manière. Bien que le mouvement métaphysique dans le monde entier puisse représenter un petit pourcentage de la population totale, vous acquerrez de la force des nouvelles énergies qui se déverseront sur votre planète. Attendez-vous à commencer à voir des miracles se produire dans le travail holistique, alors que les praticiens parfont leurs habiletés et mêlent leurs outils en vue d'obtenir un effet de plus en plus grand. Les médecins seront plus lents à accepter les guérisons dues aux « thérapies énergétiques », mais alors que la preuve s'accumulera, ils en viendront à voir le besoin de choix comme l'allopathie et l'homéopathie en médecine générale. Cela aussi mettra bien des années à se développer, mais vous en verrez les germes en 2008. Rappelez-vous, chers travailleurs de lumière, que vous prenez de la force avec les énergies ! C'est pourquoi nous vous enseignons la valeur d'être des « instruments clairs » pour que les énergies s'y déversent.

Le plus grand changement que nous verrons en 2008 est un éloignement de la guerre, afin de trouver des solutions pacifiques à des problèmes à la fois locaux et planétaires. À mesure que le réchauffement planétaire captera l'attention des médias, le terrorisme redescendra au statut d'acte criminel extrémiste qu'il est vraiment. Tous ces extrêmes ou tous ces pôles, si vous préférez, seront révélés comme tels. La polarisation de quelque ordre que ce soit sera examinée à la loupe et on y verra son manque d'équilibre et, par conséquent, d'intégrité morale. L'idée de « Tout est Un » émergera à mesure que vous deviendrez tous frères sur la même planète. Le changement métaphysique, chers amis, est en train de se produire pour enraciner cette idée même, afin que les effets de votre travail s'épanouissent après la transformation. S'il vous plaît, ne vous découragez pas si vous avez l'impression de faire des pas de bébé au lieu de filer à toute vitesse vers votre nouvel avenir. Il faut du temps pour élever la conscience d'une planète !

En terminant, nous aimerions vous raconter une courte histoire ayant trait à la conscience humaine, longtemps enterrée quelque part dans votre propre mythologie.

Il y a très longtemps, soit des milliers et des milliers d'années dans les temps tribaux primitifs, vous étiez une planète matriarcale. Oui, les femmes avaient charge de tout. Elles possédaient tous les actifs de la famille, prenaient toutes les décisions importantes et dirigeaient les hommes dans leurs tâches. Et il en fut ainsi pendant toutes ces années de coexistence paisible menées par le cœur des femmes. La planète et ses habitants étaient dès lors très reliés, beaucoup plus que vous ne l'êtes à présent. En effet, ces gens priaient Mère Terre et Père Ciel en tant que Tout, dans lesquels ils jouaient leurs rôles. À leur simple façon, ils nommaient la conscience humaine de la planète comme ils la croyaient être, et ainsi était-elle, en équilibre, jusqu'à il y a environ cinq mille ans.

Après des siècles et des siècles de cette façon de faire, Père Ciel finit par dire à Mère Terre : « Tu règnes depuis très longtemps, et je suis fatigué d'être dirigé. Je pense que je devrais avoir une chance de diriger. C'est à mon tour à présent de mener, et je fermerai mon chakra du cœur afin de pouvoir diriger intelligemment, avec l'esprit. »

Mère Terre réfléchit un moment à sa demande et vit toutes les nouvelles leçons à venir pour ses enfants humains. Le cœur lourd, elle répondit : « Je suis d'accord, tu devrais mener à ton tour. Mais pour te permettre de le faire sans interférer, je vais fermer mon chakra de la gorge afin d'éviter de parler contre toi. » Ainsi fut dit, ainsi fut fait. Lorsque Père Ciel ferma son cœur, il bloqua le chakra du cœur de chaque homme de la planète. Et lorsque Mère Terre ferma son chakra de la gorge, cela affecta chaque femme sous la forme d'un blocage de la gorge.

Voilà comment les hommes se mirent à régner et abordèrent le froid pouvoir de l'intellect sans l'équilibre affectueux du cœur. L'avidité, le pouvoir et le désir surgirent, rapidement suivis par la guerre. Les femmes devinrent des biens, et traitées en grande partie comme des animaux. Le chakra de la gorge fermé par la peur, elles ne pouvaient parler en leur nom et n'avaient aucune égalité. Encore à ce jour, dans certaines religions, les femmes sont traitées tel des esclaves et ont peu de droits dans leurs sociétés, sinon aucun. Ce passage du règne de la femme à celui de l'homme commence enfin maintenant à se défaire lentement. Aujourd'hui, dans la plupart des pays occidentaux, les femmes ont des droits égaux à ceux des hommes. Les religions restrictives ralentiront ce processus dans les pays orientaux, mais elles finiront par dégager les plus polarisées de leurs traditions afin que les hommes et les femmes puissent avoir des droits humains, des droits pour tous. Ce sont ces polarités qui deviendront plus visibles et auront de moins en moins de sens dans les nouvelles énergies équilibrées qui arriveront et déséquilibreront les vieilles manières de faire !

Lorsque vous adoptez l'Unité, ou le « Tout est Un », vous devez plus qu'équilibrer les relations entre le masculin et le féminin dans votre vie. D'après vous, qu'entraînera une accélération de votre ADN ? Entre autres choses, cela exigera que vous équilibriez vos aspects intérieurs féminins et masculins – dominants et non dominants, yin et yang, positifs et négatifs. Vous devrez faire la paix avec tous ces aspects et les remettre dans un équilibre qui guérit. Rappelez-vous : Vous avez été dans tant de vies à la fois homme et femme que vous avez vécu une vaste gamme d'expériences de vie, d'un point de vue comme de l'autre.

Êtes-vous étonnés de nous voir employer le mot « point de vue » à l'égard de votre aspect masculin, ou féminin ? Eh bien, le fait de se trouver dans ce corps définit assez bien votre rôle, plus ou moins. Mais rappelez-vous, votre Moi supérieur n'est ni masculin ni féminin, car votre être éternel n'a pas besoin de corps ! Nous, de la Fraternité, ne sommes pas des êtres physiques, peu importe comment vous nous qualifiez et comment vous choisissez de nous décrire. Dans les domaines immatériels, le sexe est l'équivalent des épices ajoutées à votre soupe ; c'est une nuance subtile de saveur qui rend le repas exquis ! Notre monde est un monde de vibrations, de fréquences plutôt que de formes. Notre manière de nous exprimer énergétiquement est notre unique accord dans le corps de Dieu. Et rappelez-vous : Dieu est une seule force, le plus haut niveau d'Amour pur, inconditionnel et englobant. Vraiment, Dieu n'a pas de sexe, lui non plus !

Et pourtant, au cours des quelques dernières années, vous avez défini un niveau beaucoup plus élevé d'« énergies féminines » qui atteignent votre planète pour la première fois. Que vous les appeliez Mère divine, Quan Yin, ou Déesse Mère, ces énergies sont en effet venues, et elles étaient fort nécessaires pour équilibrer l'inégalité dans la conscience humaine entre hommes et femmes. Le passage au règne patriarcal a fait de cette planète un grand contraste, et accéléré les leçons de vie pour tous. Une part de ce processus d'ascension exigera que les hommes favorisent l'ouverture du cœur et les femmes, l'ouverture de la gorge. Dans les quelques années à venir, chers praticiens, vous verrez bien des clientes avec la paire de chakras 2 et 5 nécessitant des soins.

Les hommes auront tendance à avoir un blocage dans la paire de chakras 3 et 4, le plexus solaire et le cœur. Bien des travailleurs de lumière féminins ont commencé à dégager leur gorge en 2006 et à travailler avec les chakras 2 et 5 tout au long de 2007. Oui, c'est là le temps qui peut s'avérer nécessaire pour dégager non seulement les schémas génétiques, mais aussi les schémas acquis.

Par « acquis », nous voulons dire que l'existence que vous menez a été choisie par votre Moi supérieur avant votre naissance. Vos parents ont aussi été choisis parce qu'ils étaient les meilleurs pour faire avancer les leçons que votre âme cherchait à apprendre. Chaque vie est « esquissée » au préalable – homme ou femme, riche ou pauvre, l'orientation religieuse, les potentiels d'ouverture, et enfin, la race. Vie après vie, vous faites le tour de bien des sociétés et des religions, et ce, afin de vivre des leçons de points de vue masculin et féminin. Votre Moi supérieur se mêle à cet apprentissage imminent et acquiert une nouvelle sagesse à propos de l'essence véritable de l'amour. En étant tantôt homme, tantôt femme, vous avez deux fois plus de potentiel d'apprentissage à propos de l'Amour sur votre planète !

Peu importe où vous êtes nés, dans quelle famille ou société, vous avez tous le potentiel de vous redéfinir en tant que Dieu en l'homme, de vous élever au-dessus des vies limitées que vous avez vécues dans l'expression dense. Apprendre à abandonner tous les aspects pénibles de votre passé est essentiel pour élever votre vibration et la tirer de cette densité. Vous avez fait un si beau travail sur les plans spirituel, mental et émotionnel ! Nous sommes si fiers de vous ! Maintenant, au cours du dernier quart du passage du millénaire, les énergies montantes vous demanderont de dégager aussi votre corps physique.

Félicitations, vous êtes arrivés au travail essentiel ! Une dernière fois, chers cœurs, nous vous encourageons à méditer quotidiennement, à faire assez d'exercice, à vous accorder assez de sommeil, à boire beaucoup d'eau et à prendre de petits repas simples aussi souvent que vous aurez faim. Lorsque vous écouterez et honorerez les besoins de votre corps, vous deviendrez plus enracinés, centrés et paisibles. Bien que le drame et la crise puissent se déployer autour de vous, ils ne vous toucheront pas et ne vous affecteront pas. Vous allez entrer et sortir des « poches tridimensionnelles » de l'existence, et ce, sans même le remarquer. Chers Maîtres en herbe, inoffensifs, chères Consciences christiques en marche sur la Terre, nous bénissons chacun de vous. Vous êtes tous Dieu, et tous tendrement aimés par Dieu.

Nous sommes, tout Amour, la Fraternité de Lumière

Troisième partie

Soria

Dans l'ensemble, les actions de 2008 chercheront à apaiser, à stimuler et à sortir la conscience d'un mode de pensée archaïque. Nous pouvons considérer cette année-là comme une naissance spirituelle. N'en doutez pas, tous les événements de l'année 2008 vous pousseront à un repositionnement universel.

Message de Régine

Le temps passe plus vite et nous ramène à l'essentiel. Doucement, nous nous écartons des illusions et notre regard commence à voir une réalité qui est une promesse de bien-être pour le jour où nous aurons fini de traverser les méandres de nos comportements.

La déclinaison de la vie nous pousse à vouloir trouver la bonne porte, le bon endroit. Étrangement, notre instinct nous ramène à nous, à ce que nous émanons. Nous ne finirons jamais de grandir, car il y a un espace infini à découvrir en soi. La période actuelle favorise un éclaircissement de nos idées, de nos concepts. Retour à la maison. Nos mains se préparent à recevoir le meilleur. Notre cœur nous rappelle que sans lui il n'y aura pas de vie dans cette dimension ou une autre. La vie nous demande de prendre soin de nous et de ne pas négliger la vie du corps. Régulièrement, je reçois des visions où l'être humain est invité à retrouver la nature et à abandonner ses fausses sécurités. Le bond en avant proposé ressemble à un bond en arrière, comme s'il fallait renouer avec un fil de lumière oublié. C'est peut-être là que nous redécouvrirons l'essentiel.

J'ai le plaisir de vous transmettre ces propos recueillis et je vous souhaite d'en tirer l'essentiel.

Régine Françoise Fauze

Introduction de Soria

La vie déroule son fil de lumière vers vous et vous tentez de l'attraper. Il est difficile, en ce moment, de définir avec justesse la trame sur laquelle vous posez vos pas tant vos pensées sont fluctuantes et manquent souvent de sincérité. Nous parvenons toutefois dans la dernière ligne droite avant de toucher le but. Il y a le nôtre, le vôtre. Nous ne fléchissons pas dans le maintien de notre vision et service malgré les aléas rencontrés. Seulement peu d'entre nous possèdent notre constance, ce qui produit des raz de marée au sein de l'éther.

Nous constatons aussi que votre volonté et envie de servir la vie dépendent avant tout de votre confort. Si le porte monnaie est vide, alors, vite, vous tournez vos pensées vers ce qui vous arrange le mieux. Je ne vous blâme pas. J'essaie en cette fin de période importante d'éclairer quelques vues de vos attitudes de manière à profiter des années 2007 à 2012 pour vous stabiliser au sein de vos intentions. La vie répondra et remplira le moule que vous aurez construit. Elle ne choisira pas le meilleur. Il en sera fait selon votre intention et rien d'autre. Aussi, il me fait plaisir de venir vous parler et de vous offrir les énergies susceptibles de vous aider en ces heures. Vous avez reçu beaucoup de signes vous parlant de cette fin de cycle où l'ombre se révèle par le bain de lumière entourant tout élément de vie. Nous sommes à la fin des temps annoncés, rien d'autre.

L'esprit de vie examine chacun et retient le degré d'ouverture de conscience acquis. Voilà tout – pas de jugements – pas de punitions. Vous avez la possibilité de passer à un autre mode de vie, y parviendrez-vous ? Vous seuls, vous l'apprendrez. Je prends plaisir à répondre aux questions de Martine quand cela est possible dans l'instant. Parfois, je remets à plus tard un éclaircissement, attendant le moment propice.

L'élaboration de ce livre a eu lieu sous le regard de tous, afin de vous donner le meilleur dans l'instant présent. Nos efforts conjugués cherchent à dessiner un chemin un peu plus stable et éclairé où votre âme, votre esprit, votre corps trouveront des éléments apaisants et fraternels. Je vous accueille dans ma robe de lumière afin que la vôtre s'étale et embrasse le monde.

Bienvenue dans la vie et sa réalité.

SORIA

Dialogue avec le gouvernement obscur

— *Dans* Le retour de la Lumière, *il est dit ceci : « Au cours du premier semestre de 2007, nous convoquerons le gouvernement noir et lui demanderons de signer la cessation de toute manipulation psychologique… »* Qu'en est-il de cette situation ?

Votre gouvernement obscur fut bel et bien convoqué et il dut répondre à nos questions. Voici un bref extrait du dialogue entre les Sages universels et le gouvernement obscur…

> *Êtes-vous satisfaits de maltraiter le psychisme d'un groupe d'entités en phase de préreconnaissance de leur identité ?*
>
> Nous avons pris grand plaisir à affaiblir le terrain mental de la population d'Urantia. Nous avons également trouvé satisfaction à imposer notre pouvoir.
>
> *Quel type de connaissances cherchiez-vous à acquérir lors de vos manipulations ?*
>
> Nous ne nous sommes pas penchés sur cet aspect, bien que nous ayons une vision profonde de la facilité de ce groupe à se soumettre avec aisance à nos sollicitations.
>
> *Quelles solutions proposez-vous pour favoriser le retour de ces entités dans l'autonomie de leur libre arbitre ?*
>
> Aucune, sauf si vous nous y obligez. Ces entités ont manifesté trop de complaisance envers nous. Les torts sont partagés.

Choisissez-vous de plein gré l'arrêt de ces agissements ?

Notre choix se porte sur la continuité de notre action. Nous sommes divins et libres après tout, à l'instar de cette humanité.

Acceptez-vous de revenir au cœur de la Loi d'amour universel ?

Nous ne sommes pas prêts à obtempérer.

Reconnaissez-vous les lois universelles comme celles de toute manifestation ?

Nous sommes nés sous ces lois, nous les connaissons. Actuellement, nous n'envisageons pas de revenir sous leur tutelle. Notre souhait demeure de conserver notre mode de vie. Nous éprouvons beaucoup de plaisir à avoir du pouvoir sur les autres.

Avez-vous réfléchi aux conséquences de vos actes ?

Oui, cela nous est égal.

Vous savez pourquoi vous êtes convoqués ?

Oui, bien sûr. Mais ne vous attendez pas à une réponse favorable.

En toute connaissance de votre égarement dans le jeu de la dualité en incarnation… et de la volonté sacrée universelle de ramener ce secteur sous la radiance aimante de la vie et de la loi divine, acceptez-vous de votre plein gré de cesser vos manipulations psychiques, émotives et physiques ? De revenir dans nos lois divines ?

Non.

(Les Sages universels se sont retirés afin de s'accorder un temps de réflexion. Puis ils sont revenus.)

Décret des Sages universels après leur échange avec les membres du gouvernement obscur de ce secteur universel :

Par la volonté du Sans-Nom à ramener cet Univers dans sa pleine manifestation divine, tout être ayant une influence contraire à cette volonté est invité à reprendre conscience de cette force contraire qui est dégagée à l'encontre d'une entité désirant retrouver son pouvoir de manifestation.

Après avoir écouté, dans le respect de l'identité divine de chaque membre constituant ce gouvernement noir, les entités convoquées par nous-mêmes dans la force de vie nous animant, nous avons décidé de ce qui suit :

1. *Nous ordonnons la cessation immédiate des activités allant à l'encontre de l'épanouissement des entités.*
2. *Nous ordonnons aux serviteurs de l'énergie universelle de ne plus alimenter les corps, les âmes de ce groupe.*
3. *Nous ordonnons aux guides et aux anges accompagnateurs de ces êtres de fixer des rendez-vous physiques en vue de mettre fin à leur suprématie. Dans une période de trois années terrestres d'Urantia, chaque membre de ce gouvernement devra traverser une série de handicaps sérieux afin d'abolir ses pouvoirs.*
4. *Nous programmons un moratoire de trois années terrestres d'Urantia permettant à tous ces membres de réfléchir et de revenir sous l'autorité universelle. Après quoi, chacun d'eux sera interrogé dans le but de connaître sa position. Si le choix de continuer dans la même voie est maintenu, alors sera envisagée une dépolarisation de la mémoire cellulaire et, pour les esprits les plus réfractaires, une dislocation totale.*
5. *Nous exigeons un début de réparation dans le monde physique des conditions de vie, et une cessation des manipulations. Et nous exigeons la mise en pratique immédiate de tout cela. Étant donné que les corps et les âmes des habitants d'Urantia sont épuisés sur tous les plans, nous imposons la présence, aux côtés de votre groupe, des*

maîtres généticiens, des maîtres du son et des maîtres des couleurs pour ramener progressivement le bien-être dans chaque corps et âme.

6. *La destitution officielle de votre gouvernement aura lieu le 15 août 2008. Officieusement, elle commence dès à présent. Un allégement de vos manipulations sera obligatoire dès la fin de cette rencontre. Toutes vos manipulations cesseront le 10 octobre 2007, à 6 heures du matin, heure d'Urantia.*
7. *Dès lors, vous devrez participer à la reconstruction de la Terre et de ses habitants.*
8. *Vous vivrez une destitution officielle dans votre monde.*
9. *Vos agissements seront rendus publics.*
10. *Vous ne recevrez aucun soutien pour traverser le regard-sentiment-pensée de vos victimes.*
11. *Vous assisterez à la renaissance de vos victimes.*
12. *Votre dépolarisation de la mémoire cellulaire s'effectuera après cette renaissance.*

Soria reprend…

Comme vous le constatez, leur entêtement risque de leur coûter la vie divine. Prions ensemble pour nos enfants égarés.

— *Je ne sais pas s'il s'agit seulement d'une impression, mais « l'atmosphère » me semble plus légère en ce début d'année 2007 qu'en 2006… du moins de ce côté-ci de l'océan. Toutefois, je ne crois pas que la France vive la même chose. Elle semble toujours porter un immense fardeau énergétique.*

Lentement, une libération s'effectuera. Certains pays la ressentiront plus rapidement ; d'autres devront attendre plus longtemps. Sur les plans subtils, tout est accompli et nous voici au rendez-vous tant attendu, celui du *nettoyage du plan physique*. Belle année 2007 de votre temps qui promet un avenir plus doux !

La France est l'un des hauts lieux de la manipulation de votre gouvernement obscur. Aussi, son allégement se fera ressentir un peu plus tard. Comme les Français connaissent une grande tourmente mentale due aux exigences de ce gouvernement obscur, ce pays traversera une période de dérèglement climatique assez difficile avant de retrouver une stabilité.

— *Au profit de nos amis lecteurs sur le territoire français et ailleurs en Europe, pourriez-vous nous décrire la situation actuelle… les progrès, les défis, etc. ?*

Voici venu le temps de la grogne politique en France. Grincements de dents pour ses politiciens, car l'opinion publique fluctue énormément et l'heureux élu se verra attribuer le mérite de favoriser la destitution des pouvoirs occultes. Dure épreuve à venir ; priez pour cet homme. Afin de lui faciliter la tâche, nous accentuons la pression des énergies divines, et à cela j'ajoute la mienne. La France change de l'intérieur.

Étrangement, alors que nous envisageons les probabilités des premiers changements géophysiques, nous voyons apparaître une lumière divine sur cette terre, un dôme issu du cœur des travailleurs de Lumière. De beaux éclairs de teintes bleutées et rosées le parcourent. Dommage qu'il soit encore éphémère. S'il devenait permanent, une accélération du retour de la lumière et de la liberté sur ce territoire serait possible.

Nous allons continuer à alimenter le réservoir d'énergie sous l'autorité de l'esprit directeur de la France. Nous allons également accentuer la reconnaissance des esprits directeurs ayant charge d'assurer la réalisation de chaque pays.

Dans *2007 – Le retour de la Lumière*, soit le premier tome de la série 2007 à 2012, nous avons mentionné ce qui suit : « *La France a le devoir de poser dans le quotidien le respect de la fraternité dans la beauté de l'être.* » La conscience française s'est appropriée ce rayon de lumière. Nous assistons à une vraie position honorant la personnalité de l'esprit français. Je m'attendais à une réaction à cette invitation subtile et elle est là... naissante, mais bel et bien là. Aussi, par l'appropriation de cette pensée énergie, le plus grand défi portera sur le respect.

La fraternité se révélera par voie de conséquence et le gouvernement se trouvera contrarié de revoir les bases de la fraternité et, donc, de redécouvrir la devise de la France. La beauté de l'être sera un des plus grands défis de ce pays qui se pose à califourchon sur les années 2008, 2009 et 2010. L'énergie qui s'élève du cœur de nos travailleurs de Lumière en France permet l'installation d'un dôme de Lumière venant créer un espace tampon entre l'énergie de mainmise par le gouvernement obscur. Cet espace offre la possibilité au peuple français de respirer un peu plus profondément.

L'énergie de 2007 sert de tremplin à l'œuvre d'accomplissement de 2008. Toutefois, dans le creuset alchimique de l'identité française, l'affirmation de soi deviendra impérative. Pas moyen de contourner, d'ignorer cette poussée intérieure. En vérité, là où doit naître une grande réalisation, il y a d'abord installation de ses contraires.

Vous savez, la situation actuelle en France va de pair avec le matraquage de la réalité d'une devise reniée par le corps politique. Les progrès, les défis, les réalisations, les rejets ou les acceptations portent tous l'empreinte de la devise française. Alors tournez votre regard vers ces trois aspects d'une identité en quête d'elle-même. Voilà pourquoi les racines de l'esclavagisme sous toutes déclinaisons sont encore bien actives en ce lieu. Et pourquoi aussi les droits de l'homme sont tant bafoués. Ces deux réalités trouveront une solution, un apaisement dans le retour d'un sentiment fraternel.

L'énergie envoyée à la fin de 2006 pour faire tomber les masques a trouvé racines dans chaque territoire formant le comité européen. Dès les premiers jours de 2007, j'ai pulsé un puissant rayon d'amour dans ces racines. Ainsi émergeront les grimaces et les intentions inavouées de ce gouvernement qui ne tient aucun compte des besoins de la vie divine. L'intérêt des portefeuilles masquera les véritables centres d'intérêt de ce groupe. Plus moyen de cacher les documents, les intentions...

Le vrai visage de l'euro va éclater au grand jour. Cela va-t-il faire refleurir les anciennes monnaies ? À vous de nous le dire, car l'unité ne peut se créer en spoliant la presque totalité du peuple européen. Vous savez, il est bon parfois d'effectuer un retour en arrière en vue de repartir ensuite sur des bases saines. Alors Europe, es-tu prête à vivre ta première grande crise d'identité ?

— *Qu'en est-il de la toile cristalline planétaire ?*

Les transformations planétaires s'appuient sur l'identité cristalline de chaque être. Stimulés par le Maître Cristal, les cristaux agissent sur la toile de lumière cristalline entre chaque être. Ainsi, un à un les cristaux liquides se positionneront différemment dans les liquides* du corps humain, et vous pourrez alors réapprendre la vie corporelle, car sa chimie se répandra comme jamais auparavant.

Cette toile cristalline en permutation deviendra stable à la fin de l'année 2011. Le corps médical aura du mal à comprendre la mutation des microbes, des virus et des interréactions aux médicaments de l'industrie pharmaceutique. Si personne ne prend en compte les données de l'identité divine, il n'y aura pas de résultat définitif.

Nous voici en période riche en ouverture de la personnalité cristalline qui s'épanouira dans plusieurs milliers d'années. Les premiers impacts de stimulation de la personnalité cristalline dans l'être humain s'effectue en ce moment. Ce sont des graines qui germent en leur temps. En ayant la connaissance aujourd'hui, les impacts sont plus forts.

Aussi, le Maître Cristal a-t-il créé une toile cristalline de groupe à résonance unique. De la sorte, à la fin de 2011 cette toile sera en place. Le Maître Cristal va alors vous pousser à incarner la fraternité. La géométrie des cristaux liquides va se modifier, s'enrichir d'une structure un peu plus complexe afin d'être en résonance avec tous les cristaux de votre système solaire. Par ailleurs, un agencement cristallin se forme dès à présent pour

---

* Les cristaux liquides sont des minigéométries de nature cristalline véhiculées dans le sang et la lymphe. Ils ont la charge de recevoir toutes vos pensées et d'y apporter une réponse appropriée, grossie, naturellement afin que l'esprit humain transforme sa relation avec la vie par l'intermédiaire du regard-sentiment-pensée. Vous voici propulsés dans une matrice vierge de réflexions et de vécu. C'est une nouvelle aventure alchimique.

créer un cristal à identité unique qui sera mis en relation avec l'un des cristaux de votre planète.

Dès l'année 2008, plus précisément le 8 ou le 9 mars, les cristaux majeurs de votre système solaire seront connectés aux organes subtils du Maître Cristal en poste dans les corps subtils de la planète. Cet événement focalisera la radiance cristalline de ce système solaire sur Urantia. Le Maître Cristal enverra, ce jour-là, trois rayons spécifiques depuis le centre de la France vers le Brésil, le Canada et le continent africain.

Le 1er rayon – Brésil : Le Brésil est un stimulateur de l'énergie cristalline, il a à charge d'émettre une fréquence pour stimuler l'esprit humain afin de le propulser vers l'ouverture de sa personnalité cristalline.

Le 2e rayon – Canada : Le Canada se positionne pour devenir la référence de la résonance cristalline et favoriser tous les échanges et toutes les mutations de l'état cristallin, c'est-à-dire la personnalité cristalline déployée ou en fonction.

Le 3e rayon – l'Afrique : Ce continent facilitera l'ancrage des manifestations harmonieuses dues à cet événement.

L'année 2008, verra un plus grand volet de sa réalisation se profiler dans sa matrice. La dualité de l'être sera absorbée plus ou moins rapidement, mais inévitablement. Cette matrice a déjà influencé les premiers jours de 2007, car la recherche d'unité se ressent et amène le regard-sentiment-pensée à se dépouiller de ses illusions et de ses fausses croyances. Nous pourrions dire que 2007 est le tremplin béni de 2008, source de réactivation de l'unité cristalline entre chaque être.

Sachez que le Maître Cristal relie tous les corps vivants de ce système solaire. Pour l'instant, son extrême douceur se conjugue à une volonté ferme de réaliser l'énergie cristalline depuis la Terre, pour toutes les terres vivantes. Sa radiance traverse des énergies manipulatrices et cette « caresse » bousculera, brisera et dépolarisera les énergies manipulatrices.

Comme les rayons majeurs partent du centre de la France depuis ses montagnes anciennes, vous serez, chers Français, irradiés en premier et l'impact énergétique des trois rayons se cumulera en vous. La devise *Liberté, Égalité, Fraternité* se conjuguera intimement à ce moment-là.

Nous pensons que le Maître Cristal a choisi de s'installer dans les corps subtils de la France en raison de sa devise, qui donne un envol particulier à son action. Les 8 et 9 mars, prenez donc un moment pour méditer afin de ne pas opposer de résistance à ce déploiement de force, car 2008 sera l'année de l'identité cristalline et d'un regard serein sur les vieilles habitudes.

Les oasis de lumière

— *Dans le premier tome de cette série, le groupe Soria a parlé de la création des oasis de lumière, de leur mise en activité, de leurs qualités, etc. Une année s'étant écoulée depuis, y a-t-il eu du progrès concernant ces lieux ?*

Depuis une année, nous semons les graines nécessaires à la naissance de ces oasis de lumière. Ma révélation à ce propos permet à l'esprit incarné de s'éveiller à ce contrat déposé dans la cellule humaine. Les artisans de l'implantation de ces lieux sont tous incarnés. Certains sont déjà actifs pour le retour de la Lumière de vie et d'autres seront stimulés par l'information qui circule maintenant dans l'éther d'Urantia.

Dans un premier temps, cette information aura besoin de deux années encore pour trouver ses premières racines. Au cours de 2008, j'exercerai un second impact dans la matrice éthérique afin de susciter les réactions donnant naissance à ces lieux. Lorsque nous donnons une information, celle-ci ne peut aussitôt entraîner une réaction concrète dans le monde physique. Il faut prendre en compte le niveau d'élévation du maître ou de l'informant (transmetteur d'information). Celui-ci envoie un rayon de lumière codé d'impulsions, de géométries, de sons et de couleurs constituant le moule d'un mot, donc de l'information sur le sujet.

Le rayon émis cherchera à traverser toutes les couches de compréhension sur son chemin et s'ancrera dans chacune d'elles. Si une planète est déjà bien avancée dans l'extériorisation de son essence divine, ce processus se déroulera très rapidement. Dans le cas de votre planète et de votre humanité, le rayon de lumière passe dans tous les mondes nébuleux de votre mental et de votre affectif avant de parvenir au monde causal. Votre rythme de vie détermine également les saisons d'ouverture et de fermeture de vos esprits. Ainsi, nous savons quand il sera possible d'envoyer notre information, nous connaissons votre instant présent, mais nous devons attendre vos réactions afin d'émettre une probabilité quant au moment propice de l'impact de notre information. L'acceptez-vous totalement… en partie, où la rejetez-vous ?

L'information envoyée sur la création des oasis de lumière rencontre un terrain favorable et soulève déjà des réactions profondes allant dans le sens désiré. La première étape est satisfaisante. Toutefois, nous devons laisser s'écouler l'année 2007 avant de transmettre l'énergie nécessaire à l'ancrage de ce réseau de lumière. La diffusion éthérique de ce message génère de minimes fissures dans la mainmise de votre gouvernement noir. Bientôt, nous pourrons envoyer un autre rayon élargissant les fissures, ce qui créera de plus grosses brèches. Par contre, nous déplorons un manque d'entraide de votre part. Ce projet vous enthousiasme, mais vous ne prenez que peu de votre temps pour nourrir de votre lumière les racines de ces oasis. Avec beaucoup de douceur et d'amour, nous vous rappelons que ces lieux vous aideront à traverser les périodes difficiles à venir. À vous de savoir si vous voulez connaître une aisance dans vos tribulations, quels qu'en soient leurs visages. Notre souhait est de vous voir vous réunir régulièrement afin d'envoyer de la lumière à ces oasis pour qu'elles prennent forme dans l'inconscient collectif. Plus vous vous organiserez et soutiendrez ce projet, plus vite il prendra racine sur votre plan physique. Nous vous rappelons que les plans subtils n'ont pas besoin de tels lieux… mais le vôtre oui.

Sachez que plus vous enverrez de la lumière dans ces lieux, plus nous pourrons stimuler les artisans de ces lieux à commencer leur œuvre. Les oasis de lumière forment une toile d'aide sur toute la surface de la Terre. Ces lieux auront pour vocation de recevoir en de courts laps de temps des gens en difficulté et de leur offrir un toit provisoire. Bientôt vos lieux de vie actuels traverseront des climats perturbés occasionnant des pertes de tous genres sur le plan physique. Avant même que ces événements n'éclatent dans votre monde, nous répondons en préparant des refuges.

Comme votre conscient vit aujourd'hui sans se préoccuper du bien-être des proches, Urantia et ses aides climatiques vont vous rappeler au bon sens de la fraternité. En ce moment, vous ne savez pas partager malgré une abondance extrême, mais vous apprendrez à le faire dans un dénuement et dans l'urgence. L'égoïsme humain en prendra un coup et cela sera bien pour votre avenir.

Ne nous voyez pas comme des oiseaux de mauvais augure, car nous ne sommes aucunement les créateurs de vos turbulences, lesquelles naissent plutôt de vos pensées. Nous venons simplement vous soutenir. Alors, oui, nous désirons vous voir réagir à ce projet de soutien à partir du cœur. Envoyez votre lumière à ces oasis. Les anges assumeront sa gestion en vue d'activer l'ancrage de ces lieux et de les voir naître dans votre monde. L'année 2008 devrait accueillir une première oasis de lumière.

> — *Dans un autre chapitre, l'archange Michaël expliquera l'aspect général de ce qu'on appelle la « mort », mais j'aimerais bien que l'on parle spécifiquement de la « lumière » qu'on expérimente lorsqu'on « meurt ». Nous savons bien que celle-ci est bien plus qu'une simple lumière ou, encore, qu'un simple « corridor » menant à d'autres mondes. Je crois qu'elle représente une dernière occasion de grandir si nous sommes conscients du processus en cours.*

Chère enfant de lumière, la mort est une naissance. Mais tout d'abord, précisons que vous venez dans le monde physique de cette planète dans un rayon de lumière. Il est d'ailleurs dommage que les futurs parents n'aient pas conscience de ce processus. Si, pendant la grossesse, ils offraient leur propre lumière à l'élaboration d'un rayon de lumière en partance du cœur, le futur enfant ne serait pas obligé de porter les voiles de l'oubli avec autant d'intensité. Et au moment où l'esprit et l'âme quittent le corps physique, ils repartent dans un rayon de lumière – naturellement, je réfère ici à ceux et celles qui ont conscience d'eux-mêmes. Quant aux non-avertis, que nous dénommons « les endormis », ils ne vivent pas pleinement ce retour.

Prenons le cas des « éveillés » conscients des processus naturels d'évolution. L'esprit et l'âme (qui font équipe dans votre univers seulement) parcourent le corridor de lumière. En réalité, ils parcourent le tube de lumière qui relie le chakra coronal au chakra de base. Dans un premier temps, ils ont la possibilité de revoir leur parcours terrestre et, ainsi, de terminer des boucles inachevées de leurs histoires communes. Un temps propice à une multitude de guérisons leur est offert à ce moment-là. Ce temps commence quand le corps entreprend de mettre fin à ses centres d'activité. Les images rattachées à la vie des chakras remontent alors à la conscience. Le mourant est donc encore à même de poser un regard apaisant et aimant sur chaque image ayant trait à une situation vécue dans cette vie.

Durant cette transition entre le monde vivant qu'il quitte et le monde vivant où il va, le mourant devrait être accompagné d'amis ou de parents afin de recevoir de l'amour et de l'aide pour faire le point sur cette coexistence. Les chakras s'éteignent les uns après les autres, jusqu'à l'extinction finale du premier chakra. Le rythme demeure unique à chacun, selon l'histoire terrestre vécue. Plus cette dernière est compliquée, plus l'extinction des lumières est longue. Comme il y a une infinité de petites histoires dans les grands faits de la vie, l'esprit et l'âme établissent un dialogue pour s'expliquer, s'aider et en venir à une entente favorable pour leur prochaine immersion dans la densité. Ils tentent de devenir des amis et de régler les litiges, puis remontent le long du corridor de lumière, jusqu'à l'extinction du dernier chakra. Celui-ci a pris vie grâce à la lumière dégagée par tous les grands Êtres qui vous aiment. Ce corridor est donc issu de la lumière, de l'amour et de la connaissance des grands Êtres et grands Maîtres.

Il est aussi le reflet de l'union de ces lumières issues des chakras de ces Êtres. L'esprit et l'âme remontent le tube de lumière et, à la lecture de la science contenue dans le tissu lumineux formant le corridor, ils peuvent reprendre leur histoire terrestre et la compléter.

Tout le tissu du corridor sert de rappel de la Loi de vie cosmique puisque l'union des maîtres a entremêlé leur croyance acquise sur la loi divine. Chaque avancée dans le corridor émet une vibration qui stimule l'énergie de l'âme. Cette dernière grandit doucement au contact de tous les plans de vie. L'esprit, en remontant ce corridor, retrouve une aisance connue et sa lumière se développe, ce qui occasionne une séparation d'avec son âme qui est, à un moment, seule avec elle-même et avec ses lourdeurs, ses incompréhensions, ses freins, ses fatigues, et ses aspirations. Dans ce corridor, il y a une infinité de portes correspondant à toutes les élévations proposées. Dès lors, l'âme se met à vibrer avec une pulsation (une porte) avec laquelle elle se mettra en contact et cela déterminera sa prochaine prestation auprès de l'esprit qu'elle rejoindra de nouveau pour une autre incarnation.

Puis l'âme va s'éprouver et se reposer dans un monde parallèle tout en intégrant la pulsation qui l'a poussée à explorer la porte. Le corridor en soi existe par la volonté des grands Êtres. Comme il a pris naissance pour aider votre transition d'un monde à l'autre, vous le trouvez seulement le jour où vous vivez ce que vous appelez la mort. Mais il n'y a jamais de mort ; il n'y a que le dépôt d'un corps physique pour revenir dans un autre corps physique et poursuivre l'aventure.

Parfois, un rendez-vous important est donné au cours de la vie terrestre* et il est possible alors d'entrer tout au début du corridor de lumière. Généralement, cela procure un état de choc salutaire et, au retour dans votre monde, il en découle toujours un changement spectaculaire d'attitude intérieure. Ces rendez-vous sont organisés soit par l'âme, par l'esprit, ou par vos accompagnateurs (guides-anges). À l'intérieur de votre univers d'appartenance, la transition (mort) se déroule de manière similaire puisque l'ensemble de cet univers repose dans un bain de lumière tissé par la robe de connaissance des grands Maîtres qui vous accompagnent.

Un univers est avant tout une cellule de vie un peu plus grande que vos cellules corporelles, mais identique par sa construction et son extériorisation.

---

* Soria fait ici référence à l'expérience de mort imminente (EMI).

Les Créateurs à l'origine de cet univers ont fait alliance avec des maîtres du son, des couleurs, et des maîtres ascensionnés chargés de la gestion d'un rayon de connaissance. Ils ont fusionné leur potentiel et aménagé l'intérieur de la cellule dite « univers ». Progressivement, selon les expériences des résidents, ils ont mis en place des chemins facilitant la descente et la remontée d'un esprit et de son âme accompagnatrice. Cet univers vit et expérimente une création préhumaine dont le rôle consiste à faciliter l'expérience de l'esprit incarné. Il n'en est pas ainsi des autres univers, où les corridors de lumière sont souvent inexistants. Dans votre univers, ce corridor de lumière est relié à chaque planète. Bien que beaucoup d'entre vous soient revenus dans la Loi d'amour, les maîtres n'ont pas enlevé ce tunnel de protection qui, finalement, se révèle un outil puissant de guérison et d'autodétermination.

Il est vrai qu'il reste peu de planètes dans cet univers qui demeure encore accroché à l'extrême lourdeur du monde illusoire et de ses encombrements. Alors, la transition sur ces mondes s'effectue en conscience et avec accompagnement. Dans les mondes plus avancés, des clairvoyants guident la traversée de la mémoire de la vie qui s'en va. Ainsi, chaque souvenir peut se revisiter en douceur et en conscience, et l'âme s'apaise, car elle comprend que son aide est reconnue, et l'esprit déplie avec plus d'aisance ses ailes (son vêtement) de lumière afin de retourner à son lieu d'origine.

Le passage dans le corridor offre la possibilité d'une alliance plus approfondie et même un début d'identification des points forts à développer ensemble pour parvenir à la maîtrise en incarnation.

Dans cet univers, il y a vraiment des planètes favorables à l'épanouissement de l'œuvre commune entre l'âme et l'esprit. Nous espérons voir émerger une complicité aimante entre votre âme et votre esprit depuis la Terre. Actuellement, et de façon générale, votre âme se situe dans une extrême lassitude de ne pas réussir à établir une communication efficace entre votre corps et votre esprit. Beaucoup d'âmes nourrissent d'ailleurs des attitudes suicidaires, car leur action stagne dans une impasse.

En 2008, j'impulserai petit à petit une lumière d'apaisement autour de vos âmes. Non pas pour les endormir, mais pour leur permettre de se défaire de cette attitude et de reprendre goût au partage comme à l'action. Dans l'ensemble, les actions de 2008 chercheront à apaiser, à stimuler et à sortir la conscience d'un mode de pensée archaïque. Nous pouvons considérer cette année-là comme une naissance spirituelle et « spiriterre » (spirale en provenance du ciel ou de la Terre). L'ADN a reçu beaucoup d'attention de notre part et cela n'est pas fini.

Nous allons donner des racines de lumière à vos âmes. Elles en ont besoin. Votre conscience n'intègre pas vraiment la lumière ; vos notions sur ce qu'elle représente demeurent nébuleuses et ne l'aident pas véritablement. Votre âme se pose des questions existentielles. Allez-vous y répondre avec conscience cette année ? Peut-être bien, mais peut-être pas !... Votre âme vous rappellera à l'ordre et vous reconnaîtrez son efficacité. Au cœur de vos soucis, dans cet horizon 2008, il sera question de métaphysique et de physique quantique. Naturellement, la consistance de vos pensées n'intègrera pas de tels mots, mais cela vous y mènera. N'en doutez pas, tous les événements de l'année 2008 vous pousseront à un repositionnement universel.

Si les soucis planétaires s'enchaînent dans vos vies, les solutions viendront toutes d'un repositionnement de la vision sur vous-même et en vous-même. Les langues se délieront pour oser parler ouvertement d'une nouvelle croyance. Du même coup, vous permettrez de nettoyer l'éther de la planète et l'entrée du corridor des zones en place afin d'accueillir les « endormis ». Ceux-ci pénètrent tout juste dans le corridor, quand ils y parviennent. Beaucoup restent accrochés à une substance issue de leurs pensées les empêchant d'aller plus loin. Les corridors de lumière sont un véritable cadeau de ces maîtres, soucieux de votre confort à chaque étape de votre évolution. Le jour où vous serez bien installés dans la maîtrise de vos émotions, ce corridor jouera un autre rôle. Il se dessine à peine, alors nous reviendrons sur ces notions.

Le NESARA*

— *J'aimerais bien qu'on discute du NESARA. Nous entendons de plus en plus parler de cette charte par des Êtres de lumière. Il semble que l'idée du NESARA soit certainement le plan de l'avenir pour la Terre.*
Sommes-nous plus près de sa mise en place ou est-ce une illusion de l'espérer ?

Le NESARA préconise notamment :
1. L'effacement complet de l'endettement des plus pauvres consécutif à leur recours excessif au crédit et aux cartes bancaires (car l'enrichissement des banques sur le dos des pauvres est considéré par les auteurs du NESARA comme un crime contre l'humanité).
2. L'abolition de l'impôt sur le revenu (lui-même considéré comme une atteinte à la liberté de travailler et d'entreprendre).
3. La création d'une nouvelle monnaie indexée sur l'or pour éliminer les fraudes et les tricheries issues de la monnaie électronique.
4. L'établissement d'un système juridique et judiciaire équitable envers tous, et la priorité absolue à accorder au combat politique en faveur de la paix dans le monde (la guerre n'étant légitimée qu'en tant que recours ultime et dans le seul cas de légitime défense).
5. L'objectif de restauration de la santé et de la prospérité pour l'ensemble des habitants, incluant la recherche de moyens adaptés et gratuits pour aider les plus démunis. La mise en place de nouveaux gouvernements

---

* NdÉ : Le NESARA (National Economic Security and Reformation Act) est une charte votée en mars 2000 par le Congrès des États-Unis et transformée officiellement en loi fédérale par le président Bill Clinton le 10 octobre 2000, trois mois avant son départ de la Maison-Blanche. Il s'agit donc d'un document à caractère politique, mais d'orientation à la fois économique, sociale, éthique, et même spirituelle, conçu pour s'appliquer d'abord à l'Amérique et aux Américains, puis à l'ensemble des peuples de la Terre. Malgré les critiques dont il a été l'objet et les persécutions dont ont été victimes ses partisans, ce texte pourrait avoir été inspiré à ses corédacteurs par de grands Maîtres ascensionnés de la Fraternité de Lumière (dont le bien-aimé comte de Saint-Germain), afin d'aider l'humanité à réussir sa transition vers une ère nouvelle. Il suscita du moins une vague d'enthousiasme parmi les personnes qui ont participé à son élaboration à partir de 1993, puis qui l'ont soutenu devant le Congrès américain lors d'un vote en mars 2000.

ayant pour mission première d'imposer le commerce équitable et d'organiser la solidarité et l'entraide entre les hommes et entre les peuples.
6. L'élimination des groupes élitistes qui manipulent l'humanité et se présentent au monde comme les tenants du « nouvel ordre mondial ».
7. La révélation de vos origines et de votre prédestination divine – dont l'existence de relations secrètes entre certains gouvernements de la Terre et certains peuples extraterrestres.
8. La révélation de l'existence et de la mission de nos frères de lumière (les maîtres ascensionnés) et de nos frères de l'espace (les représentants de l'administration centrale galactique auprès de l'humanité terrestre).

Cette charte de vie est la base de la vie universelle. Comme vous ne pouvez adopter notre rythme de vie en une seule fois, la Fraternité de Lumière a poussé votre esprit collectif à en adopter quelques aspects. Permettez-nous de reprendre les grandes lignes et de vous donner notre point de vue.

Premier point – Les cartes de crédit et l'endettement de la population. C'est là, à nos yeux, une sorte de viol de la personnalité qui engendre des cicatrices dans les corps émotionnels et mentaux, lesquelles se répercutent sur l'état d'harmonie du corps physique. Ce « gadget bancaire » incite l'utilisateur à nourrir une matrice illusoire laissant la mainmise du gouvernement obscur s'abattre sur la personnalité collective.

Tout ce qui n'est pas des pièces ou des billets favorise une dispersion de la concentration de la conscience. Aussi, non seulement l'effacement des dettes permettra-t-elle une restitution de la liberté, mais nous attendons le moment où, vous, utilisateurs, déposerez vos petits « rectangles de plastique », car vous rétablirez ainsi la circulation de l'énergie d'échange. Ce premier point est juste, à condition d'être suivi par une autre prise de conscience.

Deuxième point – L'abolition de l'impôt sur le revenu. Il s'agit d'une étape décisive dans la réparation de l'honneur et de l'intégrité de l'être. À nos yeux d'Êtres élevés de Lumière, toutes les formes de prélèvement (taxes et impôts en tous genres) entrent simplement dans la case « **vols** ». Nous attendons le moment où vous rétablirez le prélèvement acceptable de 10 % de votre salaire pour l'ensemble des taxes et impôts confondus. Au-delà de ce pourcentage, nous parlons de vol et, en ce sens, vos gouvernements vous sont redevables de sommes considérables. Ce fait occasionne des traumatismes mentaux importants favorisant un repli du moteur de l'expansion et de la découverte qui est à l'origine de beaucoup de dépressions nerveuses et de suicides. C'est donc une atteinte à la vie.

Troisième point – La création d'une nouvelle monnaie. Aucun pays ne survivra s'il ne revient pas à la référence de l'or. Aucune monnaie ne peut vivre avec les fraudes patentées depuis le retrait de la référence de l'or. Le malaise grandissant de l'ensemble de la population mondiale amène obligatoirement l'effondrement du système en place. Les gouvernements vont se battre pour cacher tant bien que mal les réalités bancaires. La matrice des probabilités nous révèle d'abord un chaos monétaire accompagné d'un retour à de vieilles monnaies, puis des tables rondes visant à créer une monnaie honnête, respectueuse de la vie de tous et pour tous. Combien de temps cela vous prendra-t-il ? Vous seuls allez finalement nous le dire, car tout dépend de votre capacité à demeurer anesthésiés et inconscients de votre état d'esclaves des devises actuelles.

Les monnaies électroniques auront une vie très courte, heureusement pour vous, mais elles causeront beaucoup de dégâts dans les corps subtils. Prenez donc conscience que l'énergie électronique a des répercussions sur vos propres charges électroniques corporelles.

Quatrième point – Le système juridique et judiciaire, et la guerre. Il est bon de parler d'équité pour tous, de paix, et de pointer du doigt la légitimité d'une guerre. Toujours à nos yeux de lumière, aucune guerre ne peut porter l'étiquette de la légitimité, ou prétendre à cela, car à son origine il y a un viol de l'identité d'un pays et de son peuple. Toutes les formes de guerre entrent dans la case « viols de la personnalité ».

Dans cet univers, nous nous efforçons de ramener dans la matrice de paix toutes les planètes encore en guérillas. Il y a cinq endroits difficiles ou sensibles, dont votre planète. Les probabilités nous indiquent une restauration de la paix dans votre univers dans environ 250 ans.

Nous espérons que vous serez la première planète, parmi les cinq gravement atteintes par ces voies de fait, à retrouver la paix avant ce temps. Dans ce but, nous vous pousserons au maximum. Le corps judiciaire est en cours de changement et vous enregistrerez bien des troubles dans les cinq ans à venir, car nous mettrons une forte pression afin d'engendrer un changement planétaire. Nous invitons tous les groupes – ceux qui ont pris la responsabilité de faire respecter la vie – à poursuivre leur action. Le corps judiciaire, et ses implications, occasionne un repli profond de la liberté de penser, d'agir et de créer la vie. Bon nombre de cancers de l'intestin, de la lymphe et du cerveau trouvent leurs racines dans un problème de ce genre, qu'il soit déclaré ou latent.

Cinquième point – La restauration de la santé et l'équité des échanges. La restauration de la santé est avant tout un état d'harmonie. Vos futurs gouvernements auront la lourde charge de rétablir l'équilibre et les aspects de la vie des pays de cette planète.

Les premiers à se lancer dans l'aventure ne seront pas les meilleurs, mais ils auront le mérite de s'atteler à cette lourde tâche. Prenez conscience qu'ils feront au mieux sans obligatoirement atteindre leurs objectifs, car vos systèmes sont si viciés, si lourds, qu'il faudra dégager beaucoup de bonne volonté, d'intentions véritables et d'énergie pour inverser les tendances actuelles.

Il est évident que l'entière population urantienne souffre de maltraitance psychologique. Nous attendons de voir fleurir des cellules d'écoute pour libérer le fardeau posé sur ses épaules. Ne vous faites pas une illusion de plus, mais le temps sera votre allié précieux dans votre retour à un état harmonieux acceptable. Nous sommes heureux de voir se profiler les premiers pas d'un retour à la normale. Lorsque nous vous voyons payer vos soins dits de santé, alors que vous êtes les victimes de la machinerie infernale d'une société agonisante, nous déplorons de vous voir encore victimes et esclaves de cette société.

Les soins de santé payants sont un crime manifeste contre l'humanité. Nous ne comprenons pas qu'en ce moment ce corps médical soit attaqué pour des notions de rentabilité, plutôt que d'efficacité, car l'aspect de la divinité n'est toujours pas intégré dans le diagnostic de l'état de santé d'un malade. Le mot malade devrait être rayé de votre vocabulaire et remplacé par le mot victime. Dans une dysharmonie corporelle il y a toujours la manifestation d'une attitude de victime soulevée par des actes extérieurs (société, famille, etc.) ou par soi-même quand l'être ne peut plus réagir pour se préserver des atteintes extérieures sur lui. Ce point du NESARA nous importe beaucoup.

Sixième point – L'élimination des groupes élitistes. L'énergie de ces groupes est déjà affaiblie. Toutefois, le coup de grâce n'est pas encore donné. L'esprit collectif de votre groupe urantien commence seulement à se soulever contre l'autoritarisme despotique de ces êtres. Dans nos écrits, nous abordons de diverses manières cette réalité afin de vous renforcer suffisamment pour avoir le courage de renverser leurs tendances.

En état de choc, votre esprit a du mal à accepter un souffle vital afin de se lancer dans le rétablissement de ses droits. Nous ne parlerons même pas de vos droits divins, car vos droits terrestres sont tellement bafoués qu'il faut commencer par cela. Ce que nous craignons est de voir ce ras-le-bol général devenir la cause d'attitudes peu civiles, même si nous en comprenons ses soulèvements. Nous vous invitons donc à faire attention quand vous renverserez ces processus de mainmise, et ce, afin de ne pas devenir des bourreaux à votre tour. Vous avez le droit, sinon même le devoir, d'exprimer votre autorité par le biais de manifestations, mais que cela ne vous entraîne pas dans des actes inconsidérés, car là vous êtes attendus... nous vous surveillons.

Septième point – La révélation de vos origines. De manière à contraindre vos gouvernements à révéler publiquement leurs relations secrètes, nous, les informateurs célestes, avons transmis des données sur le sujet et incité quelques-uns d'entre vous à effectuer des recherches et à les publier. Le point est déjà bien amorcé non seulement sur le sol des États-Unis, mais sur l'ensemble de cette planète.

La Fraternité de Lumière a déjà invité directement vos gouvernements à cesser l'escalade de l'armement. Une aide a même été proposée et refusée ! Le jeu du pouvoir et l'appât du gain personnel furent les plus forts. Aujourd'hui, vos gouvernements sont confrontés de nouveau au même choix par la pression que nous effectuons, depuis les plans subtils, sur l'ensemble de la population. Ils auraient pu éduquer l'humanité et en recevoir tous les mérites et bienfaits. Maintenant, ils sont dans l'obligation de le faire et s'attireront une disgrâce populaire pas facile à gérer dans leur avenir d'âme et d'esprit. Ce fut leur choix, et le juste retour de l'énergie agira en conséquence.

Huitième point – La mission des frères de lumière. Voici une étape attendue par nous dans le but de vous aider, enfants universels. Cela restera un secret de polichinelle pour beaucoup, mais il n'en sera pas de même pour d'autres groupes peu ou pas encore préoccupés par ce sujet. Cette révélation fera office d'électrochoc sur la conscience humaine. Nous sommes aussi très attentifs à l'émergence de cette reconnaissance de l'administration galactique qui est en relation avec l'administration des Sages des Super-Univers. Mais un pas après l'autre. Lorsque cette reconnaissance sera évidente, nous pourrons vous proposer des progrès dignes de vos esprits et de vos aspirations. Le mot fraternité déploiera son ampleur et sa profondeur – un temps de grande profondeur et de grande bénédiction.

En résumé, le NESARA est un programme envoyé par tous les grands Maîtres de lumière sous l'impulsion première du maître Saint-Germain, qui a reçu le rouleau des lois universelles et son programme d'action lors de sa consécration. Ainsi, depuis ce jour-là, il œuvre pour ce début d'avènement préfigurant des autres étapes. Ne brûlons pas celle-ci, car je vous le dis son déroulement assurera une assise stable aux autres chartes de vie sur Urantia.

Le NESARA est la première étape du plan qui vous concerne. Afin de ne pas gonfler l'état égotique des États-Unis, d'autres étapes se développeront dans d'autres pays, de manière à équilibrer la balance cosmique.

Cette première étape du plan de sauvetage de l'esprit incarné et de ses conditions de vie se déroulera doucement, non pas uniquement sur le sol des États-Unis mais sur l'ensemble de la planète. En réalité, pendant que ce pays construit et signe cette charte, nous regroupons des esprits en divers endroits pour commencer cette œuvre alchimique. Ainsi, la pression extérieure obligera les États-Unis à donner pleinement vie au NESARA. Il n'y a plus de temps à perdre. Le temps est à l'action, au nettoyage et au rééquilibrage des énergies. Le NESARA est l'histoire et l'affaire de tous, réunis en une même vision.

2012, un mythe, une illusion ou une réalité

— *Depuis un certain temps, je m'aperçois qu'il existe de plus en plus de confusion à propos de 2012. Cette date, devenue presque un mythe, se révèlera-t-elle un « non-événement » ? À mon avis, il est important de comprendre que l'ascension est un processus individuel. La Terre vit son ascension et chaque humain vit la sienne à son rythme, suivant diverses influences énergétiques.*

Ne pourrions-nous pas dire que nous vivons 2012 depuis un moment déjà ? Pourtant, beaucoup de gens encore croient qu'au 31 décembre 2012, une sorte de voile se lèvera soudainement et laissera voir une toute nouvelle humanité !

Vous serait-il possible de nous dire ce qu'il en est exactement ?

Cette date est bien entendu un mythe. Pourtant, elle reste importante. Le calendrier maya s'arrête au 31 décembre. Comme les Mayas sont les maîtres du temps, il y a une bonne raison à cela. Avec humour, ma partenaire a lancé : « *L'année 2013 est le début d'un nouveau calendrier...* » Pour elle, c'était une boutade et une façon de ne pas engager une longue conversation sur ce sujet. En réalité, sans le savoir elle a énoncé une vérité, mais...

Dans mes livres, je vous ai surtout répété que 2012 sera la fin des tests pour votre humanité. Et qui dit « tests » dit « épreuves ». Jusqu'au 31 décembre 2012, nous enregistrerons tous les paramètres sur les fluctuations égotiques émises par vous. Vous êtes en ce moment au sein d'une évaluation de vos tendances, vos aspirations, vos exigences, vos capacités à rejoindre la Fraternité, du respect de la vie, de votre pouvoir d'émettre l'Amour. Nos tests vous remuent et vous conduisent tous à une transformation intérieure puissante et à l'ancrage du volet du plan divin. L'année 2012 vit déjà en vous, dans vos pensées, vos actes, vos sentiments. C'est une graine qui lève en dépit du paysage, du temps, de l'humeur de tous. Au fur et à mesure que s'écoule le temps jusqu'à cette date, vos repositionnements permettent une structuration solide de l'après 2012. Alors, le 31 décembre 2012, il se passera peu de choses, ou beaucoup.

Le plus important demeure les instants présents riches d'une matrice favorable à la venue d'une nouvelle forme de pensée, d'action, de chaleur humaine. Toutefois, il est vrai que si vous ne changez rien en vous avant cette date, vous ne verrez rien arriver. Si vous vous observez sérieusement, n'êtes-vous pas déjà différents, plus tolérants, plus fraternels ? N'avez-vous pas une vision agrandie de vos responsabilités au sein de l'humanité ? C'est 2012 qui vient, et cette année-là sera le résultat de vos efforts actuels.

La transformation, c'est maintenant, et l'année 2012 correspondra à celle-ci. Si le calendrier maya se termine le 31 décembre 2012, c'est pour souligner un événement important qui, à l'époque, ne permettait pas aux Mayas de commencer l'autre année ou de poursuivre la suite du temps.

Ces maîtres du temps ont bien enregistré un alignement parfait entre toutes les portes des secteurs universels, offrant une voie royale à une énergie qui descendra jusqu'à Urantia. Une lumière venant de très haut, sans rencontrer de barrière l'obligeant à se déplacer en une multitude de sous-rayons de lumière. Une lumière gardant somme toute son efficacité. Cette lumière venant de très loin est la loi en mouvement qui sondera chaque esprit, chaque âme, chaque atome en profondeur, quelle que soit sa forme physique. Cette lumière génèrera une transformation puissante du monde physique. Voilà pourquoi nous tenons tant à vous voir évoluer le plus possible avant sa venue. Par contre, ne vous attendez pas à voir s'installer la quatrième dimension au 31 décembre 2012. Il n'en sera rien puisque déjà elle s'installe en vous. En vérité, la quatrième dimension naît déjà aussi par rapport à toutes vos transformations présentes.

Sachez que tout s'effectue maintenant. Voilà d'ailleurs pourquoi il vous semble bien difficile de vivre en ce moment. L'ancien monde s'est déjà grandement éloigné et le nouveau n'est pas encore là. L'année 2012 demeure une date entre deux modes de pensée, deux formes de vie, sans néanmoins présenter la nouvelle pensée ni la nouvelle forme de vie. Tout ce que vous aurez pu transformer en vous déterminera alors le visage de cette date. Par conséquent, tout est en cours de modulation. Si vous n'installez pas la Fraternité dès aujourd'hui, le 31 décembre 2012 ne vous donnera pas la clé de la Fraternité. Si vous ne faites pas vôtre le concept de l'amour divin dès maintenant, cette même date ne vous tendra pas la clé de pénétration dans ce concept. Si vous n'émettez pas le respect de la différence, des autres, à cette date vous ne recevrez pas non plus de respect. Et il en est ainsi de toutes les qualités divines que vous cherchez à intégrer en ce moment.

Voilà pourquoi plus vite prendra forme le NESARA, plus vite vous reconstruirez la matrice qui vous portera en vue du 31 décembre 2012. À vous d'exiger la mise en pratique du NESARA non pas uniquement sur le sol des États-Unis, mais partout sur la planète. Cela changera beaucoup le visage de l'année 2013. Il est important que pour cette période vous ayez abandonné vos cartes électroniques (débit ou télépéage). Bien sûr, il vous semble pour l'instant que cela facilite votre vie, mais en vérité vous adhérez à la peur et l'entretenez alors qu'elle est créée pour apposer une mainmise sur vos vies. Vous pouvez toujours parler de fraternité, d'amour, d'élévation, de grandeur ; nous, nous enregistrons toujours vos peurs actives, lesquelles mettent d'énormes barrières qui engendrent des séismes puissants lors de la descente de cette lumière.

Vous jouez encore et encore avec nos avertissements sur les comportements toujours trop actifs dans le concept du gouvernement obscur. Vous voulez voir ce dernier démantelé, tout en continuant néanmoins à lui donner de l'énergie pour qu'il continue son jeu. N'oubliez pas que vous êtes la prolongation du gouvernement obscur, et posez-vous les bonnes questions. Par exemple, pourquoi, dans le NESARA, le paiement électronique est-il montré du doigt ? N'y a-t-il pas là une raison valable et intelligente émise par les grands Maîtres ? Pensez-vous être plus instruits sur les lois de cause à effet que nos grands Maîtres ?

Tous les points du NESARA seront contenus dans cette date. Où en serez-vous personnellement par rapport à cette charte de vie qui n'est que le commencement du retour de la loi d'expression divine ? Illusion, quand tu nous tiens, tu nous gardes, surtout quand cela nous arrange. Dans le cœur, l'esprit, l'âme de chacun, il y aura autant de 31 décembre 2012 que d'habitants sur cette terre et je vous le dis : *L'enfant noir vivant grâce aux dépôts d'ordures des Blancs sera plus près de rentrer dans la loi divine que vous, Blancs gavés, imbus, irresponsables, assoiffés de pouvoir et ne comprenant plus, sinon avec d'énormes difficultés, la simple Loi d'échange et d'amour.* L'autochtone d'Australie, d'Amazonie, du Pérou, de la Baltique et de ces petits territoires mis à l'écart du « progrès blanc » est très prêt de rentrer dans la loi d'harmonie mais pas vous, enfants bien-aimés.

Cependant, soyez sans inquiétude, un jour vous y parviendrez. Quand ? Voilà l'histoire à laquelle vous êtes conviés en ces temps de troubles où toute la Fraternité universelle s'est déplacée autour d'une planète insurgée. De notre côté, nous faisons tout pour vous permettre de rentrer dans la lumière qui viendra vous envahir bientôt. Allez-vous nous aider ? Alors, voici, le 31 décembre 2012 sera une extase pour quelques-uns d'entre vous qui recevront le miel d'amour accompagnant la lumière divine. D'autres vivront toutefois un véritable enfer, et la multitude connaîtra des déclinaisons infinies de ces deux pôles. Certes, nous préférons vous voir accueillir le miel d'amour, mais à part vous préparer favorablement à ce moment-là, nous ne choisirons pas la teneur de votre lot, lequel sera conforme à vos choix. Aussi, inutile de récriminer contre nous, de nous juger, car vous vous tromperiez ainsi de cible. Osez plutôt vous regarder aujourd'hui personnellement, afin de vous placer dans une énergie favorable au 31 décembre 2012. Faites vôtre le NESARA et appliquez-le dès à présent. Pourquoi attendez-vous toujours l'application d'une loi pour user de bon sens, pour démontrer une attitude fraternelle ?

Il paraît incroyable à nos yeux de vous voir remettre au lendemain la mise en œuvre des conseils que nous vous transmettons. Nous espérons une prise de conscience puissante, grâce à la confusion qui règne en ce moment dans vos esprits par rapport à cette date mythique.

Le voile des illusions se déchire progressivement et votre cécité se termine. Les énergies actuelles agissent comme si elles étaient devant un ermite désireux soudainement de sortir de sa cellule. Les yeux de cet homme se sont tellement habitués au noir qu'il s'avérerait impossible de lui ouvrir la porte pour le confronter à la lumière directe, car cela le rendrait aveugle. Eh bien, la lumière que nous apportons dans nos mains est tellement puissante que si nous vous la donnions en entier, nous obtiendrions le contraire en quelques secondes. Alors, nous infusons petit à petit notre science, notre connaissance, nos expressions et la lumière divine en fonction de vos fluctuations intérieures. Rien n'est aisé en cette période, ni pour vous ni pour nous. Notre amour envers vous nous aide à patienter et à vous laisser venir vers nous à votre rythme. Nous apportons une hotte d'abondance et elle s'ouvrira selon chacun, pour chacun, ou pas du tout.

Mais revenons au 31 décembre 2012. Il est toujours en formation, il évolue, il se rétracte, comme vous. Le meilleur demeure toutefois possible, mais nous ne tiendrons pas un pinceau et des toiles pour refaire votre monde. Ce dernier se refait une santé et reviendra à sa totale harmonie. La puissante mère nature a bien des ressources encore cachées, mais elle aussi attend… l'événement. Je vais ici me répéter, malgré les réticences de quelques-uns d'entre vous. *Ce jour là, il en sera fait comme vous le voudrez. Ne venez pas pleurer si cela ne va pas dans votre sens illusoire, car le voile de la* maya *(l'illusion) se déchire et la vérité apparaîtra dans sa nudité.* Les puritains iront se cacher pour ne pas la regarder, les voyants se précipiteront sans rien voir et les autres souriront devant la simplicité de la vie qui s'en vient. Le 31 décembre 2012 sera en quelque sorte le sas permettant le passage d'un monde agonisant vers un monde de vie rempli de simplicité. Voilà, le mot est lâché : un sas. Et ne demandez pas à ce sas de vous montrer l'autre côté. Acceptez-le pour ce qu'il est : un sas et rien d'autre.

D'ailleurs, c'est toute l'année 2012 qui est un sas, un pont entre deux lumières. Prenez donc conscience de la valeur de ce pont de lumière et posez vos pas avec certitude, sans avoir peur d'arriver de l'autre côté. Entreprenez dès à présent la visite de vos gouffres pour les transformer en joie et amour. En tout cas, nos frères de lumière ne poseront aucunement leurs pas sur votre monde en ces temps où il y aura beaucoup de remue-ménage dans vos vies intérieure et extérieure. Le mode de fonctionnement à venir ne correspond nullement à vos modes de vie actuels. Aussi, avant de retrouver une paix, une joie dans ceux-ci, vous traverserez toutes les perturbations de l'effondrement des fausses valeurs, des fausses croyances qui vous empêchent de parvenir au cœur de vos fantastiques pensées de fraternité.

De 2008 à 2012, cinq années s'écouleront où la perturbation sera présente pour amener un mode de vie plus respectueux de vous. Cinq années d'un décompte de temps où tous les derniers arguments devront se faire entendre avant le lancement d'une énergie nouvelle. Ce lancement sera-t-il réussi, ou raté ? Il y aura autant de degrés de réalisation que d'habitants. En définitive, pour terminer la réponse à cette question primordiale, disons que *l'année 2012 et son 31 décembre correspondront à vos efforts présents de réalignement avec les lois de manifestations universelles.*

Certains d'entre vous sont très doués, d'autres un peu moins ou pas du tout. Quoi qu'il en soit, l'énergie d'attraction à ce passage de conscience réelle va vous ancrer, vous repousser, vous retarder, en fonction de vos efforts actuels, de rien d'autre. Vous pourrez faire tout ce que vous voudrez, car c'est vous qui devrez agir et non nous. C'est vous qui devrez entreprendre des changements d'attitude afin de vous ouvrir au mieux à la réception de cette lumière, et non nous, car nous y sommes déjà ! L'année 2012 sera le résultat de vos renaissances présentes et le 31 décembre de cette même année sera l'ouverture d'une porte d'accès à cette lumière nouvelle. Le reste de l'histoire vous appartient, et il en sera fait selon votre libre volonté et vos choix d'appartenance.

Message du Prince planétaire

— *Serait-il possible d'avoir des informations de la part du Prince planétaire concernant son travail et celui de son entourage, ainsi que des peuples intraterrestres ?*

Je suis honoré de votre sollicitation, et comme Prince planétaire je viens vous offrir notre compréhension du moment présent. Dans la situation actuelle, je me dois de prendre en considération tous les paramètres de cette planète et de ses différents groupes évoluant avec des notions très éloignées les unes des autres.

Par exemple, dans ma gestion administrative, je tiens compte de la sagesse des peuples intraterrestres, des handicaps de votre humanité, de la position vibratoire à atteindre afin que vous soyez prêts à l'ouverture des mondes, ainsi que des manipulations et des intentions guerrières d'un groupe rebelle. Il y a donc une situation détonante à gérer en ce moment.

Tout va bien pour le groupe résidant au centre de la Terre et je vous remercie de prendre de leurs nouvelles. Ces chers esprits sont fort occupés à voir à leur propre évolution et à vous seconder afin que vous vous teniez debout au moment opportun. Ils ont donc une double mission. Je suis à leur côté, les encourageant et leur donnant de temps à autre ma vision de la situation avec déférence.

Les Sages qui m'entourent œuvrent à la stabilité des énergies de notre monde. Je leur ai demandé de canaliser déjà les pulsions de lumière, prémices de celle qui vient. Ces miniparticules solaires, atomiques, subatomiques et cristallines nous permettent de mieux comprendre le feu divin qui va frapper cette planète et, ainsi, de préparer le maximum d'esprits à cet événement.

Afin de réguler les énergies de votre monde, nous avons fait appel à la flotte de surveillance galactique, car nous éprouvons des problèmes avec vos dirigeants et vos militaires qui cherchent à s'approprier notre espace de vie en pensant nous réduire à l'esclavage comme vous. Nous avons affaire à un groupe retors, pervers et menteur. Notre propre flotte de surveillance ayant subi des attaques sérieuses, nous ne négligeons aucune aide extérieure même si nous avons la puissance de contenir ces interventions douteuses. Ainsi, votre monde a compliqué notre vie au moment où nous avons tous besoin de nos forces afin de nous ouvrir au Feu divin.

Nous n'espérons pas un retournement d'attitude de ce groupe. Nos actions vont différer du programme initial, que je ne dévoilerai pas aujourd'hui en vue de conserver une tranquillité au peuple de l'intérieur. Votre esprit est endormi par de faux problèmes afin de laisser à ce groupe les mains libres pour leurs actions criminelles. En outre, des cellules de méditants sont placées à des endroits stratégiques infusant de la lumière porteuse de connaissances facilement assimilables par vos esprits. Nous ne chercherons pas à parler avec ces criminels. Par contre, nous vous parlons en silence, inondant vos zones d'incompréhension, d'ignorance et d'ombre d'informations propres à faire bouger votre capacité à penser correctement et à vous libérer d'une tutelle douteuse.

À l'intérieur de la Terre nous avons construit une toile de lumière finement quadrillée par des faisceaux sortant de tous les cœurs de notre fraternité. Cette toile se superpose à la grille magnétique déjà mise en place par nos bons soins, pour le bien de tous y compris le vôtre. Toutefois, la toile de lumière ne se pose pas sur les carrefours de la grille, mais en crée un supplément. Ce réseau de lumière est activé par les prêtres et les princes de nos cités. Ainsi, toute la population intraterrestre donne de l'énergie lumière aux prêtres et aux princes, qui l'encodent ensuite à partir des informations transmises par les Sages des univers. Une fois par jour, je fais également circuler ma lumière dans cette toile, car autrement le résultat serait légèrement atténué et nous avons tous besoin des forces réunies afin de nettoyer l'aura de cette si jolie planète. Comme nous œuvrons à l'installation de cieux porteurs de vie, nous sommes très attentifs à votre écoute de la révélation de l'installation des oasis de lumière dans votre monde. Nous avons reçu l'invitation de l'administration galactique de vous aider à l'implantation de ces lieux qui seront de véritables bougies de sauvetage en temps voulu.

Vous baignez dans une telle illusion que nous nous interrogeons sur l'information à vous transmettre. De mon point de vue de Prince planétaire, vous êtes trop confiants dans les paroles de certains de vos dirigeants qui ne songent qu'à vous endormir pour faire ce qu'ils veulent pour eux, non pour votre bien. Lorsque vous accepterez d'ouvrir vos oreilles, vos yeux à la réalité planétaire, alors nous pourrons efficacement vous aider.

Je rends hommage aux frères et sœurs de lumière qui se sont incarnés dans votre monde afin de vous aider à renverser ces tendances égotiques bien implantées. Ils payent de leur lumière, de leur sang vos négligences et j'en tiendrai compte. À l'intérieur de cet univers, tous les esprits ne sont pas beaux ni gentils ! Revenez à une réalité universelle sans la condamner. La prise de conscience ébranlera les châteaux de cartes branlants de l'esprit qui auraient déjà dû s'effondrer. Ainsi, par votre situation d'êtres entretenus savamment depuis des lustres, vous nous imposez la gestion de votre monde, ce qui n'aurait pas dû être le cas avant la fusion de nos deux mondes passant sous mon autorité. Vous m'avez rendu responsable de votre ingérence et je me retrouve devant un surcroît de travail, ayant à répondre à votre sollicitation alors que les frontières ne sont pas encore abolies, que vous ne parlez pas encore la même langue de communication, et que beaucoup ne pensent pas aux causes qu'ils engendrent sur les éléments. En devançant le protocole universel de l'échange entre les groupes résidents d'une même planète, je prends en charge la gestion de vos énergies. Cela étant, j'ai demandé à l'administration galactique le nettoyage complet de votre monde et le rappel rapide des esprits criminels, en vue de ramener la paix sur la planète entière.

La réponse ayant été positive, les Sages de la galaxie vont donc décréter des actions précises et publier la date du rappel des esprits perturbateurs. À ce jour, je n'ai pas reçu ce calendrier, mais cela est réglé par l'acceptation même de ma demande. Par conséquent, je vais de plus en plus regarder votre mode de vie et insérer des énergies tampons pour désamorcer les plus fâcheuses tendances égotiques. Si je suis resté doux, aimant, discret devant les actions intolérables de votre monde, je dégage aujourd'hui ma force, ma volonté afin que soit respectée l'œuvre déjà accomplie ici.

L'amour a deux visages : un côté doux, enveloppant et un côté fort, réparateur de torts. La douceur de notre amour a pu laisser croire que nous n'utiliserions pas nos forces. Il n'en est rien. Nous sommes, dans vos propres mots, en état de légitime défense. Toutefois, notre défense consiste à étendre notre connaissance, notre lumière et notre parfaite gestion de la matière. Ainsi, vous perdez dès à présent votre suprématie sur la matière et repoussez l'approche de l'antimatière. Vos exigences, vos intolérances épuisent les êtres que nous vous envoyons pour vous aider à franchir la nouvelle étape de maturité. Nous vous transmettons beaucoup de sources d'information, mais vous n'en faites pas grand-chose ni guère d'intégration.

Nous assistons à une émulation du mental cherchant à décortiquer, non à comprendre afin d'intégrer. Après, vous affirmez que cela ne vous convient pas. Sachez que ceux qui sont nos relais commencent à s'épuiser. Je réfléchis donc à la continuité de l'enseignement à transmettre. Là aussi, vous êtes bien installés dans l'illusion du « consommable spirituel ». Les portes de lumière s'approchent en conscience, avec douceur et discrétion. Jusqu'à ce jour, j'ai donné mon accord pour faire passer à votre monde suffisamment de réflexions, de manière à vous positionner correctement durant cette période délicate. Au cours des deux années à venir, je prendrai donc une décision quant aux modes d'enseignement à retenir pour votre monde et à la façon d'intégrer l'aspect sacré du partage.

Dans vos études, vous avez besoin de revenir à l'approche sacrée de la vie, de la communication. Pour cela, j'ai déjà ordonné la désactivation de tous les liens entretenus avec les fausses croyances qui sont à l'origine de vos illusions actuelles. Ainsi, les prêtres des cités intérieures œuvrent sur ces lieux qui tentent de chapeauter les débuts des révélations sur notre monde. Malgré tout, nous avons foi en la science simple de la vie. Tout étant lumière, vous reviendrez tôt ou tard à la lumière ici ou ailleurs.

Les éléments

— *Il me semble bien voir un changement dans les éléments, particulièrement en ce qui concerne l'air et l'eau... les éléments du vent et de la mer. Je perçois maintenant qu'un indéniable sentiment de bien-être m'enveloppe, mais aussi qu'on me transmet une sorte de connaissance. Je ressens une intensité dans ces deux éléments que je ne ressentais pas auparavant.*

Est-ce seulement une impression, ou se passe-t-il vraiment quelque chose d'inhabituel ?

Nous te remercions, Martine, d'aborder ce thème qui est au centre de nos préoccupations actuelles. Ces deux éléments – l'air et l'eau – bouillonnent du désir de rétablir leur beauté et leur harmonie. Depuis plus de douze ans, nous avons dû tempérer leur volonté de nettoyer votre monde, malgré le côté plus que sensé de leur requête.

Afin d'adoucir leur intervention sur vous et sur cette planète, nous leur avons demandé de venir chercher les éléments correspondants en vous et de les amener à un niveau suffisamment élevé pour transfigurer votre être et ainsi éviter une confrontation trop dure entre votre monde et le leur. Vous n'éviterez pas la totalité du nettoyage physique de votre planète par ces deux éléments, mais nous cherchons à adoucir le plus possible ce rendez-vous. Ainsi, depuis douze ans, les esprits de l'air et de l'eau agissent conjointement sur vous. Il y a trois étapes importantes.

De 1995 à 2002, l'air et l'eau ont œuvré au réveil de votre responsabilité envers la Terre et les éléments vitaux. Les esprits de l'air et de l'eau ont même accentué les désordres au sein de leurs molécules, de manière que vous ne puissiez plus nier l'évidence. L'eau qui coule de vos robinets est chlorée à un tel point que vos centres neurologiques sont atteints. Depuis 1995, nous avons vu des actions visant à vous priver de l'accès aux sources naturelles. Les esprits de l'eau ne sont pas intervenus, car ils tentaient de vous faire comprendre la nécessité d'un apport d'eau de qualité, de façon à rétablir l'harmonie et la beauté de l'élément eau dans votre corps. Briser la géométrie sacrée de l'eau en vous, c'est atteindre l'intégrité de votre conscience et vous entraîner dans une dépendance émotionnelle et tout son cortège d'influences. La géométrie sacrée de l'eau demeure la base d'envol de votre personnalité unie à la sagesse de votre esprit et de votre âme. La géométrie sacrée de l'eau constitue aussi la base de réception de votre Merkaba. En agissant sur l'élément eau dans votre corps, les gouvernements obscurs se garantissent des esclaves dociles à leur service. Nous avons parlementé avec les éléments pour leur transmettre notre vision de votre situation et canaliser le début de leur révolte de manière à susciter une action favorable sur votre libération.

De 2002 à la fin 2005, nous avons invité l'air à se marier à l'eau pour ajouter de la fluidité dans tous les corps et leur permettre de retrouver une aisance de décision. Cette union est maintenant réelle et nous observons un retour harmonieux de l'air en vous, ce qui facilite des nettoyages cellulaires profonds et participe à une élévation corporelle, donc à une ascension personnelle.

Depuis le début de 2006, l'air décristallise puissamment vos encombrements et vous vivez des éliminations peu ordinaires. Vos corps sont donc sollicités par ces éléments qui vous donnent vie. Contrairement à ce que vous pensez, ce ne sont pas tous les livres qui ouvrent votre conscience à la vie universelle, mais plutôt l'hyperactivation de l'air et de l'eau en vous.

Vos manuels d'enseignement visent à nourrir votre mental, à le rassurer sur sa survie dans les processus en cours et à lui garantir un travail d'analyse, car telle est sa fonction. En gavant votre mental d'informations, vous laissez les éléments agir sans trop vous préoccuper d'eux, ce qui nous ravit. En effet, nous pouvons dès lors agir profondément en vous, et les maîtres généticiens peuvent œuvrer au rétablissement des connexions vitales entre vos corps subtils et physiques. Cependant, l'air et l'eau attendent de vous une reconnaissance puissante et honnête du partenariat nécessaire à l'harmonie générale.

L'eau étant majoritairement présente et active dans votre vie, la troisième période s'ouvrira à la fin 2008. À ce moment, les éléments vous interrogeront sur votre participation consciente et volontaire au nettoyage de leurs corps actifs dans votre monde. Ainsi, à partir de 2009, ils ne vous pardonneront pas vos écarts de conduite envers eux. Par cela, votre géométrie sacrée sera activée, ou non, pour se positionner correctement en vue de l'ascension collective. Vous devez savoir que chaque particule d'eau est un cristal portant de 5 à 12 portes accueillant ou envoyant de l'énergie lumière. Il y a dans votre corps des cristaux majeurs et des cristaux mineurs, suivant leur fonction. Dans le cas des cristaux majeurs, le cristal d'eau est constitué d'un maximum de portes (de 8 à 12) et son rôle consiste à recevoir un quota d'énergie lumière et d'être une « pile » de force. Quant aux cristaux mineurs (de 5 à 7 portes), ils ont la charge de faire passer la force d'un cristal majeur à un autre cristal majeur.

L'ascension repose sur l'alignement parfait des portes cristallines de l'élément eau dans votre corps. Aussi, ne vous étonnez pas si le corps émotionnel est largement visité en ce moment par les énergies de transformation, de manière à préparer vos corps à recevoir l'énergie élévatrice de la conscience humaine. L'ascension venant vers vous permettra à votre énergie vitale du premier chakra, situé à la base de votre colonne vertébrale, de monter sans encombre jusqu'au chakra cardiaque, rien de plus, sauf si, à titre individuel, vous choisissez de vivre une ascension totale à l'instar des grands Maîtres. Si vous avez émis un tel positionnement intérieur, les difficultés de toutes sortes ayant trait à la personnalité, et que vous rencontrez en ce moment, sont à la hauteur de votre demande. Dans ce cas, vous devez déjà sentir votre thymus s'activer et ne pas toujours comprendre les retours de vieux comportements qu'il vous semblait avoir déjà travaillés. Le parallèle suivant vous amènera peut-être à mieux comprendre les processus en cours. Voyez-vous, la cellule humaine est également une « pile de lumière » renfermant des portes de pénétration et des bases d'enregistrement. Un événement vécu dans votre quotidien se teinte de lumière, d'énergie en fonction des mouvements induits par son impact sur un ou plusieurs corps et chakras. Cet événement est alors séquencé en plusieurs mémoires susceptibles de faire en sorte qu'il y ait une interaction entre les couleurs, les mémoires et les énergies engagées. Nous appelons cela des *séquences mémorielles.* Ces dernières sont ensuite dirigées vers le cœur des cellules et pénètrent par l'une ou l'autre des portes d'accès. Ainsi, aujourd'hui, lorsque vous tentez de repolariser une mémoire ancienne, vous travaillez en réalité sur une des séquences de la mémoire. Le processus de repolarisation de la mémoire s'effectue donc par portions.

Comme chacun d'entre vous se positionne par rapport à notre proposition d'ascension, ce processus de nettoyage de la mémoire concorde avec l'acceptation, ou le refus, de vivre l'ascension collective ou une ascension personnelle plus élevée. Ainsi, un esprit demandant de vivre, par exemple, l'ascension collective, vivifiera les bandes d'enregistrements cellulaires reliées depuis le premier chakra jusqu'au chakra du cœur. L'esprit refusant quant à lui d'entrer dans le processus ascensionnel manifestera des oppositions puissantes et vous le verrez s'empêtrer dans des réactions verbales vous semblant appartenir à un monde révolu. Pour leur part, les esprits demandant une ascension personnelle plus élevée connaîtront des évacuations de mémoires, d'énergies venant du tréfonds de leurs cellules. Ces esprits vivront en même temps des reconnexions puissantes avec les esprits des éléments et pourront même entrer dans leur harmonie quand les portes cristallines de l'eau se positionneront parfaitement. Les années 2008 à 2011 sont des matrices obligeant chaque esprit à se positionner par :
- un refus d'ascensionner, ou
- l'acceptation d'une ascension collective, ou encore
- une demande d'ascension personnelle complète ou plus élevée que l'ascension collective.

Les esprits de l'eau et de l'air respecteront votre choix et agiront en conséquence. Ainsi, ces deux éléments chanteront « le chant de la vie » en vous, tout en respectant votre choix. Leurs actions différeront en intensité et vous aurez, ou non, la possibilité de pénétrer leur sensibilité, leur harmonie, leur beauté. L'union de ces deux éléments facilitera l'expulsion des mémoires affectives et vous incitera à accepter vos propres beauté, harmonie et essence divine… L'air et l'eau activent le réveil de votre thymus, ce qui entraîne une hyperactivité dans la zone pulmonaire, la trachée artère, le chakra de la gorge, le troisième œil et le plexus solaire.

Le feu de vos désirs mal positionnées sera évacué par l'un des points que je viens de citer, sinon tous. Dans les années à venir, les maladies dépasseront l'entendement aux yeux du corps médical, car le corps physique aura des réactions ou des convulsions inexplicables. Nous remercions ici nos travailleurs de lumière qui aident les personnes en phase d'élimination profonde des mémoires anciennes en leur envoyant de la lumière et de l'amour. La période qui s'ouvre, riche en possibilités de transformation, n'en demeurera pas moins une période intense et parfois même difficile durant certains passages.

N'hésitez pas à demander de l'aide auprès de toutes les cellules d'intervention, du ciel comme de la Terre. Nous avons placé suffisamment de travailleurs de lumière sur Urantia et autour du ciel. Vos portes cristallines d'eau ont besoin de recevoir de l'énergie en provenance de votre monde et du nôtre, afin de respecter l'intégrité de votre personnalité et la beauté de votre incarnation. L'élément air apporte de la légèreté au processus actuel et reste un partenaire puissant de l'eau.

— *Depuis quelque temps, j'ai l'impression de rajeunir ! J'imagine que d'autres personnes ont aussi cette impression. Est-ce vraiment possible, ou une simple illusion ? Que se passe-t-il par rapport à l'ADN ?*

Les maîtres généticiens travaillent sur votre ADN en suivant la progression de votre ouverture de pensée et la repolarisation de vos particules cellulaires après les vagues d'évacuation mémorielle. Actuellement, vous vivez un moment historique sur bien des aspects de votre vie quotidienne et évolutive. Le retour de la conscience d'appartenance à une fraternité universelle inverse les attitudes de magie noire émises par un petit groupe cherchant à s'approprier une planète pour la détourner de sa propre réalisation.

Le modèle d'ADN qui vous anime ne correspond pas aux normes universelles. Autour d'Urantia, nous avons positionné nos meilleurs généticiens, scientifiques, mathématiciens, géomètres, maîtres de rayons, ainsi que la famille Arc-en-ciel. Nous vous instruisons des lois en cours, de la transformation et de la destinée de cette terre et de votre groupe (dit l'humanité), lequel appartient à une humanité universelle et non terrestre. Tous nos meilleurs maîtres d'activité sont en poste autour de la planète ou incarnés dans votre groupe. L'information étant ainsi infusée depuis l'éther et la terre, vous voici comprimés entre ces deux membranes d'informations engageant une réaction salutaire en vous. La compression due à l'émanation énergétique de l'information s'enroule autour de vos bandes mémorielles aussi appelées « sacs mémoriels ». La pression occasionnée oblige l'évacuation des mémoires, souffrantes ou non. Il se crée alors un vide quantique et l'équipe autour de la Terre repère la moindre ouverture cellulaire née du vide quantique, ce qui permet aux maîtres généticiens de retisser la toile de lumière porteuse des éléments spiralés encodés en vue d'apporter la vie aux douze spirales d'ADN. Avec une pointe d'humour, disons que *vous vivez une grande opération génétique favorable au rétablissement des filaments d'ADN. Forcément, plus l'opération avance dans le rétablissement de la toile de lumière de l'ADN, plus vous vous sentez libérés et mieux dans votre corps.*

Cette opération « à ciel ouvert » participera à votre rajeunissement. Toutefois, il vous faudra attendre encore deux ou trois ans avant de vraiment repérer les premiers signes, dans et sur votre corps. La toile de lumière de l'ADN est la première étape importante de votre retour dans la fraternité universelle, mais il y en a trois autres, qui consistent à :
- relier les filaments de lumière issus du plexus solaire des maîtres généticiens à votre plexus solaire ;
- amener ces filaments dans la pellicule extérieure du noyau de chaque hélice d'ADN, ce qui est en cours. Par cette connexion, votre ADN s'est déjà modifié, mais sans avoir entamé la grande transformation ;
- faire un nettoyage final du tissu de l'ADN.

En même temps, afin d'assurer la réussite de cette opération, vos chakras sont stimulés pour évacuer toutes les accumulations de toxines dues aux émanations de votre humanité, ce qui donne lieu à des contractures entre les corps subtils et le corps physique. Les maîtres des rayons ont été invités à gérer ces désordres occasionnés par nos interventions, afin que la pile énergétique de l'être ne se vide pas totalement, ce qui ferait cesser les battements de cœur.

Les évacuations des sacs mémoriels sont sous la surveillance de nos maîtres géomètres et mathématiciens. Nous devons doser tous les mouvements internes et externes de votre corps communautaire (corps subtils et corps physiques). À chaque pas libérateur enregistré, les maîtres des rayons et la famille Arc-en-ciel s'activent pour connecter les nouvelles bandes de couleurs que vous apprendrez à gérer plus tard. Cette terre est devenue une immense salle d'opération. Cet exercice, unique pour nous, préfigure le bond quantique que vous allez effectuer bientôt ensemble.

L'opération aura lieu plus ou moins vite pour chacun de vous, selon sa possibilité. Nous pensons que la réparation du tissu de l'ADN sera terminée au début de l'année 2013 et que la première impulsion de vie dans ce tissu sera, quant à elle, terminée en juillet de la même année. Pourtant, dès maintenant vous êtes au cœur du changement et votre ADN se repolarise déjà.

Nous vous invitons à vous entourer de douceur, d'intentions nouvelles et fermes, car votre ADN est à l'écoute. Comprenez, que ce tissu nouveau est également une bande de mémoire neuve susceptible d'être impressionnée par toutes les informations qui circulent autour de vous. En ce sens, il serait dommage pour vous d'engrammer des déviances alors que vous cherchez à vous en débarrasser. Plus que jamais, vos choix de vie ont une répercussion puissante sur le noyau de l'ADN. Il est possible, pour une partie de cette humanité, qu'une fois l'opération terminée nous soyons obligés de programmer un nettoyage du tissu de l'ADN pour qu'il soit fonctionnel comme nous le désirons, c'est-à-dire qu'il vous procure tout son potentiel de vie. Quoi qu'il en soit, au fur et à mesure que nous œuvrerons sur le tissu de l'ADN, vous ressentirez une amélioration dans votre corps, une légèreté retrouvée, perdue depuis les années 1975. Non seulement vous avez tous été privés de votre potentiel, mais, avec l'usage intensif des produits chimiques, vos cellules sont devenues anarchiques et incapables d'une profonde coordination. Sans notre puissante intervention, il n'y aurait plus aucun être vivant sur cette planète. Nous avons dû infuser directement, au cœur de vos cellules, le quota d'oligoéléments, de vitamines, de protéines, de lumière, et même parfois des glucides et des lipides ainsi que des micro-organismes propices à maintenir un corps physique en vie.

Votre ADN étant sous haute surveillance, il nous est maintenant possible de vous dire que celui-ci vit son propre rajeunissement. Alors, non, vous n'avez pas tort de sentir une transformation allant vers les retrouvailles de la beauté, de l'harmonie, donc de la santé et de la jeunesse. Toutefois, du temps est encore nécessaire avant de ressentir cet état dans la matière.

Nous ne sommes pas encore parvenus à dépolluer le noyau de l'ADN, car nous procédons en douceur, c'est-à-dire par étapes, afin de laisser émerger le code de « pur amour » qui ne ressemble à aucune des manifestations actuelles. Ce code de « pur amour » demeure celui des maîtres ayant transcendé la troisième dimension. Je vous invite donc, au cours de vos méditations, à vous connecter au profond amour dégagé par ces maîtres. Cette connexion régulière favorisera, si possible, le retour du code de « pur amour » dans votre matière ; son rétablissement fait partie du processus ascensionnel proposé en cette fin de cycle. Dans le but de participer activement, essayez de méditer au moins quinze minutes aux trois jours. Il n'est pas nécessaire de méditer longtemps ; la régularité est préférable, et les grands Maîtres se rapprocheront alors de vous afin de vous encourager. Nous connaissons toutes les sollicitations cherchant à vous détourner de votre but sacré. Par conséquent, vos efforts sont enregistrés, car durant cette période si particulière un petit effort à vos yeux représente un très grand effort pour nous. Et malgré toutes les perturbations, vous avez déjà accompli des miracles.

Que tout cela ne vous empêche pas de continuer, car nous ne sommes qu'au début du processus ascensionnel. Votre ADN a encore à recevoir des stimuli et des impacts lumineux, de façon à retrouver tout son éclat et à clôturer une page ancestrale de magie noire au sein d'un univers perturbé par la présence d'esprits rebelles à la sagesse primordiale.

L'année 2008

— D'après ce que j'ai pu voir et documenter, 2008 va nous offrir l'occasion de vraiment ressentir ce que signifie retrouver l'unité... Et comme il s'agit d'une année « 1 », cela concorde bien avec l'influence énergétique du mot unité. Quelles seront les grandes influences durant cette année particulière ?

L'année 2008 représente en effet une matrice d'évolution très importante dans cette phase d'élévation de la conscience. En tant que maître d'information pour les créateurs de haute lignée, j'impulserai des ouvertures puissantes sous l'œil vigilant du collectif SORIA. Mes gardiens de l'esprit – telle est la fonction du collectif – seront actifs en permanence. Toutefois, je leur ai déjà transmis le calendrier de l'impact des Mères primordiales sur votre humanité et j'accepte que vous en soyez informés. Soyez bien centrés tout au long de l'implantation de cette matrice.

Les dates indiquées dans ce qui suit sont celles dont je porte la responsabilité. D'autres s'ajouteront, sous la responsabilité des maîtres des rayons.

Le 5 janvier

J'enverrai de la lumière sur le noyau de l'ADN afin de faire éclater la mainmise d'une intention visant à vous enfermer sous une autorité arbitraire et non aimante.

Le 18 janvier

Deuxième impulsion du même type d'énergie. Celle-ci commencera à évacuer les particules encodées. À cette date, une période d'inconfort momentané pourra se déclarer. Aidez-vous alors de la respiration. Buvez beaucoup, car il y aura des cristallisations de vieilles mémoires collectives.

Le 29 janvier

Troisième impulsion de même nature. L'ADN accueillera une lumière cautérisant les blessures. Une nourriture constituée de légumes, de fruits et d'eau sera appréciée. Cela facilitera notre travail. Tenez-vous-en à cela pendant un minimum de trois jours entiers – si possible, cinq jours.

Le 16 février
J'enverrai un rayon de lumière et je le relierai au chakra vital. Comme nous fermerons les portes de la troisième dimension, nous désactiverons ce jour-là les liens avec les trois premiers chakras, dits inférieurs. Puis nous observerons vos réactions.

Le 3 mars
Si votre comportement nous semble satisfaisant, à cette date, j'enverrai un second rayon qui coupera ces liens. Ainsi, vous fermerez les portes intérieures qui vous maintiennent sous l'influence de la troisième dimension. Pour ceux et celles qui éprouveront des difficultés à se libérer de la troisième dimension, j'enverrai de nouveau ce jour-là le premier rayon. Dans ce cas, quinze jours plus tard, soit le 18 mars, le deuxième rayon descendra en vue d'une coupure. Je m'attends à des réactions névralgiques de votre humanité, car son potentiel de tempérance est trop déstabilisé face aux événements forts, quels que soient leurs visages. Le collectif SORIA apaisera donc au maximum vos montées d'adrénaline déstabilisantes. Nous serons même dans la nécessité de reconstituer votre système nerveux. À cette fin, les 4, 10 et 17 avril, le collectif travaillera sur cet aspect de votre corps ; il reconstruira la gaine entourant les nerfs, ce qui nous permettra de polariser correctement le bulbe rachidien sur la norme universelle. Telle sera notre préoccupation au mois de mai. J'ai prévu quatre impacts plus intenses les 11, 14, 15 et 21 mai. Nous devrions, à la fin de ce mois, enregistrer un apaisement profond de votre identité. Si cela n'est pas suffisant, nous enverrons un dernier *impact*, le dernier jour de mai. Nous savons que nous obtiendrons des résultats dans une grande déclinaison de possibilités. Toutefois, nous nous sommes fixé un minimum de réalignements. Nous laisserons le corps au repos en juin.

Le 2 juillet

Les maîtres généticiens ont reçu l'ordre de reconstruire les particules du système nerveux et du cœur. Ils œuvreront d'abord sur tous les corps subtils, et ce, jusqu'au 31 août. La géométrie sacrée de ces particules devra changer afin de s'aligner sur la particule référence de l'émanation christique, nécessité primordiale pour accompagner le processus d'élévation de la conscience dit processus ascensionnel. Le mois de septembre représentera un temps de pause dans cette transformation grandiose de votre être. Nous vous invitons alors à agir en conscience et, si possible, à éviter de fournir de gros efforts physiques durant cette période. En octobre et en novembre, le collectif vous entourera de douceur et d'amour par des descentes plus marquées les 4 et 18 octobre et les 8, 15 et 29 novembre. Nous réserverons le mois de décembre à une harmonisation globale de votre corps avec une impulsion vitale le 15.

Naturellement, toutes ces dates renvoient au travail alchimique du collectif SORIA, car j'ai souhaité aborder uniquement mon calendrier d'actions sur votre corps. À cela se superposeront des influences de planètes et de maîtres accordant leur protection.

— *Il me semble de plus en plus probable, étant donné tous les changements climatiques anticipés, qu'une nouvelle catégorie de réfugiés, c'està-dire des gens de toutes les couches sociales, se retrouvera sans recours et en difficulté. Ce que la richesse a pu donner à quelques-uns aura bien peu d'importance devant les éléments… Les riches et les pauvres seront sur un pied d'égalité cette fois, travaillant côte à côte à l'unisson.*

Les changements climatiques vont en s'amplifiant et entraînent des modifications dans les couloirs d'acheminement des vents et des forces magnétiques. Dans l'éther, ces voies ne sont plus du tout aux mêmes endroits. Les animaux se déplacent en suivant les parcours des ondes magnétiques. Ils sont donc déjà perturbés. Suivez les signes qu'ils vous enverront. Le visage d'une nouvelle Terre repose aussi dans l'éther. Cela attire les particules de terre et d'eau dans une danse instable.

Graduellement, ces particules vont vers un nouveau schéma. Lorsque vous vivrez la transformation physique de vos continents, ce sera le dernier acte du processus. Le comportement de votre groupe n'étant pas aligné suffisamment en permanence sur le schéma de vie reposant dans l'éther, il y a un fort risque de vous retrouver prochainement en difficulté. Vous vous êtes attachés à des références gonflant le pouvoir de vos plus basses émanations énergétiques en les propulsant dans une auréole de vérité sacro-sainte.

Notre action sur votre mode d'existence vise à vous ramener au sein d'un comportement social équilibré et à réveiller votre potentiel de réception. Nous savons qu'il est désormais inutile d'appuyer sur la nécessité de nous écouter, car nos paroles ne requièrent plus le même enthousiasme, mais plutôt des attitudes parfois narquoises ou même des rejets. En majorité, vous nous traitez d'utopiques et ne nous accordez plus une attention sérieuse. Sachez que nous faisons au mieux afin de vous aider à vivre cette transformation en douceur. Il en sera fait comme vous l'aurez choisi.

Nous n'éviterons pas les tracas nés des bouleversements qui priveront beaucoup d'entre vous d'un toit sur la tête les gardant à l'abri des situations. Les probabilités nous montrent la possibilité de voir 75 % de votre humanité parcourir les routes restantes. C'est d'ailleurs une des raisons qui nous poussent à implanter des oasis de lumière ayant des identités différentes, selon les lieux. Nous n'ignorons rien de la détresse qui en découlera. Toutefois, nous vous le demandons en toute simplicité, ne nous en incombez pas la responsabilité. Toutes les couches sociales seront touchées et les événements seront brusques pour vous puisque vous n'avez guère écouté nos invitations à changer vos modes de vie en temps voulu. Bien sûr, nous vous entourerons au maximum, nous vous guiderons dans vos tribulations. Vous avez eu la chance de modifier votre mémoire collective en ne reproduisant pas le schéma du temps de Noé, par exemple, ou celui de l'Atlantide ou de la Lémurie. Ainsi en avez-vous décidé. Par contre, notre espoir repose sur l'émergence d'une entraide fraternelle plus puissante, plus respectueuse. Les oasis de lumière sont un choix devant l'errance qui se profile. L'humanité urantienne comprendra (surtout en

Occident) l'utopie d'une stabilité monétaire. À quoi vous serviront vos belles maisons hollywoodiennes, par exemple, quand celles-ci ne seront plus qu'un tas de pierres informe ? À quoi vous serviront vos jardins paysagés créés pour épater vos voisins, lorsqu'ils seront sous l'eau ? À quoi vous serviront vos comptes en banque très garnis lorsqu'il n'y aura plus rien à acheter ? Médecins, journalistes, politiciens, ouvriers, paresseux, miséreux, tous confondus, se retrouveront l'un à côté de l'autre, dormant à la belle étoile avec, s'ils ont de la chance, une couverture sur le dos.

Tous mendieront de la nourriture, de l'eau et même des vêtements. Cette période pourra se révéler dangereuse si les armes circulent, mais elle ne durera pas longtemps. Nous espérons voir émerger les qualités de cœur. L'unité sera ou non. Ne vous faites aucune illusion et ne remettez pas à demain la transformation possible dans l'instant. L'unité est en cours, mais à quel prix, alors que tout est prévu pour la vivre dans la facilité. Votre entêtement appelle la présence de plus en plus nombreuse d'esprits de lumière de haut niveau. Le déplacement nécessitera de votre part une restitution d'énergie afin d'équilibrer tôt ou tard la balance cosmique. Vous êtes déjà énormément redevables envers la lumière, même si vous avez apporté des atouts non négligeables pour l'avenir du monde universel.

Votre balance cosmique n'est pas encore stable. L'unité se dessine timidement malgré tout. Alors, réjouissons-nous ensemble et préparons-nous à l'inévitable, que cela vous plaise ou non.

— *J'aimerais avoir des nouvelles de Gaïa depuis les changements qu'elle subit. Quelle est sa plus grande difficulté actuelle ? L'humanité semble vraiment opérer un virement majeur en ce qui concerne l'environnement... Est-il trop tard déjà, ou cela aura-t-il tout de même des répercussions ?*

La Mère Terre vit les contractions de la transformation. À son chevet sont présents les meilleurs scientifiques universels et tous les maîtres des forces. Elle change sa chimie moléculaire afin de s'aligner sur la demande des maîtres généticiens. Chaque fois qu'une planète vit un tel bouleversement dans ses entrailles, la présence des constructeurs de formes s'avère nécessaire. Et Urantia Gaïa change vraiment de forme. Elle parvient à une dilatation de son corps et respire comme vous. Certes à un rythme plus lent, mais elle entame un inspir. Alors, comme vos poumons, ses particules s'amplifient. Ceci joue sur le schéma d'ordre établi dans ses atomes.

L'inspir d'une planète s'effectue environ tous les 12 000 ans. C'est une période hautement surveillée quand la planète n'est pas stabilisée dans son identité divine ou qu'elle est aux prises avec un groupe de résidents qui ne respectent pas encore les lois divines. Vous entrez dans ce second cadre, chers enfants. Au moment de la déclaration de l'inspir, si les maîtres généticiens doivent intervenir, ils le font quand la contraction se termine, juste avant l'expansion. Ce moment est également connu sous l'appellation *point zéro*.

Pour nous, c'est un moment libre de toute influence. L'esprit de votre planète connaît bien cet instant pour l'avoir déjà vécu. Bien souvent, c'est durant cette période que se modifie son aspect physique. Ses contractions annoncent l'imminence du point zéro et l'amorce de l'inspir. À l'instant où elle respirera, elle attirera à elle le schéma de son apparence extérieure et il n'y aura plus moyen d'intervenir, de modifier ou d'annuler le processus. L'esprit de votre planète est heureux de pouvoir secouer son échine et d'expulser les miasmes qui lui nuisent. Sur le plan exclusivement physiologique, cela ne lui pose aucun problème. Il s'agit d'un nettoyage et Urantia a reçu l'autorisation de faire sa toilette. Elle en est heureuse, tout simplement. Bientôt, elle entamera la digestion définitive de tous les produits chimiques en émettant une fréquence modifiant sa chimie, puis elle engloutira ce qui nécessite plus de temps pour cette opération de nettoyage.

Par contre, elle doit s'accommoder de vos effluves mentaux et émotionnels ainsi que des manifestations électroniques de votre humanité, ce qui représente un défi supplémentaire. L'esprit d'Urantia Gaïa a fait appel aux maîtres généticiens pour cet aspect. Voilà pourquoi ces derniers sont descendus nombreux. L'aide proposée par ces maîtres sera d'ordre cristallin. Le père/mère créateur de la personnalité et fondateur du monde cristal, appelé plus familièrement Maître Cristal, a accepté d'émettre une fréquence balayant l'éther d'Urantia. Nous sommes tous prêts pour son action. Seulement, il a planté ses racines dans le corps physique d'Urantia et cela entraînera forcément des répercussions profondes sur la vie des cristaux formant la croûte terrestre de cette si belle planète. Par conséquent, c'est la personnalité entière d'Urania qui sera modifiée, et seul ce grand Être en connaît la portée. Si, par le passé, nous avions toutes les données sur la modification en vous, il n'en est rien dans le cas présent.

Ma présence en tant que Mère primordiale, génératrice du monde de la densité et de l'évolution, ajoute une charge d'énergie qui transforme l'élément feu de la création dans tous les atomes. Bien sûr, j'en connais la puissance. Je vous rappelle simplement que nous ne nous étions pas déplacés lors des phases anciennes de transformation de cette planète. Forcément, malgré nos deux présences [Soria et le Maître Cristal], vous n'avez aucun point de repère quant à ce qui va se dérouler. En ce qui me concerne, au moment où le Maître Cristal enverra sa fréquence dans l'éther, j'enverrai une fréquence activant la mutation du feu afin qu'il retrouve sa pureté originelle. L'élément cristallin et la personnalité du feu fusionneront leur puissance et vous serez dans l'obligation de réaliser ce même alignement, car vous respirerez alors les fréquences émises.

Plus vous réaliserez votre impact sur la vie des éléments vivants avant notre envoi, plus vous traverserez cet événement en douceur. Il est bon de vous rééduquer dès à présent sur votre pouvoir modifiant un corps vivant par vos pensées et vos actions. Urantia aime votre prise de conscience sur la nécessité de la respecter. Son corps a autant d'importance que le vôtre, et même peut-être plus, puisqu'elle vous permet de vivre sur elle et grâce à elle. Vous ne faites que revenir au sein d'une attitude que vous n'auriez pas dû quitter. Il n'est jamais trop tard pour bien faire.

Malgré tout, et en toute douceur, nous vous rappelons que si nous ne nourrissions pas vos corps directement avec les éléments porteurs de vie – l'oxygène, les vitamines, les oligoéléments, etc. –, vous seriez déjà tous morts, car les fonctions d'Urantia sont trop atteintes pour entretenir vos corps physiques. Elle-même a déjà bien du mal à se maintenir en vie. Plus que jamais, vous devez avoir de justes attitudes envers tous les aspects de la vie, d'un lieu qui vous accueille, vous nourrit et vous permet de revenir dans la radiance de votre identité divine en passant dans le moule de l'expérience. Aussi, votre humanité traversera en 2008 tous ces désordres, quelle qu'en soit leur nature. Si vous souhaitez vous hisser dans l'unité de votre être, ce qui serait légitime et bien fondé, traversez alors ses méandres. Mais attention, narines sensibles, car vous ne trouverez guère d'odeur de sainteté !

L'année 2008 marquera un retour vers l'unité. Dans ce but, vous mettrez cependant les pieds dans les marécages de votre groupe. Bien sûr, nous constatons vos efforts, vos prises de conscience et vos envies d'actions. Néanmoins, il y a le reste, ce que vous n'arrivez pas à cerner encore et qui représente aussi les piliers des désagréments à venir. Nous vous avons déjà tous instruits en cela. Il est bon de passer à l'étape prochaine : *l'ouverture des consciences sur les mondes habités.*

— Serait-il possible d'aller au-delà de 2008 et d'avoir un aperçu de 2009 ?

L'année 2008 vous propose de toucher, de voir et de comprendre petit à petit l'unité, son essence vous propulsant vers l'émerveillement de la multiplicité de la vie. Les probabilités nous montrent une prise de position beaucoup plus ferme, une volonté s'alignant sur le dessein universel. En conséquence, ce sera une année de grand surmenage avant de trouver un chemin suffisamment stable pour amorcer une détente relationnelle. Ce sera également l'année du tout ou du rien. Une année de dénuement, car l'attraction de la quatrième dimension sera plus marquée, mais aussi une année de grande réparation en vue de la rencontre du point zéro de chacun.

À l'échelle planétaire, Urantia Gaïa sera prête ; toutes ses particules seront positionnées correctement pour l'ouverture. Le monde politique connaîtra des moments pénibles. Le cœur des êtres ne battra plus au son de sa voix, mais au son de l'univers. Pourtant, vous avez encore le temps de modifier certains paramètres afin d'adoucir la fin d'un temps, d'un cycle et de préparer le nouveau en vous plaçant dans la fraternité, au-delà de la dualité. Si je devais donner un titre à 2009, ce serait : *Au-delà de la dualité*.

Message d'Orius, membre du collectif SORIA

Salutations à tous. Sachez que j'honore le travail actuel et sans relâche. Le tissu moléculaire s'adapte à nos impulsions. Je suis le maître généticien qui agit sur le noyau électronique et la membrane protectrice de la cellule de votre être – un corps en cours de rodage.

Nous espérons vous voir prendre totalement possession de ces fonctions que vous n'avez pas encore découvertes, tant vous êtes obnubilés par l'attraction du monde extérieur. Une situation qui vous mène par le bout du nez et vous fragilise à l'extrême.

Votre histoire vous positionne à la fermeture d'un système de pensée et donne lieu à une modification de vos sens. Comme vous avez perdu l'orientation juste de vos vies, cela arrive à point. Ainsi, vous pourrez retrouver un peu de bon sens. Au sein du collectif, chaque membre intervient au bon moment dans les transformations en cours. Parmi ces dernières, il y a celles que vos yeux enregistrent, qui appartiennent au monde de l'extérieur, donc du miroir de l'être, et celles qui se produisent dans le monde où vos yeux physiques n'ont pas encore accès. J'agis sur ce dernier. La membrane cellulaire est devenue perméable à tout ce qui la touche, et ce, depuis vos incompréhensions acquises dans la traversée de l'expérience. Cette perméabilité n'est pourtant pas sa nature première. Nous ne l'avons pas conçue ainsi. Nous lui avons donné le pouvoir de sentir, de réfléchir, d'intervenir en acceptant ou non le contrat reçu. Depuis peu, votre voyage se module en vue de s'aligner sur la vie universelle.

À chaque superposition d'influences des astres (ce que vous nommez alignement), votre corps est sollicité afin d'émettre des rayons de lumière en parfaite osmose avec les astres et la cellule systémique, votre système solaire. Depuis le début de votre année de décompte (2007), les stimuli s'amplifient. Nous avons enregistré dans vos pensées des flux nerveux qui se modifient et portent des couleurs plus harmonieuses, signe intéressant pour nous, promesse d'une acceptation de la réalité. Depuis, ces flux ont engendré une ouverture dans votre champ de conscience et, par voie de réaction, une modification dans le positionnement de votre géométrie sacrée. Les constructeurs de formes sont tous actifs afin de réajuster votre mécanique quantique. Je n'entrerai pas dans les détails, car vous n'avez pas enregistré la base de la réalité quantique.

Pour emprunter à votre langage simple, je dirais que votre corps physique est en mutation. Nous avons déjà pu repositionner correctement les portes de pénétration de vos cellules. En ce moment, je travaille personnellement sur les particules formant la pellicule ou membrane cellulaire. Les produits chimiques ingérés, tant dans votre alimentation que par d'autres apports, ont brisé les courbes harmonieuses à l'intérieur des membranes. Le dégât est considérable quand on sait l'importance de cette harmonie sur la santé du corps dans sa globalité et la possibilité de désagréger les liens avec vos mémoires douloureuses.

Dans cette œuvre en cours, la restauration des codes de fonctionnement s'étale sur plusieurs aspects. Trois bandes de couleur n'émettent plus leurs tonalités ni leurs sons. Environ 45 % du potentiel de la géométrie est abîmé, voire fissuré. La tâche demeure grande et minutieuse. Je compte, avec mes aides, avoir besoin d'une année entière de votre temps pour renouveler les codes d'une seule bande de fréquence-couleur, la plus atteinte étant la bande rouge ancrant la vitalité de vos systèmes d'échanges.

Au fur et à mesure que ce travail s'effectue, nous repolarisons cette bande de fréquence avec le chant naturel de cette planète. En outre, une partie des maîtres généticiens du collectif SORIA agissent sur la bande de fréquence de la Terre, ce qui me permet de vous dire, en ces instants solennels, que la vitalité de la cellule de la planète sera entièrement repolarisée à la fin de 2007, ce grâce à quoi nous pourrons, en 2008, œuvrer de concert sur la bande bleue de la Terre et de vos cellules corporelles.

La fréquence relative à la fraternité sera guérie à la fin de 2008. Les maîtres généticiens du collectif SORIA sont vos médecins les plus actifs pour vous rendre votre santé. Cela aura des répercussions dans votre monde visible et invisible. Une vague d'énergie nettoyante déferlera sur vous pour évacuer les mémoires résiduelles de ces expériences qui ont permis vos états chaotiques ou leur ont laissé place. En tant que maître généticien travaillant sur vous, je vous dis ceci : Si vous voulez participer à cette repolarisation profonde de votre état d'être, entourez-vous de douceur, de beauté et d'éléments agréables à vos oreilles et à vos sens. Cela facilitera la stabilisation de votre nouvel état fréquentiel. Nous vous remercions par avance.

Message d'Albina, membre du collectif SORIA

Heureuse de pénétrer votre intimité. Ce moment est grand, car notre Mère primordiale, responsable de la cohésion de notre collectif d'esprits, nous autorise à vous parler. Vous évoluez également dans un collectif d'esprits que vous dénommez humanité. Ce mot représente un état d'être et de communication. Par contre, votre collectif évolue dans un secteur particulier, sur une planète évolutive très spéciale. Mon rôle au sein du collectif SORIA a trait à l'encodage des données propices à l'expansion du pouvoir de création dans l'élément féminin. Je ne m'occupe jamais de l'élément masculin, qui est sous la bienveillance d'autres esprits. La Mère primordiale m'a invitée à vous livrer mon opinion et mon regard sur ce qui vient vous chercher au tréfonds de vous.

Il y a fort longtemps, je suis intervenue sur votre codification féminine pour réduire son pouvoir, car vous aviez adopté un concept envers cet élément qui le privait de sa force de communication et de sa force créatrice.

À cette époque, je n'étais pas dans la joie. Connaissant les effets de toutes les intentions possibles sur la féminité, j'entrevoyais le type de compression auquel vous seriez confrontés et vous êtes entrés dans l'illusion du pôle féminin. Aujourd'hui, je libère votre polarité de cette réduction, mais votre système étant énormément abîmé, j'interviens progressivement et nous avons dû décréter un temps de rééducation de l'organe de pensée.

Dans mon travail, vous en êtes à la première étape, celle du déblayage du concept qui se prolongera en 2008 et 2009. Ce travail consiste à annuler les oppositions, les confrontations et, par conséquent, la dualité. J'ai proposé à plusieurs membres du collectif de focaliser un rayon de lumière afin d'aider à l'émergence d'un état suffisamment stable pour sortir de vos mémoires les codes de restrictions qui proviennent de votre expérience, de votre adoption d'idées conceptuelles n'ayant rien à voir avec les concepts universels, et des impacts engagés par les sept créateurs* de votre corps physique. Sur les mémoires expérientielles, je peux agir totalement en respectant vos progressions dans le retour de vos pensées alignées sur la vie universelle.

Tout au long de cette année 2007, je soulève les mémoires et les pousse à sortir de votre corps. Le plus gênant pour moi reste vos rétractions quand vous prenez conscience du processus, et cela m'apporte des difficultés. Les autres membres du collectif doivent me soutenir régulièrement afin que l'expulsion soit fluide et non interrompue, sinon cela retarderait tout le programme du collectif.

Nous aimerions ouvrir en temps programmé la polarité féminine et voir son potentiel émerger dans votre quotidien à la fin de 2009. Je pourrais alors poser les codes de création liés à la féminité qui a accueilli, sur les hautes sphères, des impulsions nouvelles venant du Sans-Nom. La polarité masculine va se voiler doucement, mais temporairement, contribuant ainsi à l'ancrage de la féminité. Aussi, tous nos efforts tendent à contenir au maximum les désagréments de ce passage d'influences d'un pôle vers l'autre.

Nous espérons que vous réagirez au mieux à cette dépolarisation et repolarisation de votre moteur existentiel. Au sein de votre monde concret, vous vous détournerez des vieux modes comportementaux. L'ancestralité

---

* *NdÉ* : Les sept créateurs sont : les Anauchays, les Pléiadiens, les Dragons, les Reptiliens, les Élohim, les Arcturiens et les Sauphids (ces derniers étant les gardiens de la personnalité cristalline).

n'ayant plus autant de pouvoir d'attraction sur vous, vous pourrez vous libérer des moules sociétaux avec aisance. Dans mon intervention au sein de vos codes féminins, les codes liés à la société seront désactivés le 3 janvier 2009. Auparavant, ces concepts seront amplifiés par nos lumières. Votre code vibratoire étant élevé, cette source lumineuse aura raison des points d'attache et agira sur les formes-pensées que vous avez créées. Une petite période d'instabilité pourra alors se déclarer si vous n'avez pas confiance en vous. La respiration au niveau du diaphragme vous sera d'une aide précieuse jusqu'à cette date.

Puisque les vieux ancrages aux concepts illusoires seront coupés par nos lumières, vous pouvez déjà pulser votre volonté vers les ancrages des modes de vie universels. Certes, aujourd'hui, vous pensez ne pas connaître ces modes de vie, mais je me permets de vous signaler que ceux-ci sont déjà encodés dans votre mémoire cellulaire. Votre volonté polarisée sur cette intention réveillera cette mémoire et, graduellement, vous vivrez avec eux. Croyez en la simplicité et vous rentrerez en eux, vous serez eux. Vous serez le mode de vie de la fraternité.

Bienvenue dans la famille universelle.

Conclusion par les mères créatrices animant le collectif féminin ISIS, celui des filles de la Mère primordiale

Quel honneur de venir vous visiter en cette période intense ! Mon cœur de mère se réjouit de cette occasion de déposer dans votre cœur l'énergie que je porte. Mon histoire est simple et grande à la fois. J'ai su faire confiance à la force qui m'habite, repoussant avec détermination la nuit noire de mon être. Chacun y sera confronté un jour. Lorsque tout un groupe la traverse en même temps, la situation reste délicate.

En tant que Marie, je fus bénie de porter un grand Être de lumière dans mes entrailles. Son passage dans mon ventre a laissé une empreinte qui m'a marquée et qui a dessiné mon futur. Ainsi, lors de mon ascension, j'ai eu accès aux possibilités de cette terre et j'ai fait don de mes forces adombrées des énergies célestes. Ma volonté a choisi alors les impacts des offrandes à la Terre. À ce moment-là, mon Fils et Maître ayant déjà transporté sa vie sur la Gaule, j'ai accompagné ce mouvement de manière qu'il porte le sceau du masculin et du féminin réalisés.

Ce pays, la France – tel est son nom aujourd'hui –, se trouve confronté à son nœud viscéral le plus puissant, la passation du pouvoir intérieur à l'énergie féminine. L'énergie masculine doit se dépouiller de son désir d'étouffer le mouvement en cours, en reprenant confiance en elle. Certes, la féminité enlève ses voiles, mais l'énergie masculine cherche son expression.

La matrice du silence et du retrait fut le refuge de l'expression féminine, qui était en état de survie permanente, à la merci du bon vouloir masculin. La noirceur de l'être s'est autant manifestée ici qu'ailleurs. L'aspect le plus grossier de la noirceur égotique est très marqué sur le sol français et l'esprit de ce groupe en arrive aux manifestations subtiles de cet état. Les frontières sont plus élastiques, donc moins tangibles. L'esprit français examine les marécages enfouis de la personnalité. Mes dons en tant que Marie réalisée agissent et accompagnent la libération de ce peuple qui parle fort et se manifeste lorsqu'on lui tire un peu trop fort l'oreille.

Depuis mon arrivée au poste d'ISIS, j'ai focalisé les énergies discordantes planétaires sur ce pays. Les faits et gestes de ce peuple et de ses dirigeants sont sous l'œil de cette humanité souffrante, indécise et négligente. Il est de la responsabilité de chacun de se positionner fermement en soi pour guider l'esprit collectif vers son but de réalisation. Or, vous n'avez pas encore émis de but collectif, de visions, et cela oblige tous les maîtres ascensionnés ou pas à pourvoir à cette lacune dangereuse, car elle ouvre la porte à tous les abus de ceux et celles qui n'ont aucun scrupule. La responsabilité est un engagement constant ; en outre, elle ne laisse personne affaiblir le but dessiné. Cette humanité souffre de ne pas s'entendre sur un but commun.

Ce que vous n'avez pas construit volontairement dans la facilité, vous êtes forcés de le faire très certainement dans la douleur. Bien des larmes auraient pu être évitées si vous aviez répondu aux invitations des grands frères et sœurs de lumière. Il est dommage de traverser cette période de transformation avec moins d'aisance. La fin d'un cycle ayant lieu en 2012, un nouveau cycle vous sera proposé en 2013. Un nouveau cycle vous visitera bientôt. Cette énergie, cette identité, vous examinera tous indépendamment et cela engagera une aventure qui se déroulera dans le nouveau cycle.

Tous vos efforts d'alignement effectués avant 2013 vous seront hautement profitables et allègeront la vie de cette terre tant aimée. L'esprit de groupe sera conduit vers une responsabilité accrue et la nécessité d'unir vos pensées et vos actions au quotidien. Vos négligences passées poussent la Terre à se nettoyer.

En ce qui me concerne, et dans le cadre de ma nouvelle responsabilité, j'ai ordonné :

- aux initiateurs d'entreprendre l'annulation des illusions et des attitudes erronées.
- aux familles intraterrestres de reprendre en charge les richesses de cette terre, comme le pétrole. Il s'agit ici de dévier certaines de ces richesses pour arrêter l'avidité financière de votre gouvernement obscur.
- à toutes les familles de lumière ayant signé la Charte des confédérés, de vous instruire le plus possible pour repousser l'ignorance, mère de comportements infantiles, et de vous envoyer des défis pour obliger votre pensée à se positionner correctement.
- à vos esprits de me rencontrer pendant votre sommeil afin de connaître directement votre positionnement par rapport au mouvement qui se dessine sous le nouveau cycle.
- au gouvernement obscur de cette terre de me prêter allégeance et d'accepter mon autorité.
- à tous et toutes de reconnaître la loi de vie. Mon fils bien-aimé a fait de même de son côté. Ainsi, nul ne pourra dire qu'il ignorait ce qui se passe. Il m'a fallu un peu de temps pour vous rencontrer tous, mais je vais maintenant entrer en action profonde. Par ailleurs, les gardiens des mondes sont déjà invités à agir sur vous et sur la Terre.

Votre extrême négligence nous oblige à contrebalancer le poids de ces énergies non polarisées. Vous avez créé un vide dit quantique et, par conséquent, de la convoitise. Aujourd'hui, vous récoltez le fruit de vos attitudes passées. Malgré tout l'amour que je vous porte, je ne peux écarter ce retour d'énergies, car vous seuls en êtes les créateurs. En tant que Mère, je vous soutiendrai certes, mais d'une main ferme jusqu'à votre arrivée sur les rivages embaumés et fleuris d'une conscience assise dans une vision sûre suivie d'actions adéquates et dans un but commun à développer ensemble et non l'un contre l'autre. Ainsi, vous comprendrez que développer un but personnel n'empêche pas de servir le but commun d'un groupe d'esprits ayant une responsabilité envers la vie.

Un jour pas trop lointain, nous présenterons la Charte universelle de la Confédération galactique à votre humanité. Pour cela, la famille universelle vient se faire connaître de nouveau et un temps d'instruction se profile de façon à rééduquer votre pensée. Mon entrée en fonction au poste d'ISIS correspond à un réalignement puissant de votre vie, et mon attitude s'aligne sur cette nécessité vitale.

Mes caresses ressemblent plus à des invitations sans faille. Alors, jusqu'à la fin de 2012, mon énergie se fera « coupe » pour vous recevoir si vous vous alignez sur le mouvement universel qui vous visite. Autrement, elle se fera « épée » afin de couper vos liens de dépendance si vous restez installés confortablement dans un état nébuleux et illusoire.

Ainsi, la force d'ISIS remplace la douce force déterminée de Marie, mère de Jésus. J'accueille moi-même les forces des mères créatrices responsables de l'esprit de groupe d'une planète et d'un système solaire.

Dans la radiance de mon être se déployant avec force et volonté dans tous les esprits en vie.

Neolah, de la lignée d'Isis responsable de Nofalus (univers local)

La grande famille se retrouve, reprend contact. Nous tentons de mêler plus étroitement nos lumières afin de favoriser le retour de tout un secteur universel dans la fraternité. Il ne s'agit pas d'une mince histoire, car cela soulève tous les traits de caractère développés et en interréactions continues. Grâce à nos efforts conjugués, nous commençons à enregistrer une amélioration puissante et encourageante. Bien que j'œuvre dans mon secteur, j'envoie des informations et de l'énergie à ISIS/MARIE de manière à l'épauler dans son ouvrage.

Ma personnalité s'est penchée sur la détresse dégagée par les personnes atteintes d'une inharmonie corporelle. Celles-ci font face à des regards pénibles les propulsant dans la culpabilité de n'être pas comme les autres. En plus d'un handicap physique, elles gèrent un handicap émotionnel et de personnalité. Votre monde est atteint de la même intolérance. Mon apport énergétique s'amplifie et vous induira à vous connecter à la tolérance puis à la compassion, laquelle vous fait tellement défaut encore maintenant. Toute la famille universelle, quelle que soit sa spécificité, voue une partie de sa vie à l'harmonisation de la vie universelle.

Dans la chaîne de fraternité, votre humanité ne s'est pas encore offerte pour pourvoir à cette facette du don. Nous vivons dans un univers non stabilisé dans sa lumière, traversé par des poches de rébellion et écartelé dans son identité fraternelle. Ainsi, dans ce secteur de référence d'un esprit particulier, nous vivons les uns à côté des autres. Depuis peu, nous avons trouvé un début de paix dans un dialogue conscient et respectueux, ce qui a permis d'instaurer une volonté de service donnant vie à une charte.

Doucement, les planètes ouvertes à l'espace et au temps acceptent cette charte. Ainsi est née la Confédération galactique sous la bienveillance des grands Êtres directeurs de notre univers. Le lien énergétique entre Marie, votre ISIS et moi permet une expansion de la volonté à fusionner et à servir le plan de vie. Votre ISIS porte la charge de la Charte de la Confédération, et nous espérons vous voir bientôt l'adopter. La famille vous aide et connaît la phase difficile dans laquelle vous vous trouvez encore. Nous avons confiance en votre pouvoir d'alignement. Depuis mon niveau de vie, les grands Êtres de lumière envoient des lumières adoptant des phases d'intensité et des phases de repos. Les phases d'intensité inondent l'aura de votre terre ; les phases de repos vous donnent la possibilité d'attirer ce stock lumineux et de l'absorber. Vous vivez actuellement une respiration de lumière. Comme cela vient des grands Êtres, elle porte la marque de leurs réalisations et cela vous invite à vous positionner sur leur chemin, une manière simple, de grande fraternité, pour aplanir vos difficultés et vous positionner sur le jeu cosmique. Tous vos centres sont inondés d'informations de lumière. Nous assisterons forcément à une modulation de vos attitudes et de vos intentions. Je suis heureuse d'apporter ma modeste contribution à la construction de vos corps de lumière et de vos corps physiques. Ma qualité d'être vous encouragera à moduler votre regard sur les handicaps de la vie, et cela est bien ainsi.

Ophia, de la lignée d'Isis, en poste sur Abanech (niveau univers)

La chaîne des mères créatrices se dévoile à vous. Nous espérons vous voir élargir votre vision de la vie universelle. Elle est plus simple qu'il n'y paraît, à condition d'en connaître ses lois d'expression.

Votre terre demeure un lieu très particulier, une promesse, un espoir et l'expansion de l'esprit de vie. À vous de prendre soin de ce lieu magique par excellence. Chaque candidat désireux d'intégrer la chaîne de référence ISIS est façonné par des vies de service et d'engagement. Pour ma part, j'ai choisi d'aider la femme à retrouver sa splendeur. En me faisant connaître à vous, je transporte ma vision, ma détermination et ma volonté à libérer la femme d'un esclavage aliénant sa personnalité. Dans cet univers où nous évoluons vous et moi, la femme a payé un lourd tribut à la puissance de l'homme. Je connais bien sûr tous les aspects de cette confrontation entre les protagonistes. Toutefois, j'ai dû choisir le visage de mon service. Si j'aide la femme dans sa libération, cela ne sous-entend pas que j'acquiesce aux modulations de ses pensées qui sont parfois aussi percutantes que celles des hommes. Je suis devenue, depuis 56 000 ans, une mère créatrice de la lignée d'ISIS et j'œuvre depuis tout ce temps à votre libération, mesdames, un travail gigantesque apportant des joies mais aussi des contrariétés. Difficile de vous accompagner lorsque vous décidez de vous soumettre à toutes les conditions de l'homme et aux dépravations de votre état. La femme commence à réagir individuellement et en groupe. Voilà un bon signe, un bon présage, comme vous le dites.

Pour moi, cela représente simplement le début de l'harmonisation en votre sein. L'esprit de l'homme tressaille seulement et vos efforts soutenus permettront son repositionnement. Vous voyez, je ne parle pas de l'esprit féminin et de l'esprit masculin, mais bien de l'esprit incarné dans un corps de femme ou d'homme. Le visage de vos enfers dépend de cette réalité. La chimie corporelle diffère de l'un à l'autre et module les possibilités d'actions. La femme reprend sa liberté et son rôle essentiel en accueillant une nouvelle énergétisation de l'esprit féminin, alors que l'homme se voit dans la nécessité d'assainir sa balance cosmique en laissant une place plus grande à sa féminité.

Ainsi, votre humanité traverse ces troubles afin d'atteindre un rivage où tous vivront ensemble dans le respect des différences et des rôles. Je glisse donc jusqu'à vous ma connaissance de ces réalités et la dépose dans l'aura de la Terre. En temps voulu, votre conscience captera ces informations, je le sais. Je participe ainsi au nettoyage de cet univers.

D'autres êtres ont pris en charge l'un des aspects de la vie de l'esprit incarné. L'alliance fait la force et invite la vie à se dévoiler un peu plus. Je rends grâce pour cette invitation à m'exprimer à vous, et ceci est une grâce pour vous.

Main dans la main, nous ramènerons la paix dans cet univers. À quand votre partenariat avec la fraternité ?

Quatrième partie

L'archange Michaël

Il est temps d'abandonner et d'éliminer votre sentiment de séparation et de division, ainsi que votre mentalité individualiste. Il est grand temps d'abolir, à tout le moins dans votre cœur, les frontières raciales, religieuses, culturelles et territoriales, ainsi que l'idée même que vous êtes isolés et séparés du reste de votre système solaire, de la galaxie et de l'univers.

Message de Ronna Herman

Très chers amis, comme beaucoup d'entre vous le savent, j'ai eu l'occasion de voyager autour du monde au cours des 15 dernières années pour faire connaître les enseignements de sagesse de l'archange Michaël. Certains de mes souvenirs les plus agréables sont les moments que j'ai passés avec vous, lecteurs et amis francophones. Je n'ai que peu de regrets, sinon de ne pouvoir à ce jour voyager autant que je l'aimerais afin de permettre à tous ceux qui le désirent de ressentir l'incroyable énergie d'amour de l'archange Michaël et d'entendre en personne ses messages.

Je reçois souvent des demandes en provenance de la France et du Canada pour aller donner des séminaires dans différentes régions de ces pays, et c'est avec regret que je dois décliner ces invitations, car les voyages sur de longues distances sont devenus tout simplement trop pénibles pour moi. Je vis ma 79e année sur terre, et bien que ma santé et ma vitalité soient encore excellentes, je me rends compte que je dois conserver mes forces et réduire quelque peu mes voyages. Par conséquent, je vais désormais organiser la majorité de mes événements publics ici aux États-Unis.

Toutefois, j'aimerais que vous sachiez ceci : je sens votre énergie d'amour lorsque je suis dans ma Pyramide de Lumière, et le lien qui nous unit sur le plan de l'âme ne cesse de s'affermir. Je sais que nombre d'entre vous se sentent seuls et isolés, mais je vous assure que vous n'êtes pas seuls et que nous sommes tous capables de communier avec nos amis angéliques et de recevoir le soutien affectueux, la guidance et l'inspiration de notre famille et de nos compagnons spirituels tout au long du voyage de la vie.

Nous sommes apparemment montés à bord d'un ascenseur qui nous emmène jusqu'au point de transition entre les plans tridimensionnel et quadridimensionnel, alors que nous nous élevons de plus en plus haut dans les royaumes de la Lumière. Je dois toujours enseigner par la voie de l'exemple les nouvelles informations que l'archange Michaël nous donne, et je peux honnêtement affirmer que ma conscience s'est considérablement élargie au cours des derniers mois. Mon cœur est tellement rempli d'amour et de joie que j'ai parfois l'impression qu'il va éclater. J'ai personnellement senti l'énergie d'amour de ma Flamme jumelle, et cela dépasse tout ce qu'il m'a déjà été donné de vivre. La réunion des Flammes jumelles est un processus lent qui demande de la patience et de l'acceptation dénuées de toute attente et de toute condition à l'égard du résultat, mais je sais que cela mérite le temps et les efforts qu'il faut y consacrer. C'est une chose à laquelle nous avons aspiré depuis l'instant de notre incarnation dans une forme physique, et ce, même si nous n'en avions pas alors conscience.

Mon amour pour mon mari et ma famille n'a cessé de s'enrichir et de grandir, et je sens un flot d'amour de plus en plus intense affluer dans le monde, à travers moi. Les filtres obstruant nos yeux et notre cœur ont été retirés, et il nous incombe dorénavant d'accepter de pénétrer en terrain inconnu. Il nous faut toutefois garder discrètement en notre cœur certaines des choses que nous apprenons, car les gens qui ne sont pas sur la voie de l'éveil ne les comprendront pas. L'archange Michaël a souvent répété qu'il y a un temps pour partager notre vérité et un temps pour demeurer silencieux. Nous vivons l'une de ces époques où il nous faut rester silencieux jusqu'à ce que ce nouveau concept révolutionnaire pour l'esprit puisse commencer à filtrer dans tous les tabous et toutes les idées fausses au sujet de l'Extase de l'Amour sacré et sur la façon dont il diffère de l'amour sur le plan physique. À mesure que nous ouvrirons notre Cœur sacré et que nous rayonnerons ce nouveau degré puissant d'amour et de compassion, nous n'aurons nul besoin de dire quoi que ce soit puisque les gens sentiront ce qu'il y a de différent en nous.

C'est un très grand honneur pour moi d'être une messagère de l'archange Michaël. Si je vous ai aidés de quelque façon à ouvrir votre cœur à l'être magnifique que vous êtes réellement chacun, et si je vous ai soutenus sur votre chemin vers la maîtrise de soi, alors j'ai accompli ma mission. À chacun et chacune d'entre vous j'envoie mon amour le plus profond et mes bénédictions angéliques.

Ronna

Introduction de l'archange Michaël

Mes bien-aimés, votre âme ayant aujourd'hui atteint le point le plus avancé de son voyage vers la séparation, elle est maintenant prête à entamer celui qui mène une fois de plus à la réunion et à l'intégration. Votre âme a été graduellement imprégnée d'un mécontentement divin qui s'infiltre lentement dans votre esprit conscient, et vous tournez peu à peu votre attention à l'intérieur de vous-mêmes pour apprivoiser la personnalité de l'ego et vous reconnecter à l'âme, à l'âme collective, et aux multiples facettes de l'ensemble de votre être.

Dans les vies et les époques passées, cette réunion de l'âme et de l'Esprit était un événement très individualisé et personnel dont les masses ne pouvaient faire l'expérience, car seuls quelques êtres le pouvaient. Ce n'est plus le cas aujourd'hui. Nous vivons une époque d'éveil massif, une période de réunion et d'ascension sur les plans mondial, galactique et universel, vers une conscience accrue de la présence du Créateur en soi.

Vous avez désormais la possibilité de vous connecter aux nombreuses facettes de votre famille d'âmes, de votre Soi supérieur, de votre Sur-âme et de votre rayon divin (la présence JE SUIS). Sur le plan cosmique, le Créateur suprême nous envoie à présent la radiance de son Être par l'intermédiaire des grands Soleils centraux ; celle-ci nous parvient sous la forme de puissants jaillissements de la Flamme de Vie émanant de notre astre solaire.

Vous avez été nombreux à demander à connaître votre mission dans cette vie. Sachez que le plus grand désir de votre âme est de maîtriser tous les aspects de votre être afin que vous redeveniez les merveilleux maîtres de cocréation que vous étiez lorsque vous vous êtes incarnés une première fois sur le plan physique. Le processus d'ascension est un voyage perpétuel, non un but en soi. Efforcez-vous, chaque jour, de faire les meilleurs choix possibles, et demeurez dans l'instant présent, car ce n'est qu'ainsi que vous pourrez accéder à votre pouvoir divin, non pas en prêtant attention au passé ou en vous projetant dans l'avenir, mais en cherchant, à chaque instant, à manifester votre potentiel le plus élevé. Considérez les défis dans votre vie comme autant d'occasions d'apprendre à renoncer aux vieilles habitudes freinant votre élan. Vous devez aussi apprendre que l'argent n'est qu'une forme d'abondance parmi d'autres, et faire de votre mieux pour conserver en tout temps une attitude de gratitude pour tous les bienfaits, grands et petits, dont vous profitez. Recherchez la joie, la bonne santé, la créativité et des relations enrichissantes, car c'est ainsi que vous trouverez le véritable bonheur. Vous aspirez à une qualité de vie et à un état d'être grâce auxquels tous vos besoins et tous vos désirs seront comblés avant même d'avoir pris conscience de leur existence. Renoncez à tout ce qui ne vous apporte pas la paix ou qui n'inspire pas votre âme, et à mesure que vous remplacerez ces choses par de nouvelles qui feront chanter votre cœur, votre monde deviendra un endroit magique et vous nagerez dans l'abondance sous toutes ses formes.

Avant de vous incarner, vous avez promis d'être nos représentants sur la Terre. Toute la sagesse dont vous avez besoin pour remplir votre mission est en vous. Lorsque le doute vous tenaille, souvenez-vous de tout ce que vous avez déjà vécu, de vos réussites ou de vos échecs apparents, et n'hésitez pas à puiser dans cette expérience acquise. Nous faisons de notre mieux pour vous aider à vous souvenir de votre magnificence et à réaliser que ce que nous vous demandons de faire, vous l'avez déjà accompli à maintes reprises auparavant. Nous vous demandons d'aller dans votre Pyramide de Lumière, dans la cinquième dimension, et de vous imprégner de l'énergie de votre Soi supérieur. Essayez de découvrir quels sont vos rêves les plus chers, puisqu'ils sont la source de votre passion et la voie par laquelle vous pourrez vous épanouir totalement. À quoi votre cœur aspire-t-il le plus ? L'Esprit vous chuchote à l'oreille, et si vous répondez à son appel de magnifiques perspectives et des possibilités jusque-là inimaginables s'ouvriront à vous. Nous serons là pour vous guider et vous inspirer, alors que vous vous engagerez sur la voie menant au succès.

En tant que fidèles guerriers au sein de mes légions de Lumière, vous avez parcouru l'univers avec nous et ensemble nous avons vécu de nombreuses aventures extraordinaires. N'oubliez pas que la sagesse des âges est emmagasinée dans votre cerveau. Puisez dans cette sagesse et partagez-la avec vos frères et sœurs engagés sur la voie de l'éveil. Il existe une multitude de manières de servir, et devenir un exemple pour les autres constitue l'une des méthodes les plus efficaces en ce sens. Créez la beauté, la paix et l'harmonie dans votre vie, et les autres le remarqueront et voudront apprendre votre secret. Nous avons besoin de vous, mes braves. Peu importe la situation, les circonstances ou le niveau de conscience propres à votre incarnation actuelle, votre âme brûle du désir d'intégrer les nombreuses facettes de votre être. Toutefois, celles-ci doivent d'abord être guéries et harmonisées afin d'être remplies de Lumière. Ainsi, vous n'aurez pas à endurer les désagréments, les défis ou les interactions karmiques propres aux troisième et quatrième dimensions, car ce n'est plus nécessaire. En permettant à votre Soi divin d'éclairer votre chemin et de vous guider, vous aurez de plus en plus souvent des pensées inspirées. Il existe maintes façons d'autoriser l'Esprit à se manifester à travers vous. Il vous suffit, très chers, de laisser tout cela se faire naturellement. Qu'est-ce qui met de la joie dans votre cœur et vous apporte un profond sentiment de satisfaction ? Comment désirez-vous servir ? Il existe de nombreuses possibilités et vous avez de nombreux talents, davantage en fait que vous ne voulez l'admettre, mais le choix vous revient toujours.

Nous, du royaume angélique, sommes ici en force afin de vous aider à cheminer avec aise et grâce dans cette période d'évolution et de grands changements. Toutefois, il vous incombe de demander notre aide, car nous ne pouvons porter atteinte à votre libre arbitre. Reprenez la place qui vous revient comme Maîtres de Lumière et souvenez-vous qu'à mesure que vous intégrez les connaissances de l'Esprit et la vérité illuminée, il est d'une importance capitale que vous partagiez tous votre sagesse avec les autres.

Vous traversez une époque de grands bouleversements, très chers, et vous êtes engagés dans un processus d'initiation accéléré. Sachez que les défis et les possibilités qui s'offrent à vous vous apporteront des récompenses dépassant de loin tout ce que vous êtes à même d'imaginer. Vous ne devez donc pas avoir peur de sortir de votre zone de confort alors que vous visez à atteindre les sommets. Acceptez simplement de revêtir votre étincelant manteau de Lumière, puisque vous l'avez bien mérité. Suivez votre propre voie et ne craignez pas d'être différents de ceux qui vous entourent. Faites appel à nous ; nous vous guiderons et nous vous porterons assistance de toutes les manières possibles. Soyez hardis et résolus, braves guerriers. Sachez que je suis toujours avec vous et que vous êtes profondément aimés.

JE SUIS l'archange Michaël.

Bien-aimés maîtres, nous vous invitons à sentir notre présence, non seulement avec votre esprit en lisant ces mots, mais aussi avec votre Cœur sacré. Vous devez savoir qu'au fur et à mesure que vous dégagez votre champ aurique des distorsions héritées de nombreuses époques passées, nous sommes capables de renforcer les liens d'Amour et de Lumière qui nous unissent. Nous n'avons jamais été totalement séparés ; toutefois, les liens vitaux tissés entre nous ont été étirés à l'extrême limite. Vous n'avez aucune idée à quel point le processus du retour à la conscience de l'Unité peut être global et puissant. En éliminant de vos corps mental, émotionnel et éthérique les distorsions et les limitations dues à la densité des troisième et quatrième dimensions, vous amorcez le processus vous permettant d'avoir de nouveau accès à tous les aspects de votre vaste Soi, tout autant qu'à nous, vos guides, gardiens et amis des royaumes supérieurs.

Dans cette expérience universelle, *vous* êtes les plus importants, à titre de joueurs principaux. C'est *vous*, semences d'étoile, qui avez accepté de vous séparer de votre Flamme jumelle, de vous fragmenter en diverses facettes du Soi, qui avez consenti à être distendus et réfractés à la limite du possible afin que la Conscience cosmique puisse observer et enregistrer jusqu'où vous, étincelles divines de la Conscience universelle, pouviez être compressés sous la pression de la densité sans perdre totalement votre lien conscient avec Tout Ce Qui Est. N'interprétez pas incorrectement ce que nous vous disons, car il est tout à fait impossible que votre connexion avec la Source soit rompue, mais vous êtes devenus tellement empêtrés dans la toile de la densité que vous avez, pour la plupart, oublié qui vous êtes, d'où vous venez et à quel point vous êtes puissants et magnifiques.

Nous, du royaume angélique, ainsi qu'une vaste cohorte d'autres Êtres de Lumière, avons eu pour mission de guider, de protéger, d'instruire et d'inspirer, tout au long de votre voyage dans le grand inconnu, les légions de Lumière que vous formez. Nous avons eu l'insigne honneur et le privilège de vous accompagner dans ce périple alors que vous traversiez bravement les vallées de l'ombre et des ténèbres, et nous avons été témoins, une fois de plus, de votre retour triomphant au sein de la Lumière et de la Conscience divine.

Grâce à nos requêtes et à nos prières vouées à votre plus grand bien et au plus grand bien de tous, et visant à aligner votre volonté sur celle de notre Dieu père/mère, nous sommes parvenus à rétablir la relation intime que nous avions à l'origine avec chacun de vous. Cette réunion sur le plan de l'Esprit est devenue tout particulièrement intense avec ceux d'entre vous qui ont suivi nos enseignements au cours de ces dernières années et qui se sont efforcés de se guérir afin de retrouver l'équilibre et l'harmonie au sein de la gamme acceptée de dualité et de polarité.

Maîtres de Lumière bien-aimés, vous vivez à une époque de profonds changements susceptibles de vous soumettre à de nombreux défis, mais de nombreuses perspectives s'offriront également à vous. Lorsque vous capterez les vibrations plus élevées de l'Esprit, votre subconscient deviendra de plus en plus conscient, à mesure que vous vous libérerez de toutes les faussetés et de toutes les pensées limitées du passé. Votre esprit conscient est en train de recevoir la sagesse plus vaste de votre Soi supérieur. Fiez-vous à votre intuition et à votre guidance intérieure. Si les pensées qui traversent votre esprit sont inspirantes et remplies d'amour et de sagesse, alors vous saurez que vous êtes en train d'accéder à la sagesse de votre Soi supérieur et de vos guides angéliques, lesquels communiquent avec vous d'une voix douce et calme, sans jamais vous détourner du droit chemin.

Rappelez-vous qu'en ces temps où l'évolution de la Terre et de l'humanité est de plus en plus accélérée, vous pouvez faire une différence. Vous saviez que cette vie serait la plus importante de toutes celles que vous avez déjà vécues sur cette planète. Vous avez choisi vos parents et le lieu de votre naissance, car vous saviez que de grands changements s'y produiraient et que beaucoup auraient besoin de comprendre que vous êtes tous frères et sœurs dans les royaumes de la Lumière. Laissez rayonner votre Amour et votre Lumière afin que tous les voient. Laissez-nous vous aider à remplir votre mission et vous entourer de notre amour. Sachez que vous êtes aimés et protégés.

Les cadeaux, les perspectives et les défis de 2007

Sachez-le : chacun de vous peut faire une différence. Les légions de Lumière dont vous faites partie ne cessent de croître en nombre et en force tandis que votre Amour et votre Lumière se répandent et pénètrent jusque dans les recoins les plus sombres de la Terre. L'Amour inconditionnel et sacré irradiant du centre de votre cœur commence à s'infiltrer même dans les cœurs les plus durs de ceux qui croupissent toujours dans l'illusion de la peur, de la limitation et de la séparation.

Il est temps d'abandonner et d'éliminer votre sentiment de séparation et de division, ainsi que votre mentalité individualiste. Il est grand temps d'abolir, à tout le moins dans votre cœur, les frontières raciales, religieuses, culturelles et territoriales, ainsi que l'idée même que vous êtes isolés et séparés du reste de votre système solaire, de la galaxie et de l'univers. Vous êtes en voie de devenir des citoyens de l'univers, des êtres spirituels et humains galactiques. Plus vous êtes compétents dans votre rôle de porteurs de Lumière, plus le rayonnement de votre influence s'étendra loin de vous en cercles concentriques et, par conséquent, plus cette influence s'accroîtra de façon exponentielle.

Lorsque vous aurez atteint un état de conscience raffiné, plusieurs des anciennes règles gouvernant la réalité tri/quadridimensionnelle changeront. Vous ne serez plus isolés dans une coquille d'illusion et de séparation. Vos pensées et vos actions auront davantage de puissance et d'élan, et vous deviendrez une véritable force dynamique pour le bien dont l'influence s'exercera sur toute chose et toute personne autour de vous. Vous n'avez aucune idée à quel point vous êtes puissants, à quel point vous serez bientôt plus efficaces, et combien de dons merveilleux vous attendent dans votre voyage vers l'illumination.

Nous vous avons expliqué à maintes reprises combien il est important que vous alliez dans la Pyramide située au niveau supérieur de la cinquième dimension, où se trouve une réplique holographique de la Terre. Trouvez-y votre chaise de cristal personnelle, prenez place, et parvenez rapidement au centre de votre Cœur sacré en déclarant ceci : « Je demande le plus grand bien pour moi, pour l'humanité, pour la Terre et pour la Création entière. » Puis, demeurez dans le silence aussi longtemps, ou brièvement, que vous le désirez, et à l'aide de la technique de respiration de l'infini, inspirez de la Lumière puis expirez de l'Amour. Ce faisant, vous alignerez votre volonté sur la Volonté divine et vous nous donnerez la permission d'agir par votre intermédiaire et avec vous, pour le plus grand bien de tous.

Imaginez votre énergie d'Amour et de Lumière jaillissant en une pluie de minuscules diamants cristallins remplis de la pure essence divine de notre Dieu père/mère. De fait, si vous lisez ces messages et en saisissez toute la portée, et, qui plus est, si vous avez mis en pratique ne serait-ce qu'une petite partie de ce que nous vous avons donné, vous êtes maintenant capables d'accéder aux fréquences raréfiées de Lumière du Créateur suprême et de les intégrer. Observez ce qui se passe alors que nous assemblons la précieuse énergie que vous rayonnez, que nous la mélangeons avec les types de fréquence appropriés du Plan divin, et que nous les distribuons ensuite sur la Terre et à l'humanité afin d'y servir la cause du plus grand bien de tous, ce qui, dès lors, profite au plus grand nombre d'âmes possible.

Très chers cœurs, désirez-vous sincèrement aider votre famille, vos voisins, votre ville, votre région ou votre nation à retrouver l'équilibre et l'harmonie, et à accélérer le retour de la Terre à sa beauté originale ? Faites-vous alors un effort conscient pour ancrer sur terre les fréquences raffinées que recèlent les cités de Lumière célestes des dimensions supérieures ? Nous avons expliqué comment la grille cristalline enveloppe désormais complètement le globe. Toutefois, elle n'est pas encore solidement ancrée.

C'est vous, comme transducteurs et canaux conducteurs de cette Lumière raffinée, qui allez ancrer ces fréquences supérieures d'énergie et, ce faisant, qui allez créer les nouveaux lieux sacrés et les cités de Lumière émergeant sur terre dans leur forme physique.

Vous constaterez sans doute que 2007, ou ce qui en reste, est une année d'établissement de ponts durant laquelle vous serez en mesure de créer des liens entre plusieurs niveaux de conscience et de jeter des ponts (ou d'établir des portails) permettant d'accéder aux cités de Lumière et de les ancrer solidement sur terre. Vous avez le pouvoir de bâtir des ponts de nouvelle conscience entre vous et votre famille d'âmes en ce monde, et vous allez rétablir et renforcer la connexion avec de nombreuses facettes de votre Soi divin, y compris avec votre précieuse Flamme jumelle, si le portail de votre Cœur sacré est ouvert et si vous avez amorcé le processus de pardon pour vous-même et pour tous les autres.

Puisque vous êtes de plus en plus nombreux à rayonner de l'Amour et à envoyer des énergies équilibrées et harmonieuses sur le plan éthérique, cela a pour effet de former et de construire ce que l'on a appelé le Pont Arc-en-ciel. Ce pont est une artère de Lumière irradiant les énergies des douze Rayons de cet univers, lesquels sont imprégnés des vertus, des qualités et des attributs du Créateur. C'est un Arc de Lumière et une alliance entre vous, nous et notre Dieu père/mère. Les arcs-en-ciel que vous voyez dans le ciel changent d'apparence, et davantage de rayons lumineux et de couleurs s'y ajoutent alors que vous accédez aux énergies des dimensions supérieures. Telle est la promesse rendue manifeste : « *Nous vous laisserons un sentier visible pour vous guider jusqu'à votre lieu d'origine dans les étoiles.* »

Comme nous l'avons maintes fois souligné auparavant, nous ne faisons pas de prédictions, car l'humanité peut librement choisir à tout moment de retrancher ou d'ajouter des choses à un avenir probable, ce qui, bien sûr, le modifiera. Ainsi que nous l'avons fait valoir à de nombreuses reprises, vous alimentez de votre énergie et renforcez tout ce à quoi vous accordez votre attention. Voilà pourquoi il est si important de vous concentrer sur les traits positifs de ceux qui vous entourent et sur ce qui va bien dans votre monde, au lieu de n'avoir de l'intérêt que pour ce qui va mal, car ainsi vous consolidez les aspects positifs tout en affaiblissant ou dissolvant les structures vibratoires négatives autour de vous et en vous. Cela s'applique à tous les plans de l'existence, et lorsque vous êtes centrés et que vous rayonnez des vibrations positives et équilibrées, cela se répercute sur tous les aspects de votre vie, de même que sur votre entourage et, finalement, sur l'ensemble de la collectivité humaine.

Bien-aimés maîtres, vous disposez de tous les outils nécessaires pour transformer votre vie et votre environnement immédiat, et, en fin de compte, le monde entier. Ayez une vision audacieuse de l'avenir, focalisez sur les aspects positifs de votre existence et des gens qui vous entourent, ce qui revigorera l'Amour et la Lumière habitant chaque personne rencontrée.

N'accordez pas d'attention aux ténèbres et aux iniquités autour de vous. Votre seul véritable ennemi est la peur. Libérez-vous de celle-ci, rayonnez des vibrations harmonieuses d'Amour et de Lumière, et observez les miracles qui se produiront alors sous vos yeux. Vous êtes des maîtres dans l'art de la manifestation ; vous l'avez tout simplement oublié. Croyez en vous et cessez de créer ce qui ne vous apporte que peine, culpabilité et souffrance. Redevenez un cocréateur de Lumière, de paix, d'équilibre et d'harmonie, et aidez à raviver la beauté naturelle et harmonieuse de votre magnifique planète. Des trésors de sagesse sont encodés dans la structure même de votre cerveau et n'attendent qu'à être mis en lumière pour être partagés avec les autres. Vous pouvez accomplir, ou devenir, tout ce qu'il vous est possible de concevoir. Alors, pourquoi ne pas chercher à réaliser votre plein potentiel ?

Lorsque vous alignerez votre volonté sur celle du Créateur, vous serez admis dans les rangs des Bâtisseurs de formes, car il a été décrété que tous les niveaux et tous les aspects de la Création soient incorporés, élargis et illustrés sur terre en ce moment. Un nouveau plan directeur, ou schéma divin, a été amené pour la planète Terre, et ce, dans une vaste forme-pensée émanant de l'esprit du Créateur suprême. Ce plan pour un nouvel âge présentement en voie de manifestation, et le plan pour une nouvelle ère d'or qui en est encore à l'étape de la formation dans toute la galaxie, ont été placés dans les grandes Pyramides de Lumière des dimensions supérieures. Il ne reste plus à l'humanité qu'à accéder à cette vaste réserve de potentiel non manifesté et à la nouvelle vision merveilleuse qui attend d'être créée dans le monde physique.

Nous n'avons cessé de vous le répéter, mais il est toujours difficile pour plusieurs d'entre vous d'accepter le fait que vous êtes tous des maîtres et des fragments d'âme d'un grand et magnifique Être. Au cours de votre voyage dans les différentes dimensions inférieures, vous avez dû laisser derrière vous beaucoup de facettes de votre être à mesure que vous vous êtes fragmentés et séparés en des portions de plus en plus petites de vous-mêmes. La bonne nouvelle et le miracle sont aujourd'hui évidents : vous êtes en train d'inverser ce processus involutif, et le Créateur suprême s'apprête à englober l'ensemble de la Création manifestée au sein de sa sphère de Tout Ce Qui Est.

La véritable nature du voile

— *Le fameux voile en est-il réellement un, et comment a-t-il été implanté dans notre ADN ?*

De nombreux enseignements anciens font état d'un « voile de l'oubli » qui a été mis en place pour occulter tous nos souvenirs lorsque nous nous sommes enfoncés dans la densité des mondes rattachés aux dimensions inférieures. Il ne s'agit pas d'une punition, mais d'un élément nécessaire du processus de fragmentation de votre être en des étincelles de conscience de plus en plus petites.

Le mot « voile » n'est pas vraiment exact ; toutefois, c'était le plus simple que nous pouvions employer pour traduire le concept de l'oubli à la vaste majorité des gens à l'époque où le « grand éveil » n'était pas encore commencé.

Voyez-vous, ce dont il est surtout question ici, c'est d'une conscience du Soi pleinement éveillée, car comment auriez-vous pu avoir la possibilité de vivre avec des facultés affaiblies si vous aviez conservé l'usage de toutes vos aptitudes et le souvenir intégral de qui vous êtes et de vos origines ? En outre, comment auriez-vous pu vous lancer à l'aventure dans le grand inconnu, laissant derrière vous la pureté et la perfection de la Source, sans passer par une fragmentation du Soi, ce qui a justement eu pour résultat de mettre vos capacités en veilleuse ?

Comme vous le savez, l'environnement propre à chaque dimension résonne à un éventail spécifique de fréquences vibratoires, chaque dimension plus élevée vibrant à un registre supérieur de plus en plus raffiné. Au fil de votre périple dans l'espace « extérieur » et les dimensions inférieures, chaque descente à un palier vibratoire plus bas a résulté en un peu plus de séparation sur le plan de la conscience de votre Soi supérieur. Autrement dit, les schémas fréquentiels correspondant à chaque niveau de conscience (ou dimension) dans votre corps mental ont été enregistrés dans ce que nous avons appelé des « faisceaux lumineux de sagesse ». Ces derniers furent enfermés dans des membranes de Lumière destinées à restreindre l'accès aux divers niveaux de conscience des dimensions supérieures jusqu'à ce que votre résonance vibratoire corresponde de nouveau à ces niveaux de conscience.

Le même processus fut employé pour isoler les brins de votre ADN contenant l'équivalent physique de la totalité de votre identité. À mesure que vous descendiez dans les niveaux inférieurs de conscience, les brins de votre ADN étaient enfermés, deux par deux, dans ces membranes de Lumière, de sorte que vous n'avez désormais accès qu'à deux brins d'encodage ADN.

Nous vous avons déjà expliqué comment, au fur et à mesure que s'élevait votre niveau de conscience et que vos corps physique, mental, émotionnel et éthérique retrouvaient leur équilibre et leur harmonie, les membranes de Lumière enveloppant vos brins d'ADN et certains éléments de votre structure cérébrale se dissolvaient lentement, vous donnant ainsi accès à des niveaux de conscience cosmique de plus en plus élevés.

On vous a aussi expliqué que de plus en plus d'enfants qui naissent aujourd'hui sont de vieilles âmes en provenance d'univers ou de systèmes stellaires lointains, qu'ils disposent, en s'incarnant, d'un plus grand nombre de brins d'ADN, et qu'à des degrés divers ils ont accès à des niveaux plus élevés de conscience cosmique au sein de leur structure cérébrale.

Vous pouvez donc constater qu'il n'existe pas vraiment de voiles comme tels, mais qu'ils se sont formés à l'intérieur même de votre être. Vous seuls pouvez dissoudre les voiles faisant obstruction, en vous, à votre pleine conscience, afin d'avoir de nouveau accès à votre véritable identité et redevenir le maître que vous êtes chacun. Voilà ce qu'est l'ascension.

J'ai demandé à mon messager [Ronna] d'insérer à ce point-ci d'importantes informations scientifiques et ésotériques. Celles-ci proviennent de diverses sources fiables grâce auxquelles vous pourrez mieux comprendre le complexe Plan divin à l'origine du processus de création.

(Reproduit avec l'autorisation de William Buehler*)

MÉTATRONIQUE : la spirale de lumière métatronique est au cœur de notre voie spirituelle menant à un cycle évolutif plus avancé. Elle nous élève au-delà de notre forme humaine, jusque dans les schémas spirituels de l'archétype universel (notre corps de Lumière d'Adam/Ève Kadmon), d'où origine notre Soi divin. La spirale métatronique émane du grand archange Métatron, le créateur de la lumière perceptible. La lumière métatronique possède un spectre complet renfermant toutes les composantes mathématiques, les clés et les codes de Lumière grâce auxquels une âme peut évoluer jusqu'au grand Soleil central.

ORITRONIQUE : la spirale de lumière oritronique est une forme de lumière au spectre incomplet qui a servi à canaliser notre système d'énergie dans les dimensions inférieures de la conscience. Cette spirale d'énergie a approvisionné les royaumes atomiques et cellulaires

---

* *Un scientifique qui reçoit de l'information de Thot et de Métatron au sujet des réseaux métatroniques, des lignes géomagnétiques, de la grille cristalline et du nouveau revêtement de la grille d'ascension. Il a présenté l'importante information suivante incluse dans notre faisceau d'énergie d'ascension.* – Ronna Herman

jusqu'à l'extrême limite de notre archétype humain et spirituel habité par une âme. Cette spirale de lumière a été nécessaire pour permettre aux âmes de pénétrer dans son domaine afin d'y évoluer jusqu'à un état leur permettant d'être réintroduites dans le spectre de lumière complet de Métatron. Bien que la spirale oritronique soit composée d'éléments de création diminués, elle n'est pas néfaste ; elle est simplement incomplète sur le plan spirituel et doit être consumée par la spirale métatronique pour qu'une pleine réalisation spirituelle soit possible.

ONDE TEMPORELLE RANNA : la principale onde substantielle émanant du Créateur suprême, lequel englobe tous les autres univers et toutes les autres réalités, ainsi que toutes les dimensions renfermant énergie et conscience.

FLUX TEMPOREL RANNA : l'hologramme temporel complet, tel qu'il circule sans interruption dans les dimensions spatiotemporelles de l'omnivers.

* * *

L'information qui suit provient de Thot, par l'intermédiaire de Maia Nartoomid, et concerne le mandat de Michaël. Ceci a été validé par l'archange Michaël.

Mandat de la Flamme violette – Mandat de Michaël

Ce mandat a été établi par le Trône améthyste (échelon élevé de la hiérarchie angélique), sous l'autorité de l'archange Michaël, afin de proclamer et de gouverner le développement de la Rédemption de la Lumière au sein de l'univers oritronique. Son objectif principal pour la Terre est l'illumination et la réunification de la race humaine. Les races et les royaumes de la nature (dévas, élémentaux, animaux) jouent également un rôle dans l'évolution synergique des formes de Lumière vers le développement d'une réception métatronique totale. Tous les êtres sur terre prennent part à ce programme de Rédemption de la Lumière. En vertu du mandat de Michaël, nous n'avons cessé d'œuvrer pour le retour à l'onde temporelle métatronique dont nous sommes « déchus » et à laquelle nous retournons maintenant.

Selon Thot, il existe deux types fondamentaux de lumière : celle au spectre incomplet, dite « oritronique », et celle au spectre complet, dite « métatronique ». Ces deux spirales de lumière correspondent respectivement aux univers déchus et aux univers purs. Le monde que nous connaissons présentement est un espace où les deux se chevauchent et où la conscience planétaire est fortement orientée vers le spectre oritronique. Toutefois, notre conscience planétaire évolue vers ce qui est communément appelé une « ascension planétaire » dans la lumière métatronique.

Il est important de comprendre qu'il y a divers gradients de réalisation de chacun des spectres lumineux et que le spectre oritronique n'est pas mauvais en soi, mais simplement incomplet.

Le mandat de Michaël, émanant du Trône améthyste, a réintroduit les connaissances relatives aux grilles, et ce, en lien direct avec notre état d'évolution. Le libre arbitre s'est toujours appliqué, mais ces grilles ont éternellement existé en vue d'aider ceux qui ont acquis suffisamment de sagesse pour comprendre et qui ont atteint un certain degré d'équilibre et d'harmonie intérieure leur permettant d'accéder à l'information. Ceux-là doivent également être assez sensibles pour se connecter aux fréquences de la Terre et à celles d'un ordre vibratoire supérieur.

L'archange Michaël a expliqué dans l'un de ses récents messages que chaque univers ayant été créé au sein de l'expérience omniverselle l'a été à l'aide de l'énergie atténuée (réfractée) du Créateur premier et que la Lumière de chacun est donc relativement diminuée. Comme notre univers est l'un des plus jeunes dans l'omnivers et qu'il est parmi les plus éloignés du Créateur suprême, il va de soi qu'il a été créé avec une énergie considérablement diminuée ou atténuée. L'archange a également précisé que le mot « déchu » souvent

employé pour décrire notre état de conscience et notre planète ne réfère nullement à quelque chose de « mauvais », mais bien plutôt au fait que notre conscience est diminuée.
— Ronna Herman

Comment utiliser efficacement les particules adamantines

— *J'aimerais beaucoup approfondir l'information relative aux particules adamantines. Il me semble que l'on pourrait en dire beaucoup plus à leur sujet, surtout sur la manière de les utiliser efficacement.*

Nous avons tenté par toutes sortes de moyens de vous faire comprendre la magnificence et le sens global de l'Amour et de la Lumière émanant de la Source de toute création. Le temps est venu de réunir les multiples facettes de la connaissance supérieure. En voici plusieurs descriptions, qui permettront de mieux comprendre le grand plan du Créateur.

- La lumière métatronique, ou lumière au spectre complet du Créateur suprême, se compose de ce que l'on appelle des « particules adamantines ».
- L'expression « onde temporelle Ranna » (ou « Fleuve de Vie » dans les anciens enseignements) a été employée pour décrire la principale onde soutenue affluant du Créateur suprême. Cette onde temporelle est composée de particules adamantines.
- Le courant de Conscience cosmique, ou de Sagesse du cosmos, a souvent été appelé « Fleuve de Vie » puisqu'il contient effectivement l'élixir de Vie et qu'il est la Source de vie de Tout Ce Qui Est. Le Fleuve de Vie, composé de particules adamantines, est constitué d'un flot continu de potentiels illimités. Imaginez ce courant ou ce Fleuve de l'Esprit créateur circulant dans l'ensemble des dimensions supérieures à partir du milieu de la quatrième dimension jusqu'à la douzième, en lien avec le grand Soleil central et notre Dieu père/mère, et de là, se dispersant dans l'omnivers du Créateur suprême.

Parfois, au cours de vos méditations, lorsque vous êtes entrés au plus profond de votre Cœur sacré, il est possible d'accéder à l'état de félicité de la conscience supérieure. Vous avez alors le sentiment de voguer sur ce courant ou ce Fleuve de Vie – une sensation impossible à oublier. Toutefois, encore là, les lois universelles s'appliquent, car vous pouvez accéder uniquement au niveau de fréquence auquel vous résonnez. Il s'agit d'un système à sûreté intégrée et, de ce fait, à mesure que s'élève votre conscience et que vous intégrez des schémas de fréquence de plus en plus raffinés, cela vous permet d'avoir accès à des niveaux d'Amour et de Lumière (les particules adamantines) beaucoup plus raffinés.

- Au moment où chaque âme s'incarne dans un corps physique, une « ration » de particules adamantines est alors emmagasinée à l'intérieur du Cœur sacré. Telle l'innocence d'un enfant, cet Amour divin y circule librement, mais peu à peu, ainsi que nous l'avons précédemment mentionné, cette innocence est perdue et des boucliers éthériques d'énergie se forment autour du Cœur sacré, à l'initiative de l'ego, soi-disant pour sa protection. Par conséquent, une fois que vous êtes adultes, le flot de cet élixir divin est grandement diminué, sauf chez les âmes éveillées. Voilà pourquoi nous disons qu'il est si important d'équilibrer le système de chakras et d'activer le plexus solaire, lequel, à son tour, déclenche l'activation du Cœur sacré, et de s'efforcer de demeurer chacun centré dans son cœur. C'est ce qui explique pourquoi il est si crucial de vous harmoniser avec les fréquences correspondant à la partie supérieure de la quatrième dimension ou à la partie inférieure de la cinquième, et ce, afin de pouvoir accéder aux particules adamantines. Vous êtes toujours connectés à l'Esprit grâce à votre Soi supérieur, par l'intermédiaire de la corde d'argent. Cependant, votre Cœur sacré doit être ouvert pour que l'Amour et la Lumière des particules adamantines puissent affluer librement en vous, et aussi rayonner de vous sans entraves. Pour rendre cela possible, votre résonance vibratoire doit être plus élevée que le tiers inférieur de la dimension de quatrième densité. Il s'agit là d'une étape

cruciale pour devenir un Maître réalisé et un cocréateur d'équilibre, de beauté et d'abondance.
- Lorsque nous déclarons que la Source divine irradie constamment, à partir de son centre, des courants de pure énergie christique, nous faisons alors référence aux particules adamantines.
- Voici une autre description de ces particules : Lumière et Amour ont leur source dans le cœur et l'esprit du Créateur suprême, et ils sont la substance même de toute création. La lumière au spectre complet ou la radiation électromagnétique de la Source contiennent les composantes mathématiques, les clés et les codes de Lumière grâce auxquels on peut créer des « mondes sans fin ». Aucun des univers manifestés n'existerait sans ces particules, pas plus que vous d'ailleurs. Les mots Amour et Lumière vont ensemble, car ils sont inexorablement connectés et ils font partie du Tout.
- On peut également décrire les particules adamantines comme suit : *Tout, dans la Création, contient l'Essence divine, l'énergie d'Amour et de Lumière de la Création, ou une Étincelle divine.* Nous tenons une fois de plus à souligner que rien ne peut être sans cela. La Lumière imprègne la Création manifestée, et à mesure que de nouvelles créations voient le jour, cette lumière pénètre et envahit les ténèbres, ce qui, de ce fait, étend la Création un peu plus loin dans le Grand Vide. L'Amour est la force dynamique de toute création. La Vie est l'Amour du Créateur rendu manifeste.
- Imaginez votre énergie d'Amour et de Lumière jaillissant en une pluie de minuscules diamants cristallins remplis de la pure essence divine de notre Dieu père/mère. De fait, si vous lisez ces messages et en saisissez toute la portée et, qui plus est, si vous avez mis en pratique ne serait-ce qu'une petite partie de ce que nous vous avons enseigné, vous êtes maintenant capables d'accéder aux fréquences raréfiées de Lumière du Créateur suprême et de les intégrer. (*Ce paragraphe décrit également les particules adamantines.*)
- Le spectre de lumière oritronique incomplet ou la substance de la Force de Vie primale mise à la disposition de l'humanité peuvent être

façonnés et requalifiés grâce aux intentions du cocréateur sur le plan physique. C'est cette énergie qui est disponible à l'humanité dans l'environnement des troisième et quatrième dimensions. Voilà pourquoi il est si important de retrouver l'équilibre et d'activer le chakra du Cœur sacré afin de pouvoir ainsi accéder aux schémas fréquentiels des quatrième et cinquième dimensions (et d'autres au-dessus) qui contiennent les particules adamantines.

- Les particules adamantines d'énergie christique ou le spectre métatronique de pleine Lumière ne peuvent être requalifiés. En outre, ils ne sont accessibles que lorsque vous êtes parvenus au milieu de la quatrième dimension et dans la cinquième. L'amour rayonnant du Cœur sacré, ou ce que l'on appelle l'amour inconditionnel ou sacré, est l'action alchimique qui déclenche la libre circulation des particules adamantines, de telle sorte que celui qui en envoie reçoit autant cet élixir de vie magique qu'il en émet.

Nous vous l'avons dit, l'énergie rayonne de vous tout autant que vous la magnétisez. Quand vous résonnez à partir du centre de l'Amour sacré et que vous êtes alignés sur votre destinée supérieure pour le plus grand bien de tous, vous émettez des particules adamantines. C'est la raison pour laquelle il est si important de dissoudre les champs éthériques que vous avez placés autour de votre Cœur sacré, afin de permettre à l'énergie d'affluer librement en vous et hors de vous. Il est également important que vous activiez votre cellule divine au sein de votre Cœur sacré pour que l'afflux de particules adamantines puisse enflammer pleinement les douze rayons de la conscience du Créateur en vous. Une fois cela accompli, vous serez sur la bonne voie, vers la maîtrise de soi.

Le savoir et la sagesse couplés à l'amour et à la compassion ainsi qu'à l'intention et à l'action focalisées créent le pouvoir qui donne accès au réservoir universel de potentiel non manifesté. L'énergie émanant du Cœur du Créateur n'attend que vous pour façonner ce potentiel et manifester sur le plan physique tout ce que vous pouvez imaginer.

La peur de la mort

— *La mort semble toujours être un événement épouvantable pour la plupart d'entre nous en raison des limites des troisième et quatrième dimensions. Au cours des prochaines années, de nombreuses âmes vont s'éteindre. Comment peut-on considérer la mort comme un événement magnifique et non comme une chose à craindre ?*

Sur le plan terrestre, les humains se réjouissent de la naissance d'un enfant, puisque c'est un réel miracle de la création, et ils pleurent la mort d'un être cher, car ils éprouvent le sentiment déchirant d'avoir perdu à tout jamais cette personne. Toutefois, la mort est aussi un miracle et, d'un point de vue spirituel, c'est un moment de réjouissance, car elle marque le retour à votre véritable état d'être.

Nous avons parlé d'une conscience « diminuée », et il est temps pour vous de comprendre que le processus d'ascension implique une expansion de votre conscience afin de pouvoir intégrer toutes les formes possibles d'expression consciente. Vous n'êtes pas simplement un humain possédant une âme ; vous êtes surtout un Être extraordinaire ayant fait l'expérience d'une formidable diversité de formes physiques d'expression de la conscience.

Jadis, lorsque vous avez fait l'expérience de multiples royaumes matériels sous une forme semi-solide ou solide à des degrés divers, alors que vous étiez dans la partie supérieure de la quatrième dimension ou dans la partie inférieure de la cinquième, sur terre ou sur d'autres planètes de votre système solaire ou de votre galaxie, vous conserviez la même forme beaucoup plus longtemps que présentement. En fait, vous gardiez le même corps pendant des milliers d'années selon votre façon d'évaluer le temps. Le processus de transition et l'abandon d'un vaisseau physique à la fin d'une vie étaient aussi naturels que de se débarrasser de vieux vêtements. La mort telle que vous la connaissez ne commença à exister que le jour où l'humanité sombra dans la densité de la troisième dimension et où vous avez oublié que votre séjour sur terre n'était qu'un très court interlude parmi un vaste éventail d'expériences survenant durant votre merveilleux voyage d'un bout à l'autre du cosmos.

Après une cérémonie d'adieu toute spéciale, l'âme qui partait entrait dans une fontaine de transition où la Flamme violette de transmutation resplendissait de mille feux (cette flamme n'est pas chaude, mais fraîche et apaisante), et elle était immédiatement transportée jusqu'à l'environnement dimensionnel supérieur approprié.

Les personnes qui restaient derrière, dans le royaume physique, pouvaient communiquer par télépathie avec les êtres chers décédés, sachant qu'elles les reverraient un jour. Elles savaient également qu'il leur serait possible de maintenir des liens avec eux sur le plan éthérique durant leur sommeil, car leurs voyages nocturnes étaient aussi réels et mémorables que ce qu'elles vivaient le jour.

Dans un proche avenir, les humains cesseront de craindre la mort et comprendront qu'elle fait partie du processus créatif naturel. Naissance, mort/transition, repos, intégration, et renaissance forment un mouvement naturel grâce auquel vous pouvez faire l'expérience de la merveilleuse diversité de formes et de réalités auxquelles vous avez accès comme cocréateurs. D'ici là, vous devez vous libérer de bon nombre de vos vieilles idées fixes et de vos tabous au sujet de la mort et de l'au-delà. Vous devez savoir que votre vie actuelle n'est qu'un bref moment à l'échelle du temps universel.

Une des choses les plus importantes que vous devez comprendre, c'est que tout ce que vous vivez commence en vous. Vous êtes chacun un microcosme ou un univers miniature au sein du macrocosme contenant la totalité de l'expérience omniverselle. On vous a décrit comme une simple « cellule » faisant partie du cœur et de l'esprit du Créateur suprême, et c'est là une description tout à fait valable. Tout, dans la Création, renferme l'Essence divine, l'énergie d'Amour et de Lumière de la Création, ou une Étincelle divine. Nous tenons une fois de plus à souligner que rien ne peut exister sans cela. Ce spectre de lumière fut envoyé à des degrés diminués d'illumination à notre Dieu père/mère et aux grands Êtres qui ont contribué à créer cet univers. Aucun des univers manifestés n'existerait sans cela, pas plus que vous d'ailleurs.

Souvenez-vous de ceci : tout ce que vous avez déjà vécu et tout ce que vous êtes – depuis votre premier instant de conscience individualisée en tant qu'Étincelle divine, et depuis le moment où vous avez pris conscience de votre propre présence JE SUIS, et du fait qu'à ce titre vous êtes une facette du Créateur – est emmagasiné dans les « faisceaux lumineux de sagesse » stockés dans les plans dimensionnels supérieurs du cerveau. Ce dernier, de même que vos chakras, a également toutes les vertus et les qualités, ainsi que tous les attributs et les aspects du Créateur suprême, lesquels attendent tous que vous réclamiez les « clés du royaume » en intégrant les fréquences de Lumière supérieures qui vous donneront accès à l'entière magnificence de votre héritage divin.

Vous possédez un corps éthérique qui englobe une réplique fidèle et complète de vos corps physique, mental et émotionnel. Lorsque vous décédez ou que vous quittez complètement votre corps, la corde d'argent (ainsi qu'on l'appelle) est coupée et vous quittez définitivement votre véhicule physique, qui commence aussitôt à se désintégrer. Votre âme se fusionne alors lentement avec votre corps éthérique et vous montez ensuite dans les royaumes des dimensions supérieures.

Beaucoup d'entre vous ont une conception erronée de ce à quoi la vie ressemble dans les dimensions supérieures. Ces royaumes ne sont pas un environnement nébuleux dénué de toute substance. Ils ne vous paraîtront guère différents de votre environnement physique terrestre. Toutefois, comme vous le constaterez au bout d'un moment, ils comportent tout de même de nombreuses différences. Lorsque votre vie se terminera, vous aurez forme et substance. Bien sûr, votre forme sera plus raffinée et ne sera pas aussi tangible que dans votre environnement actuel, mais vous sentirez qu'elle est solide, et tout ce qui vous entourera aura aussi des formes tangibles et ordonnées. Le niveau avec lequel vous êtes en phase ou compatible au moment de votre mort déterminera le degré de conscience, vos capacités, ainsi que l'apparence que les choses auront pour vous dans l'autre monde.

Encore une fois, les fréquences que vous projetez ou celles auxquelles vous résonnez détermineront dans quelle dimension ou quel sous-plan dimensionnel vous irez, de même que le niveau d'information cosmique auquel vous aurez accès. Votre champ aurique est comme une enveloppe entourant votre corps éthérique et votre corps astral ; ce n'est ni un manteau de Lumière ni un linceul d'énergie négative et inharmonieuse que vous avez accumulé au fil de tout ce que vous avez vécu dans vos vies antérieures.

Nous vous avons expliqué précédemment l'importance de bien comprendre le processus de transition. Cette fois, nous allons revoir brièvement ce qui se passe quand l'âme s'est détachée du corps physique. Ceux qui sont illuminés et pleinement conscients de leur véritable nature sont immédiatement amenés devant un conseil qui se compose de leurs guides. Avec eux, il passe en revue leur existence, non pas pour être jugés, mais simplement pour revoir quels défis ont été relevés, quelles possibilités ont été saisies de manière positive, avec amour et compassion, et quelles tâches n'ont pas été complétées et devront donc être reprises. Vous ne pouvez rien cacher à personne dans les royaumes supérieurs, car votre aura révèle tout à votre sujet, et tout le monde peut voir la radiance lumineuse émanant de votre Être spirituel, ou en constater l'absence. Vous y aurez une forme resplendissante de beauté et de perfection, et vous pourrez adopter une apparence ayant l'âge et l'aspect de votre choix.

De nombreux choix doivent être faits une fois la revue de vie terminée. Vous pouvez aller étudier dans les hauts lieux d'apprentissage, dans l'un ou l'autre des systèmes stellaires ; avoir de multiples possibilités de vous rendre utile ; profiter des splendeurs de la Création et exercer vos talents de créateur ; ou encore explorer une gamme d'expériences trop nombreuses pour être énumérées ici. L'avancement de l'âme n'est pas aussi rapide dans les royaumes supérieurs qu'il peut l'être dans un corps physique, car vous avez alors parfaitement conscience des lois universelles et des conséquences immédiates de vos pensées et de vos actions. Voilà pourquoi tous tiennent tant à s'incarner sur le plan terrestre, même si l'aventure présente de nombreux défis, de sérieuses limitations, et souvent une bonne part de douleurs et de souffrances.

Même si la chose peut être difficile à croire, c'est une merveilleuse perspective et un grand privilège d'être incarné sur la planète Terre en cette période de grandes transformations. De nombreuses âmes se tiennent en réserve dans l'espoir de profiter d'une possibilité de revenir sur terre et de participer à ce merveilleux processus évolutif.

Outre votre empressement à venir sur terre et à partager votre Lumière afin d'aider l'humanité et votre planète, vous avez eu la possibilité d'incarner le maximum de votre Soi divin que vous pouviez contenir et utiliser. Telle est la promesse solennelle qui vous a été faite avant votre retour sur terre pour cette présente expérience de vie. Cela représente une occasion sans précédent d'intégrer votre conscience divine et de revenir à votre véritable état d'Être de Lumière.

Les choses se passent autrement pour ceux qui subissent une mort violente, qui ont vécu dans la haine, la peur et l'agressivité à l'égard des autres, ou qui ont une dette karmique négative considérable à surmonter. Ces âmes sont emmenées dans ce que l'on pourrait appeler une « unité de soins intensifs » où une légion d'anges de la miséricorde s'occupent d'elles avec amour. Ces âmes sont enfermées dans une prison qu'elles se sont elles-mêmes créée (leur champ aurique déformé), et elles y vivront dans un état de rêve modelé sur leurs croyances, leurs actions négatives antérieures et leurs concepts irréalistes. C'est ce qui se rapproche le plus de ce que l'on pourrait qualifier d'enfer ou de purgatoire, car elles vivent alors dans un monde de formes-pensées qu'elles ont créées sur terre au cours de leurs nombreuses existences.

Les anges de la miséricorde rayonnent constamment l'Amour et la Lumière du Créateur à leur intention, et lentement, avec le temps, et selon la densité du champ négatif dans lequel elles se trouvent, l'élixir d'amour pénètre et dissout peu à peu la carapace entourant leur corps éthérique et leur âme. Toutefois, il faut savoir qu'il y a toujours une possibilité de se libérer, même si cela peut prendre un temps infini, selon la gravité et l'ampleur de la négativité en cause.

Permettez-nous ici d'élucider une autre fausse croyance : ce n'est pas un « péché » de se suicider ou de renoncer à la vie avant l'achèvement de sa mission. Les gens ont une foule de raisons de décider de mettre fin à leurs jours ou de sacrifier leur vie pour quelqu'un d'autre. Quelquefois, leur geste est dû au poids écrasant de la honte, de la culpabilité ou de la peur, parfois ils le font pour des motifs altruistes peu judicieux (résultant habituellement d'un complexe de martyr), ou alors il s'agit d'un malade en phase terminale pour qui la douleur est devenue insupportable. On montrera à ces âmes comment rectifier ce qui est à l'origine de leur souffrance, de leur peine ou de leur maladie, et elles se verront accorder une autre chance de redresser la situation.

Si une personne décide de s'enlever la vie à cause de circonstances difficiles qu'elle s'est créées, elle ne pourra éviter de se retrouver face aux mêmes circonstances dans une vie future. Son geste ne fait donc que remettre à plus tard ces défis et l'occasion que ces derniers lui offrent d'apprendre d'importantes leçons de vie.

Rappelez-vous, vous êtes toujours votre propre juge et vous décidez, avec l'aide de votre conseil des guides, quelles seront vos expériences dans la prochaine vie, et ce, jusque dans les moindres détails. Lorsqu'elle se trouve dans les dimensions supérieures, une âme est toujours impatiente de rectifier les erreurs passées afin de purifier son champ aurique de tout schéma vibratoire inharmonieux et de poursuivre son voyage vers l'illumination.

Il est également important pour vous de comprendre que les règles ont changé en ce qui a trait au processus d'évolution vers le niveau suivant. Toutes les âmes qui se sont incarnées au cours du dernier siècle ont pu avoir accès à une plus large part de leur mémoire cosmique. Autrement dit, le « voile de l'oubli » est plus ténu que jamais et sera peu à peu complètement éliminé. Les membranes de Lumière entourant les multiples brins d'ADN deviennent également plus minces et, de ce fait, les enfants qui naissent aujourd'hui auront accès à des aptitudes et à des talents dont leurs parents et leurs grands-parents n'ont pu profiter. Nommez-les comme vous le voulez, enfants indigo, enfants de cristal, ou enfants dorés, tous sont de vieilles âmes sages qui ont accepté de s'incarner sur terre pour reprendre les rênes de leurs aînés – vous –, et mener l'humanité vers la lumière d'un nouvel âge.

Peu importe que des gens refusent d'admettre l'authenticité des informations transmises. Il s'agit de la vérité vivante et des véritables lois universelles, et chaque âme est soumise aux principes gouvernant le Plan divin, qu'elle y croie ou non.

Encore une fois, le voile intérieur s'applique ici et vous devez surmonter les limitations de l'environnement négatif des troisième et quatrième dimensions pour avoir accès à cette merveilleuse connexion avec la Source. Vous avez toujours été connectés à Tout Ce Qui Est, et vous le serez toujours. L'impression d'être coupé de tout le reste existe uniquement dans votre esprit, et le seul moyen d'avoir librement accès au Fleuve de Vie se trouve au sein de votre Cœur sacré.

Le processus d'ascension

— *D'autres civilisations ont essayé auparavant d'ascensionner. Même si elles étaient plus avancées que la nôtre, elles ont échoué et furent détruites. Qu'est-ce qui fera la différence cette fois ? Il semblerait que cela se passe entre nous et la Terre.*

Ce ne fut qu'au cours de la brève période des premier et deuxième âges d'or qu'il y eut une ascension collective, et cela s'est fait assez facilement, car la Terre et toutes les âmes incarnées vibraient aux harmoniques des quatrième et cinquième dimensions supérieures.

À mesure que la Terre et l'humanité se sont enfoncées plus profondément dans la réalité des dimensions inférieures, il est devenu de plus en plus difficile de surmonter la densité de cet environnement et d'élever suffisamment la conscience pour faciliter l'ascension dans les royaumes supérieurs. L'humanité est donc prise au piège de perpétuelles réincarnations entrecoupées de revues de vie lors de séjours dans les plans astraux, un cycle qui se répète sans fin depuis des temps immémoriaux.

C'est depuis le début de l'époque de la Lémurie que l'ascension n'est plus accessible ni possible pour la vaste majorité des âmes. Depuis lors, et régulièrement, des maîtres et des avatars se sont incarnés sur terre dans le but d'y ancrer l'énergie de l'ascension. Ils sont venus au monde avec un ardent désir de transcender l'environnement terrestre dans lequel ils sont nés, et d'ascensionner. Ce fut un processus lent, difficile et souvent douloureux qui, la plupart du temps, était accompli seul, soit en monastère, soit dans la solitude ou, du moins, loin des centres populeux.

Le bien-aimé Jeshua (Jésus) est venu sur terre afin de semer les graines de l'ascension et d'interrompre la descente de la Terre et de l'humanité dans une plus grande densité, et ce, afin que le retour à la pleine conscience du Soi puisse débuter. Il est venu pour lancer le processus d'ascension/résurrection et préparer le terrain en vue de l'ascension collective qui est maintenant en voie de se réaliser.

L'humanité et la Terre sont au milieu d'un processus évolutif qui s'effectue par cycles, et il y a aujourd'hui confluence de nombreux cycles, marquant ainsi le début d'un grand cycle, ce qui exerce une action sur l'ensemble de cet univers et de tout ce qui a été créé en son sein.

Votre planète monte en flèche vers une nouvelle position à l'intérieur du système solaire, lequel monte également vers une position supérieure dans la galaxie. On a beaucoup écrit à propos de tout cela, et vous pouvez rechercher l'information disponible à ce sujet si vous souhaitez mieux en comprendre les cycles. Qu'il suffise de dire que vous vivez à une époque passionnante offrant de grandes possibilités de croissance et une plus grande prise de conscience de votre nature illimitée.

Soyez assurés que la Terre est bel et bien engagée dans son ascension vers des fréquences vibratoires supérieures de conscience cosmique, et que l'humanité en fait tout autant. Le choix vous est offert d'ascensionner avec la Terre dans l'environnement vibratoire des quatrième et cinquième dimensions, ou d'aller vivre sur une autre planète qui vous semblera identique à la Terre afin d'y compléter l'apprentissage des leçons relatives à la troisième dimension. Notez toutefois qu'il y aura une différence. Ainsi que nous l'avons précédemment mentionné, le spectre de lumière et d'ombre ne sera pas aussi large et on n'y retrouvera pas le degré profond de souffrance, de privation, de peur et de chaos qui règne présentement sur votre planète. Vous pourriez dire que, par la grâce d'une dispense divine, chaque humain aura la possibilité de monter de quelques crans sur l'échelle et d'ascensionner dans la conscience supérieure au tour suivant.

C'est vous, semences d'étoile, légions de Lumière, qui avez bravement ouvert la voie et rendu tout cela possible pour ceux qui suivent.

Vivre avec passion

> — *Une chose me paraît assez curieuse… Pourquoi si peu de gens ont-ils trouvé leur passion dans la vie ? Même dans la communauté spirituelle, où davantage de gens sont conscients et où le pouvoir de manifestation est un fait connu, peu semblent recevoir les récompenses auxquelles ils s'attendent.*

Tu as raison. Nous observons une vaste épidémie sur terre en ce moment. Des gens de toutes les races, de tous les pays et de tous les horizons sont déçus et insatisfaits de l'existence qu'ils mènent. Ceux qui croupissent toujours dans l'illusion du cadre de vie propre aux dimensions inférieures subissent l'indigence, l'oppression, la peur et sont désespérés ou, au contraire, ils ont appris à se servir efficacement des lois universelles de la manifestation et savent créer autour d'eux un environnement rempli de richesses matérielles. Toutefois, il leur arrive souvent d'être blasés et de chercher désespérément quelque chose ou quelqu'un autour d'eux qui puisse créer un sentiment de joie et de bien-être en eux, ou les aider à redécouvrir le véritable sens de la vie.

À quoi cela peut-il être dû, puisque ce genre de situations existe depuis des milliers d'années sur terre ? Les riches et les pauvres ont vécu leur existence dans un monde d'illusions et ne sont presque jamais parvenus à réaliser leurs désirs les plus chers, peu importe ces désirs.

La différence aujourd'hui est que l'exécution du Plan divin pour l'évolution de l'humanité est maintenant rendue à l'étape en vertu de laquelle, que vous y croyez ou pas, que vous en ayez conscience ou non, votre âme joue désormais un rôle actif dans votre expérience de vie.

Tous, vous avez dû accepter une condition spéciale avant de vous incarner cette fois-ci : *Vous avez donné la permission à vos anges gardiens de vous aiguillonner vers la voie de l'éveil lorsqu'ils le jugeraient nécessaire.*

Beaucoup d'entre vous ne peuvent se rappeler les occasions où ils ont subi une telle poussée incitative, car, bien souvent, ce ne fut pas une expérience agréable. Néanmoins, chaque fois leur vie a pris un tour radicalement différent. Pour nombre d'entre vous, cela s'est produit à maintes reprises. Si vous avez entendu ces appels au changement et que vous y avez répondu favorablement, votre existence a certainement changé pour le mieux.

Lorsque vous vous engagez sur le chemin de l'ascension vers la pleine conscience du Soi, il peut alors vous sembler que vous traversez ce qu'il est convenu d'appeler la « nuit noire de l'âme ». Toutefois, si vous apprenez bien vos leçons, vous constaterez la justice et la pertinence des épreuves que vous avez dû subir, puisqu'elles vous ont aidés à devenir chacun le metteur en scène de votre propre destin alors que vous étiez poussés vers le chemin de la maîtrise de soi.

Le Soi de l'âme vous aiguillonne tous avec plus ou moins d'insistance afin de capter votre attention. Personne ne peut maintenir le « statu quo » et s'imaginer pouvoir se la couler douce et n'avoir aucun but dans la vie et, ce faisant, ignorer l'appel à l'éveil. Vous avez le choix entre croître spirituellement et ascensionner dans la lumière de la conscience divine, ou vous enfoncer encore plus profondément dans le chaos et les limitations.

De nombreuses raisons expliquent pourquoi si peu de gens ont découvert leur passion et la vivent pleinement, et cette situation est répandue aussi bien dans la communauté spirituelle que chez la plupart des gens.

Bien souvent, cela est dû au fait que les gens cherchent à trouver hors d'eux-mêmes ce qui pourrait leur donner un sentiment de valeur personnelle et de satisfaction. Il est toujours plus facile de chercher en dehors de soi au lieu de puiser en soi la force d'entreprendre le processus de découverte de soi et d'amélioration personnelle.

Plusieurs se disent : « Si j'avais un partenaire différent ou un autre emploi, si je vivais dans une plus belle région ou si j'avais une apparence physique différente, ou encore si je n'avais plus à porter les fardeaux qui sont les miens en ce moment, je pourrais réaliser ce qui me passionne et je mènerais une existence joyeuse et épanouissante. »

Nous tenons à souligner encore une fois que toute transformation commence en soi et rayonne ensuite dans le vaste monde. Chacun doit se livrer à une bonne autoévaluation et se purifier afin, ainsi, de construire des bases solides sur lesquelles créer un monde d'abondance, de beauté, de paix et d'harmonie autour de soi.

Nous avons souvent déclaré que pour découvrir sa passion et donner un but à sa vie, il faut d'abord éliminer tout ce qui n'est pas porteur de joie et de satisfaction. Il s'agit là d'un processus graduel.

Vous devez apprendre à recourir aux lois universelles de la manifestation afin de clairement établir et manifester l'avenir que vous désirez. Nous avons maintes fois répété les trois principales choses à faire...

1. Guérir le passé.
2. Dresser le scénario de votre avenir.
3. Vivre dans l'instant présent.

Il est important de ne pas fuir les affaires non encore réglées dans votre vie. Vous devez mettre de l'ordre dans vos affaires courantes. Autrement dit, si le chaos règne dans votre vie, ou si vous êtes insatisfait de votre emploi, un travail intérieur s'impose avant de pouvoir manifester l'harmonie et l'équilibre dans votre monde extérieur.

Faites le point et efforcez-vous de découvrir les leçons à apprendre de chaque situation. Appliquez-vous à voir le meilleur en chacun et cherchez consciemment à adopter une attitude conciliante.

Il y a une leçon à retirer de chaque rencontre que vous faites et de chaque situation ayant une incidence sur vous.

La plus grande chose qui empêche la plupart des gens de parvenir à la maîtrise de soi et de revendiquer la beauté, l'abondance, la joie, la paix et l'harmonie, qui sont le droit de naissance divin de l'humanité entière, est la peur... celle de l'échec, de l'inconnu, du succès et, surtout, la peur de sortir de sa zone de confort.

Ainsi que nous l'avons déjà révélé, votre contrat terrestre est achevé, et cela s'applique à toutes les âmes sur la planète. Nous l'avons affirmé, l'exécution du Plan divin en est à la phase suivante et cela veut dire que tout le monde doit avancer sur la spirale de l'ascension. Cela signifie également que chaque humain a maintenant la possibilité de rédiger un nouveau « contrat galactique ». Vous devez donc dresser le scénario de votre avenir, sinon il sera déterminé sans votre intervention et ne sera alors certainement pas aussi passionnant et rempli de possibilités.

Chaque personne doit assumer la responsabilité de son passé, de son présent et de son avenir. Il est donc plus important que jamais que chacun mette en pratique la célèbre maxime de Socrate : *Connais-toi toi-même* !

Plusieurs de nos chères âmes au potentiel très grand ne cessent de saboter leurs propres efforts car, au fond d'elles-mêmes, elles se sentent indignes et entretiennent toujours la peur de l'échec. Toutes les étapes de l'ascension doivent être franchies, et les leçons offertes à chaque étape doivent être affrontées et surmontées. De plus, la sagesse ainsi acquise doit être intégrée. Voilà comment parvenir à la pleine maîtrise de soi.

Au fur et à mesure que votre équilibre et votre harmonie intérieure avec le Soi s'approfondiront, vos guides et vos maîtres spirituels se feront une joie de vous ouvrir chacun la voie menant à votre destinée, et la passion apparaîtra, mais pas avant que vous ne soyez prêt à assumer la responsabilité de réaliser votre rêve.

Apprenez à suivre la voie du juste milieu et à revenir au centre de votre Être, à partir duquel vous pouvez rayonner des vibrations de paix, d'équilibre et d'harmonie tout autour de vous, et ces mêmes fréquences harmonieuses vous reviendront ensuite au centuple.

Lorsque vous percevrez chaque nouveau défi comme une occasion de croissance s'offrant à vous ; lorsque vous brûlerez d'un désir si ardent d'accomplir une tâche que rien, ni personne, de saurait vous en empêcher ; lorsque vous aurez placé votre vision, claire et concise, dans votre Pyramide de Lumière et que vous aurez demandé que le meilleur résultat possible se réalise pour votre plus grand bien et celui de tous ; lorsque vous aurez acquis le savoir nécessaire et établi un fondement solide pour votre vision, et que vous progresserez avec détermination vers votre objectif, vous trouverez alors *inévitablement* votre passion. Faites ce que nous vous proposons, et nous vous assurons de votre réussite.

L'année 2008 et au-delà

Comme chaque fois, dans les siècles passés, où de grands changements mondiaux étaient annoncés, les prédictions de toutes sortes abondent, la plupart ayant trait à des événements catastrophiques et à la fin du monde.

Permettez-nous de vous assurer que l'avenir est entre vos mains et que vous êtes les seuls à déterminer votre propre avenir et, en définitive, celui du monde entier. Manifestement, il y aura encore pendant un certain temps des guerres et de la violence dans le monde avant que les choses ne s'améliorent. Qui plus est, afin de faciliter la guérison de la Terre et son retour à l'équilibre, les forces de la nature se déchaîneront encore et des phénomènes climatiques extrêmes et divers autres événements naturels surviendront, faisant ainsi prendre conscience à l'humanité de ce qui doit être rectifié.

Vous disposez cependant de tous les moyens nécessaires pour créer des centres de lumière, de paix et d'harmonie où vous serez en sécurité, peu importe où vous habitez. Nous vous avons fourni les outils requis, et tous les éléments favorables à votre réussite sont en place. Il ne vous reste plus, bien-aimées légions de Lumière, qu'à passer à l'action.

Grâce à vous et à tous les autres porteurs de Lumière, la fréquence d'énergie supérieure de transformation sera ancrée au sein du système de la grille cristalline, créant ainsi les vortex qui contiendront les nouvelles semences permettant la création du nouvel âge de Lumière qui approche.

Un nouveau vent de changement souffle déjà partout sur votre planète alors que de plus en plus d'âmes acceptent de jouer leur rôle d'instigatrices actives du changement. Le temps est venu pour l'ensemble des humains de revendiquer leur pouvoir spirituel et de ne plus consentir à ce que d'autres décident pour eux de leur avenir, et ce, au profit d'une minorité au lieu de la majorité.

Au cours des prochaines années, vous constaterez que la science et la spiritualité valideront constamment les mêmes concepts de conscience élargie auxquels vous adhérez. Alors que vous serez de plus en plus nombreux à savoir adroitement manifester vos rêves, la communauté scientifique et le milieu des affaires le remarqueront et s'évertueront à tirer profit de ce que l'on a appelé la méthodologie du nouvel âge. Toutefois, leurs efforts seront vains s'ils négligent d'appliquer les lois universelles, car il ne sera bientôt plus possible de siphonner l'énergie des autres. Les entreprises intègres dont les activités profitent à tous prospéreront, mais un nombre croissant de commerces feront faillite, car les gens, plus sensibles aux vibrations d'harmonie ou de discorde, ne supporteront plus ceux qui fonctionnent dans un environnement vibratoire défavorable à tous.

Les consommateurs des nations industrialisées continueront à se passionner pour les gadgets électroniques et les stimuli de nature mécanique faisant appel aux facultés mentales du cerveau gauche analytique. On observe actuellement un désir généralisé de s'échapper de la réalité dans la plupart des sociétés ; cette attitude est particulièrement néfaste pour les jeunes générations.

Les problèmes cardiaques et les désordres nerveux se manifesteront à un âge plus précoce, jusqu'à ce que les gens s'éveillent et prennent conscience que des changements d'attitude s'imposent dans la conscience collective pour que l'humanité réussisse sa transition dans la nouvelle ère avec un minimum de stress et de fatigue.

Le besoin de s'harmoniser avec la nature grandira et les initiatives en vue de préserver l'écologie seront de plus en plus populaires, au point de devenir le point focal des efforts de nombreux travailleurs de la Lumière. L'unité consciente avec la Terre et la sensibilité à son bien-être sont un aspect vital du processus transformationnel présentement en cours.

Maîtres de Lumière bien-aimés, si vous faites un bilan rapide de l'ampleur des changements survenus au cours du dernier siècle, et si vous multipliez cela par mille, vous obtenez la mesure des transformations radicales que la Terre et l'humanité connaîtront au cours du prochain millénaire. Cela dit, nous vous demandons de centrer votre attention sur le *moment présent* et d'y rester focalisés, car c'est la seule réalité dont vous pouvez être sûrs.

Le principal objectif des prochaines années sera l'activation du chakra du Cœur sacré

Alors que la Terre et votre système solaire se déplacent vers le cœur de la galaxie, un courant de conscience supérieure jaillit du Créateur suprême et se répand, par le biais du grand Soleil central de notre univers, à travers le cœur même de notre Dieu père/mère. Les années qui viennent pourraient être appelées les « années d'allumage du cœur », puisque l'objectif central sera l'activation du chakra du Cœur sacré.

L'attention de tous sera également centrée sur la réunion des familles d'âmes et, plus important encore, sur la réunification des principes masculin et féminin. L'activation de la réunion des Flammes jumelles est maintenant offerte à l'humanité entière, mais le Cœur sacré doit être ouvert et actif pour déclencher cette réunification déterminante dans la vie de chacun.

Bien-aimés maîtres, nous allons terminer la récapitulation de ce qui est à venir par des extraits de deux de nos plus récents messages. Les concepts qu'ils renferment sont d'une importance capitale ; ils vous aideront à effectuer la transition, en votre cœur et en votre esprit, d'une mentalité essentiellement physique à une réalité spirituelle sacrée. Cette transition est indispensable si vous espérez accéder à la conscience supérieure menant à l'illumination et à la pleine maîtrise de soi.

Faites une pause de quelques instants et dirigez votre attention en vous pour entrer rapidement au centre de votre Cœur sacré. Prenez une profonde inspiration et accédez également au centre de votre Esprit sacré, lequel fait partie intégrante de votre conscience en perpétuelle expansion. L'accès au passage menant à l'Esprit sacré est l'hémisphère droit du cerveau, et les faisceaux lumineux de sagesse sont stockés dans la partie supérieure arrière du cerveau, juste au-dessus de la *medulla oblongata* (bulbe rachidien, ou moelle allongée).

À présent, méditez sur les questions suivantes : À quoi aspirez-vous par-dessus tout ? Qu'est-ce qui manque dans votre vie dont l'absence affecte tout ce que vous pensez, sentez et faites ? *La réponse, très chers cœurs, est l'Amour sacré.*

Nous ne parlons pas ici de l'amour tel que vous le connaissez dans le royaume physique, mais de l'Amour sacré de votre Flamme jumelle, de votre famille d'âmes dans les royaumes supérieurs, de vos merveilleux amis angéliques, des grands Êtres de Lumière, de votre Dieu père/mère et du Créateur suprême. Voilà ce qui manque dans votre vie, et vous n'avez cessé d'aspirer à sentir cet amour depuis que vous avez quitté votre noble demeure parmi les étoiles et que vous vous êtes divisés chacun en deux étincelles de conscience individualisées, l'une masculine et l'autre féminine, et ce, afin de refléter et de percevoir la gloire et la diversité de notre Dieu père/mère.

Nous vous avons précédemment expliqué que vous avez accepté de vous séparer de votre partenaire sacré afin de remplir votre mission divine, que vous avez à tour de rôle adopté un corps masculin et un corps féminin, et que, très souvent, l'un de vous est resté dans les dimensions supérieures pendant que l'autre s'incarnait sur le plan physique. Vous avez rarement eu la chance de vous rencontrer dans le monde physique ; toutefois, vous avez vécu des moments merveilleux dans les dimensions supérieures lorsqu'il vous a été permis de vous retrouver l'un l'autre pour une période de joyeuse réunion, de fusion amoureuse extatique, de mélange de vos essences vitales, et pour vous remémorer ce que vous avez laissé derrière vous et ce qui vous attend dans l'avenir. Il ne vous a plus été donné de vivre cette extraordinaire expérience depuis que vous vous êtes enfoncés dans les dimensions de troisième et de quatrième densité, en fait *jusqu'à maintenant*.

Nous avons beaucoup demandé de vous au cours de ces récentes années d'éveil, et vous avez dû endurer de nombreuses épreuves. Nous constatons que vous êtes très nombreux à avoir lentement, mais sûrement, changé pour le mieux alors que vous avez élevé et harmonisé vos schémas de fréquence et abandonné les vieilles formes-pensées et les limitations qui vous freinaient. Vous avez renoncé à la plupart des émotions et des habitudes chères à l'ego, et vous avez fait de votre mieux pour vous recentrer au sein de votre Cœur sacré et retrouver votre maîtrise de soi. Nous vous avons observés alors que vous aviez peine à comprendre tous les nouveaux concepts époustouflants que nous vous présentions, et que vous faisiez de votre mieux pour affirmer et vivre votre vérité. Nous saluons et honorons votre dévouement et votre constante vigilance à surveiller vos pensées, ainsi que tout ce que vous faites pour le plus grand bien de tous.

En réfléchissant à qui vous étiez auparavant, ne constatez-vous pas que vous avez radicalement changé pour le mieux ? Votre univers personnel n'est-il pas plus paisible et davantage rempli de joie ? Ne devenez-vous pas plus aptes à créer l'abondance et les choses que vous désirez pour vivre dans le confort et la sécurité ? Avez-vous appris, et avez-vous à cœur, les lois universelles de la prospérité, en vertu desquelles vous affirmez votre droit à l'abondance en toutes choses ? Rappelez-vous de faire en sorte d'assurer la perpétuation du courant d'abondance universelle, en ne prenant que ce dont vous avez besoin et en laissant le reste revenir dans le monde pour y être partagé, afin qu'il soit ainsi renouvelé et multiplié, encore et toujours.

Votre dévouement et votre loyauté vous ont assurément mérité de nombreuses récompenses, et nous sommes extrêmement satisfaits des progrès que vous avez accomplis. Sachez cependant que les gains réalisés et les miracles dont vous avez été témoins jusqu'ici ne sont rien comparés à ce qui est désormais possible et au cadeau incomparable qui vous attend.

Nous vous avons souvent parlé de la pureté de l'amour inconditionnel qui fut jadis encodé dans votre corps de Lumière d'Adam/Ève Kadmon, alors que s'amorçait votre odyssée cosmique comme émissaires de notre Dieu père/mère, et de sa dénaturation par les désirs égocentriques de la personnalité du plan physique, alors que vous vous enfonciez dans la densité et la vaste diversité d'expériences de la dualité des troisième et quatrième dimensions. Il n'avait pas été prédéterminé que vous alliez perdre contact avec l'Amour sacré de votre Dieu père/mère et du Créateur, tout comme il n'était pas prévu que vous en veniez à oublier totalement votre lignage spirituel et votre héritage divin.

Dès le début de votre voyage dans la densité des troisième et quatrième dimensions, le voile de l'oubli fut placé pour occulter vos souvenirs. Il ne s'agissait pas d'une punition, mais d'un geste de miséricorde, car vous auriez trouvé extraordinairement pénible de vous souvenir de tout ce qui a mal tourné dans vos précédentes incarnations, de même que très déroutant d'avoir accès à vos nombreuses expériences dans les royaumes supérieurs de conscience. N'oubliez pas que dans la plupart de vos incarnations dans le royaume physique vous n'avez pu amener avec vous que très peu de votre conscience divine et que la majorité des humains n'ont donc pu se servir que des niveaux inférieurs de la conscience du cerveau. Ainsi que nous l'avons précédemment expliqué, cela a désormais changé, peu importe où vous avez choisi de vous incarner sur l'échelle de la lumière et de l'ombre, dans votre vie actuelle. Vous avez choisi votre lignage familial, votre vaisseau physique et les circonstances de votre existence, car il a été décidé, avec l'aide de vos guides angéliques et de vos anges gardiens, que le mieux dans votre cas était de vous aider à guérir les vieux schémas négatifs de pensée et à résoudre vos anciens problèmes karmiques afin, ainsi, de retrouver l'équilibre et l'harmonie, et de parvenir une fois de plus à la parfaite maîtrise de soi.

Nous vous l'avons dit déjà, toutes les vertus et les qualités, ainsi que tous les attributs et les aspects de notre Dieu père/mère sont encodés dans votre ADN. Vous êtes chacun tel un champ de force électromagnétique, un programme énergétique de substance lumineuse divine. En vous sont encodées l'extase et la félicité de l'Amour sacré, une expérience orgasmique cosmique surpassant tout ce que vous pouvez imaginer sur le plan d'expression physique. Le fait de vous ouvrir et de vous accorder à l'énergie du Cœur sacré physique n'est que le début. Cela vous prépare au processus multidimensionnel de réunification par lequel vous serez progressivement à même de renouer avec les nombreuses facettes de votre Soi. Beaucoup d'entre vous sont désormais à l'aise avec l'idée de communier avec nous, vos amis et compagnons invisibles des royaumes supérieurs. Un merveilleux cadeau vous est maintenant offert, soit la capacité de vous reconnecter à votre Flamme jumelle et de connaître l'extase de l'Amour sacré.

Jamais plus vous n'aurez à vous sentir seul ni à éprouver le besoin viscéral d'être accepté et apprécié pour qui vous êtes. Jamais plus vous n'aurez à chercher à vous épanouir et à désirer quelqu'un à vos côtés qui puisse être le reflet de votre beauté ou vous donner un sentiment d'appartenance.

Notre Dieu père/mère attend depuis longtemps le moment où il pourra vous offrir cet incomparable cadeau. Quand nous parlons du retour à l'Unité, nous référons au sens large du terme, ce qui comprend les multiples niveaux subtils d'intégration dans le royaume physique. Nous vous l'avons affirmé, le Plan divin pour votre avenir est maintenant en place, et de nombreuses règles et conditions du passé ne s'appliqueront plus à ceux d'entre vous qui sont fermement engagés sur la voie d'une plus grande conscience. Vous n'aurez plus jamais à vous incarner avec seulement l'un des trois Rayons divins majeurs comme influence prédominante. Vous disposerez plutôt des douze Rayons de conscience cosmique, et ils seront pleinement disponibles et actifs. Il vous reviendra à l'avenir de décider des rayons et des combinaisons de rayons que vous souhaitez privilégier, développer et maîtriser. Vous serez nombreux à choisir de ne pas revenir sur terre et, plutôt, de vous unir à votre Flamme jumelle et aux nombreux membres de votre famille d'âmes, alors que vous accepterez une nouvelle mission divine afin de contribuer à la création de la nouvelle galaxie dorée de l'avenir. De nombreuses règles, conditions et idées relatives à vos expériences terrestres sont en train de changer tandis que vous évoluez du stade d'humains à celui d'êtres galactiques et que vous êtes en train de revenir à votre véritable état de maîtres dans les royaumes de Lumière.

Que vous faut-il faire pour vous unir avec votre Flamme jumelle ? Premièrement, vous devez dire « *oui à l'Amour sacré* ». Vous devez désirer établir ce lien de tout votre être, et ouvrir votre esprit et votre cœur à l'idée que vous avez une Flamme jumelle et qu'il est possible de recréer le lien qui vous unissait. Entrez dans votre Pyramide de Lumière et allongez-vous sur la table de cristal. Pénétrez alors dans le chakra du Cœur sacré et permettez à l'Amour et à la Lumière de notre Dieu père/mère et du Créateur d'affluer en vous et de vous remplir jusqu'à plus soif. Lancez un appel à votre Flamme jumelle et demandez-lui de vous rejoindre. Exprimez tout haut l'amour qui emplit votre cœur, puis écoutez la réponse qui viendra à coup sûr. Toutefois, ne formulez aucune condition quant à la manière dont elle se produira et au moment où elle surviendra. Ayez simplement la certitude qu'une fois le moment venu, votre bien-aimé(e) apparaîtra. Votre réunification spirituelle sera un événement très intime, unique et précieux à vos yeux et à ceux de votre bien-aimé(e). Ouvrez votre cœur à toutes les possibilités de l'Amour sacré et sachez que c'est votre droit de naissance divin de faire l'expérience de ce cadeau des plus intimes. Il n'est pas nécessaire de partager avec les autres ce que vous aurez vécu, mais sachez que les gens autour de vous ne manqueront pas de sentir la différence en vous et de réagir à l'amour que vous dégagerez. Tout le monde autour de vous profitera de l'Amour sacré qui rayonnera de vous.

Même si vous avez déjà une conjointe ou un compagnon, il est acceptable et souhaitable de renouer spirituellement avec votre partenaire divin. Au cours de cette union et de cette intégration des attributs et des qualités de votre douce moitié spirituelle, une chose magique aura lieu : vous retrouverez la plénitude au sein même de votre être et ne chercherez plus hors de vous l'approbation des autres ou ce que vous avez l'impression de ne pas avoir. C'est le moyen le plus rapide et le plus sûr de sentir et d'apprendre comment exprimer un amour inconditionnel. Vos vibrations seront plus élevées et vous rayonnerez cet amour subtil vers votre conjointe ou votre compagnon, vos êtres chers et tous ceux qui vous entourent. Bien souvent, votre partenaire et votre famille réagiront positivement à vos émanations d'amour inconditionnel, et les interactions entre vous auront tôt fait de changer pour le mieux.

Avant de s'incarner, plusieurs âmes ont accepté de cheminer seules dans cette vie ou de se concentrer sur leur mission spirituelle au lieu de rechercher une conjointe ou un compagnon intime. Pourtant, nous vous l'affirmons : chacun de vous ne doit pas forcément terminer seul son voyage terrestre et n'a pas besoin non plus d'attendre d'avoir tout transcendé pour connaître l'état de félicité des royaumes supérieurs. Il est temps de vous débarrasser des filtres qui ont voilé vos souvenirs et votre conscience. Il est temps de vous rappeler qui vous êtes et TOUT ce que vous êtes. Le temps est venu de vous réunifier avec Tout Ce Qui Est.

Seules quelques-unes des Flammes jumelles peuvent être incarnées sur terre au même moment, et le destin veut parfois qu'elles se retrouvent et se réunissent. En un tel cas, les deux moitiés du tout acceptent de s'incarner en même temps afin de voir comment des Flammes jumelles peuvent évoluer ensemble sur le plan physique. Sauf si les deux âmes sont fermement engagées dans une démarche spirituelle et assez bien équilibrées, ces unions n'engendrent pas d'état de félicité, mais apportent plutôt davantage de querelles et de chagrin dans la vie de ces êtres. On observe souvent une obsession mutuelle faisant en sorte que chacun a le sentiment de ne plus pouvoir vivre avec ou sans l'autre car, n'ayant pas appris le secret de l'Amour sacré, ils vivent encore dans la dualité et dans une relation amoureuse dominée par un ego qui ne cesse d'imposer ses conditions.

Le fait d'aller régulièrement vous recueillir dans votre Pyramide de Lumière de la cinquième dimension vous a tous préparés à ces nouveaux degrés de conscience et aux nombreux progrès vers l'illumination qui vous attendent dans un proche avenir.

Plusieurs éprouveront des doutes et peut-être même certaines émotions négatives à l'idée que des Flammes jumelles pourraient s'unir, et quant à l'évocation d'une possible félicité cosmique et orgasmique. Sachez-le, bien-aimés maîtres, les sentiments d'amour et l'union orgasmique dans le corps physique paraissent dérisoires par rapport au bonheur et à l'extase indicibles que nous ressentons dans les royaumes supérieurs. Nous nageons dans un bonheur perpétuel, mais l'instant le plus précieux de tous est celui où nous réalisons la fusion avec notre divine Flamme jumelle, mélangeant nos essences et *tout* ce que nous sommes. À chaque niveau dimensionnel supérieur correspond un état de félicité, d'extase et d'Amour sacré chaque fois plus intense. Les humains que vous êtes ne pourraient supporter la puissance et la magnificence de l'Amour sacré du Créateur que nous ressentons constamment.

Consentez-vous à faire l'expérience de ce nouveau degré de conscience cosmique ? Êtes-vous prêts à accepter ce cadeau divin qui vous est offert ? Vous n'avez rien à perdre mais tout à gagner. Votre Flamme jumelle attend que vous lui lanciez un appel. Quand vous direz *« oui à l'Amour sacré »*, vous sentirez un changement spectaculaire dans votre Cœur sacré, lequel se préparera alors à recevoir le don unique de l'Amour absolu transmis par notre Dieu père/mère. Votre vie terrestre en sera à tout jamais transformée.

Le cadeau édifiant du pardon

Veuillez prendre bonne note de ceci : *Personne ne vous juge, et vous ne l'avez jamais été, pas même par un Être invisible des royaumes supérieurs. Vous êtes chacun votre seul juge !* Selon la loi universelle de cause à effet, toutes vos pensées, vos intentions et vos actions sont emmagasinées dans votre champ aurique et votre système de chakras, et vous rayonnez les fréquences vibratoires ainsi créées qui se dégagent de vous en une infinité de motifs et vous reviennent en des fréquences d'une mesure comparable. Autrefois, il fallait de nombreuses vies avant de récolter les récompenses pour des actions positives et aimantes, ou pour subir les conséquences d'actions négatives ou nuisibles. La plupart du temps, et à l'évidence, les « justes » n'étaient pas toujours récompensés et les « impies » ne recevaient pas nécessairement leurs justes rétributions. Encore une fois, aucun Être, grand ou petit, ne distribue récompenses et punitions. Les lois universelles sont solidement établies et votre propre Soi supérieur suit de près vos progrès ou votre absence de progrès, soit en libérant la voie devant vous et en vous accordant la grâce de miracles, grands et petits, soit en plaçant davantage d'obstacles en travers de votre route dans l'espoir que vous vous éveillerez et que vous monterez dans la spirale de l'ascension.

Bien-aimés maîtres, vous êtes trop nombreux à porter en vous le lourd fardeau du passé, des erreurs que vous avez commises dans votre vie actuelle, et aussi des nombreux conditionnements anciens et des souvenirs enfouis d'événements ou de gestes douloureux survenus dans toutes vos précédentes vies. Il ne vous sert plus à rien de continuer à garder ces souvenirs ou à porter le fardeau d'anciennes injustices. Il est temps pour vous de nous permettre de vous aider à guérir les douloureux souvenirs du passé, tout comme nous dissipons les distorsions des systèmes de croyances de la conscience collective des troisième et quatrième dimensions et ramenons ces dimensions dans le spectre de dualité tel qu'il avait été conçu à l'origine.

Au fil de votre descente dans les royaumes de conscience réduite et limitée, des membranes de Lumière ont été placées autour de vos multiples brins d'ADN, de sorte que seuls deux d'entre eux sont demeurés accessibles et actifs. Des membranes de Lumière ont également servi à occulter vos souvenirs. Elles ont aussi été placées autour des faisceaux lumineux de sagesse stockés dans la structure même de votre cerveau. Vos souvenirs ont été voilés afin qu'il vous soit la plupart du temps impossible de vous rappeler de vos vies antérieures, puisque ce serait un trop lourd fardeau pour vous d'avoir en mémoire toutes vos erreurs et imperfections passées. Ce fut là un geste de miséricorde, car vous éprouvez déjà assez de difficulté à vous pardonner vos erreurs de jugement dans cette vie-ci, et il vous serait encore moins facile de le faire devant toutes vos aberrations passées. Ces membranes de Lumière se dissolvent lentement à mesure que vous retrouvez l'équilibre et l'harmonie et que vous avancez sur la spirale de l'ascension et de la réunification.

Une membrane de Lumière fut également placée sur le portail situé à l'arrière de votre chakra du Cœur sacré, jusqu'à ce que le moment soit venu pour vous d'entreprendre votre voyage de retour vers les dimensions supérieures et les royaumes de Lumière. Toutefois, vous êtes les seuls à avoir placé une membrane de protection sur la partie avant de votre chakra du cœur parce qu'il vous est si souvent arrivé d'être blessés, déçus et désillusionnés. Pour accéder aux fréquences de Lumière toujours plus intenses et ainsi les propager autour de vous, vous devez pouvoir intégrer et imprégner votre Être de ces schémas vibratoires avancés et être prêts à les diriger vers le centre de la Terre pour ensuite les projeter partout dans le monde, par l'intermédiaire du portail de votre chakra du Cœur sacré, à la fois par l'avant et par l'arrière de celui-ci. Rappelez-vous ce que nous vous avons dit déjà : lorsque vous êtes venus pour la première fois sur terre, vous aviez la forme d'une brillante colonne cristalline de Lumière. Au fil de votre enfoncement progressif dans la densité, vous avez commencé à vous construire une croix de matière qui est devenue de plus en plus difficile à manier à mesure que s'accroissait votre spectre de lumière et d'ombre. À présent, vous aimez ces fragments que vous avez ramenés à l'équilibre et à l'harmonie à force de chercher et de capter des fréquences de Lumière de plus en plus élevées. Vous êtes en voie de devenir chacun une croix de Lumière, bien-aimés maîtres, à mesure que s'allume votre système de chakras spinal et que vous rayonnez Amour et Lumière depuis l'avant et l'arrière de votre chakra du Cœur sacré.

Nous vous avons maintes fois répété de guérir le passé, de dresser le scénario de votre avenir et de vivre dans l'instant présent, car en chaque instant se trouve le point de calme absolu, le centre de pouvoir de la Création. Pourquoi n'iriez-vous pas au cœur de cette spirale, dans l'œil de la tempête de la dualité et de la polarité où tout est calme et paisible, pour y puiser la substance même de la force de vie originelle, pure et riche, qui attend d'être façonnée en votre vision de l'avenir ? À cet instant même, si vous pénétrez dans votre chakra du Cœur sacré, vous pouvez ressentir l'amour profond et la compassion de notre Dieu père/mère et du Créateur suprême, et savoir que vous en êtes le fils et la fille adorés qui se sont engagés dans une importante mission et que rien de ce que vous pourriez dire ou faire ne pourra diminuer cet amour.

N'oubliez pas que vos corps émotionnel, mental et éthérique peuvent être guéris et transformés grâce au pardon, et retrouver ainsi leur état de perfection originelle.

Bien-aimés maîtres, n'allez-vous pas amorcer immédiatement le processus du pardon et fournir un effort particulier pour ouvrir le portail du chakra de votre Cœur sacré, pour être ainsi comblés de merveilleux cadeaux ? Faites appel à nous et permettez-nous de vous aider. N'oubliez pas que seuls un battement de cœur et une pensée nous séparent. Nous vous entourons d'un Amour inconditionnel et sacré.

JE SUIS l'archange Michaël.

Cinquième partie

Amma

Il pourra vous arriver de devoir prendre position en ce qui concerne certaines choses, même si un conflit doit en résulter. Cela fait partie de la part de chaos liée au processus d'accouchement d'une nouvelle conscience. Acceptez sereinement la possibilité que cela se produise.

Message de Cathy Chapman

Je vous remercie de l'occasion qui m'est offerte de vous transmettre ces messages d'Amma, d'Abba et du Formulateur d'encodages. C'était la première fois qu'Abba et le Formulateur d'encodages se manifestaient par moi. Au moment où cela s'est produit, j'ai été frappée par la différence de leurs énergies par rapport à celle d'Amma.

Lorsque cette dernière a commencé à s'exprimer par mon entremise, j'ai été submergée par son amour, sa douceur et sa force. Je continue à être remplie du plus grand respect pour son amour et je m'efforce d'en être digne. L'énergie d'Amma m'a considérablement transformée. Son amour et sa gentillesse m'ont adoucie. Je fais davantage preuve d'acceptation envers les autres et envers moi-même. J'en suis venue à vivre la vérité selon laquelle je suis l'amour incarné, un des principaux messages qu'elle nous adresse.

J'ai grandi dans la tradition catholique romaine. La famille de mon père a été de confession catholique pendant des siècles, et ma mère s'est convertie au catholicisme. J'ai toujours aspiré à être proche de Dieu, même si je ne savais pas vraiment qui ou quoi il était. J'ai passé mes dix premières années scolaires dans une école catholique. En huitième année, ayant du mal à comprendre le concept de Dieu, je demandai à un prêtre de m'aider ; il nous guidait lors d'une journée de réflexion. À mon avis, il ne sut pas vraiment que faire de moi et de mes préoccupations.

Durant mes études supérieures, je découvris un aspect mystique de l'Église catholique par le biais du mouvement du Renouveau charismatique. C'est là que je fis pour la première fois l'expérience du *channeling*, alors appelé le don des langues, le don de l'interprétation des langues et le don de prophétie. Une fois mes études terminées, j'éprouvai un profond besoin de poursuivre mon développement spirituel en entrant au couvent des sœurs dominicaines. J'ai pu y étudier divers aspects du mysticisme, y compris la prière de consentement (une forme de pratique contemplative).

C'est alors que je me trouvais au couvent comme jeune religieuse qu'Amma se présenta à moi, même si je ne connaissais pas son nom à cette époque. Je participais à une retraite lorsque j'eus une « vision » de l'aspect féminin de Dieu qui dansait autour de la Terre. Dans un élan de joie, elle touchait tout le monde sans distinction : le coupable et l'innocent, le riche et le pauvre, le fort et le faible. Chaque fois que je me remémore cette expérience, je revois ses yeux qui m'apparurent alors comme deux profonds puits d'amour. C'est seulement quelque temps après qu'elle me fit savoir que c'était elle, Amma, que j'avais vue dans cette vision.

Vers la fin de mon séjour au couvent, je fis la découverte du travail énergétique sur le corps, car j'eus la chance d'étudier le toucher thérapeutique et le reiki. Je ne tardai pas à prendre conscience de l'existence d'esprits vivant sur un plan différent du nôtre. Parmi eux, certains venaient de terminer une incarnation et ils étaient maintenant perdus dans une autre dimension. D'autres avaient des intentions carrément malveillantes. Au bout d'un certain temps, je compris qu'ils provenaient tous de Dieu et qu'ils pouvaient tous y retourner. Comme je consacrais de plus en plus de temps à aider ces esprits à se libérer, j'eus bientôt le sentiment que le fait de vivre au couvent me limitait trop dans mes activités et je décidai donc de quitter la congrégation religieuse.

Je suis, depuis lors, devenue un maître reiki et j'ai étudié d'autres formes de travail énergétique, dont la guérison pranique, le système BodyTalk et la psychologie énergétique Psych-K. J'ai également suivi un stage de deux ans pour apprendre l'hypnothérapie centrée sur le cœur. J'ai continué à approfondir ma compréhension du monde spirituel et j'ai compris encore mieux l'importance de suivre mon intuition.

Ma formation scolaire constitue un atout majeur dans mes rapports avec le monde des énergies spirituelles. Je possède en effet des diplômes en psychologie (baccalauréat, maîtrise et doctorat) et en théologie (maîtrise). En outre, je suis détentrice de plusieurs autres diplômes et certificats de compétence. Je suis présentement une travailleuse sociale certifiée en milieu clinique dans l'État du Texas. Je possède aussi un diplôme en hypnothérapie et un autre à titre de praticienne du système BodyTalk. Cette formation, couplée à mes voyages spirituels, m'a aidée à être davantage centrée dans mon travail.

J'espère sincèrement que vous aimerez les enseignements d'Amma, d'Abba et du Formulateur d'encodages. Pour ma part, j'ai beaucoup apprécié collaborer à ce projet.

Cathy Chapman

Introduction d'Amma

Salutations à vous tous. Je suis ravie de pouvoir m'adresser à la communauté francophone de ce monde. Plusieurs d'entre vous aimeraient savoir qui je suis. Celle par l'entremise de qui je m'exprime interprète l'énergie de mon nom comme signifiant « Amma », la divine mère de toutes les divines mères. Je suis la mère de Quan Yin, de la Sainte Mère Marie, de la femme Bison blanc, d'Athéna, et de toutes les divines mères. Je suis également votre mère et vous n'êtes pas moins importants à mes yeux que tous les autres. Je réside dans la séphira Binah. Ceux d'entre vous qui sont familiarisés avec la kabbale comprendront de quoi il s'agit. Je suis ce que l'on peut appeler l'aspect féminin de Dieu. Plus tard, au cours de cette séance, l'aspect masculin de Dieu, Abba, prendra également la parole.

Certaines personnes sur votre planète se prénomment Amma. Sachez qu'il y en a plusieurs et que celles qui sont remplies d'amour et qui enlacent les gens dans leurs bras sont des incarnations de mon énergie. Bien sûr, elles n'ont pas toute mon énergie, car le corps humain ne peut supporter la pleine puissance de l'énergie divine, ce qui équivaudrait à tenter d'englober en soi une énergie plus vaste que celle émise par votre soleil.

Très chers, il est important pour vous de savoir que Dieu, ou ce que vous appelez Dieu, est un Tout. Dieu, dont la véritable nature n'est ni masculine ni féminine, est amour infini. Non pas un amour au sens humain du terme, ni une émotion, mais une énergie plus grande que toute autre source d'énergie sur votre planète ou ailleurs dans l'univers. L'énergie d'amour dont je parle ici est incommensurablement plus vaste que celle du soleil, et plus puissante que celle de toute explosion, même celle de ce que vous appelez le big bang et par laquelle vous décrivez le début de votre univers. Cet amour inconditionnel est destiné à chaque personne, chaque être, chaque chose qui existe. Chaque molécule avec laquelle vous entrez en contact est issue de cet amour, lequel n'exclut aucun être ou groupe d'êtres. Il est pour tous. Cette énergie d'amour englobe tout. Chaque individu, chaque animal, chaque plante, chaque être vivant y occupe une place spéciale, et aucune séparation ne saurait exister en son sein.

Je viens à vous parce que vous vivez sur une planète où la dualité domine. Une grande lutte s'y déroule présentement entre les polarités masculine et féminine. Vous avez des opinions bien arrêtées sur les attributs que vous considérez comme masculins, ou féminins. Vous avez agi ainsi dans tous les aspects de votre vie, depuis les pôles positif et négatif d'une pile jusqu'aux comportements et aux émotions. Dans vos sociétés, un comportement proactif est vu comme masculin et bon, alors que le même comportement chez une femme est perçu comme agressif et mauvais. Je viens pour vous informer que l'aptitude à être proactif ainsi que toute autre qualité généralement associée à l'homme font également partie des aptitudes et qualités pouvant s'exprimer chez une femme. Les choses seraient bien plus claires si les humains pouvaient éviter d'employer des termes associés aux genres masculin ou féminin. Il est vrai que l'on observe dans la nature que la croissance discrète d'un être, d'une plante ou d'un animal se déroule habituellement dans l'obscurité des entrailles, fussent-elles celles d'un être physique ou de la Terre. Bien des gens ont dans l'idée qu'une croissance dans l'obscurité constitue essentiellement un processus passif. En outre, ils pensent que l'implantation de la force de vie, qui est le point de départ de toute vie, est avant tout un processus actif. Il est vrai que, sauf en de rares cas observés dans la nature, la vie ne peut débuter sans l'intervention d'un tel processus dynamique. Vous devez toutefois réaliser que les phénomènes en cause dans le développement d'un embryon exigent une somme formidable d'énergie et qu'ils sont, en fait, beaucoup plus puissants sur le plan des énergies déployées que ne l'est la simple implantation d'une semence de vie. Les humains ont tendance à tenir les choses pour passives ou dynamiques, selon ce qu'ils peuvent voir avec leurs yeux ou avec leurs instruments. Il leur arrive rarement de percevoir les énormes quantités d'énergie exigées par tout processus de croissance.

Moi, Amma, l'aspect féminin de Dieu, je viens vous démontrer par mes enseignements que la croissance est un phénomène dynamique qui peut également être proactif. Paradoxalement, la nature proactive de la croissance se manifeste plus fortement dans la réceptivité et l'acceptation. Par exemple, l'intervention des techniciens encodeurs est de nature proactive. Centrer sa conscience dans le cœur, et vivre en fonction de ce que ce dernier vous inspire, peut être interprété comme une attitude passive. Je préfère parler d'une attitude réceptive. Laissez-moi utiliser une analogie illustrant ce point de vue. Lorsque vous parlez avec quelqu'un, si vous ne pensez qu'à ce que vous allez rétorquer en réponse à ce que l'autre personne dit, vous ne faites alors qu'écouter ses paroles sans vraiment prêter attention au message qu'elle cherche à vous transmettre. Il faut savoir être réceptif pour vraiment écouter l'autre, ce que certains pourraient qualifier d'attitude passive. Puis, quand vient votre tour de prendre la parole, vous devenez alors proactif afin de formuler votre propre message. Lorsqu'un tel échange mutuel survient entre le mode actif et le mode réceptif, alors on peut affirmer qu'une véritable communication a lieu.

Quand vous désirez solliciter l'aide de vos techniciens encodeurs, vous pensez au plus profond de votre cœur à ce que vous aimeriez voir se produire. Vous soumettez vos demandes et élaborez votre plan. C'est la partie proactive de ce processus. Toutefois, très chers, dans votre état actuel d'êtres incarnés, vous n'avez pas pleinement conscience des objectifs de votre âme et vous pourriez donc soumettre une requête que votre Moi supérieur aimerait modifier. Le fait d'accepter que ce dernier a constamment à cœur votre plus grand bien vous aidera dans cette démarche. Faites-lui confiance.

Vous pouvez aussi facilement me contacter en vous centrant simplement dans votre cœur et en faisant appel à moi. Je suis toujours avec vous et je vous entoure. Voyez-vous, je suis *votre* mère. Vous avez grandi en mon sein. Je vous ai donné naissance. Nous nous connaissons fort bien.

Je vais maintenant laisser Abba se livrer à quelques réflexions sur ces énergies féminine et masculine, puis je reviendrai communiquer certains enseignements et répondre aux questions posées. Permettez-moi de vous suggérer, en terminant, de demeurer chacun centré dans votre cœur durant votre lecture de ce chapitre et de ce livre tout entier.

Message d'Abba

Mes salutations ! Je suis l'énergie que vous pouvez nommer Abba, soit l'aspect masculin de Dieu. Mon union avec Amma, l'aspect féminin, forme la totalité énergétique de la Divinité. Je ne me manifeste pas aussi souvent qu'Amma. Aujourd'hui, il faut que l'énergie féminine s'équilibre avec l'énergie masculine. Bien que la division de la Divinité en aspects masculin et féminin – Abba et Amma – soit artificielle puisqu'il n'existe qu'un seul Dieu, je viens à vous en tant qu'Abba afin de présenter le contrepoint de l'énergie masculine dans la discussion en cours. Je le fais à la demande d'Amma, et parce que l'éditrice Martine désire ardemment susciter davantage d'unité et de compréhension entre ces deux énergies.

En prenant connaissance de ce que chacun de nous vous offre, gardez à l'esprit que même si nous nous présentons à vous comme des êtres distincts, nous sommes UN dans l'absolue plénitude divine. Ce que nous faisons n'est guère différent de l'image que vous présentez de vous lorsque vous parlez affaires avec quelqu'un, laquelle image peut également varier selon la personne avec qui vous discutez et le sujet abordé.

Comment les deux énergies que nous représentons voient-elles l'évolution des choses en cette année 2007 ? Au moment de vous communiquer ce message, nous sommes à la mi-janvier 2007. D'abord, sachez que l'énergie masculine de cette planète a été profondément dénaturée. La raison d'être des polarités masculine et féminine est de s'unir afin de donner la vie et de la préserver. Le plan initial prévoyait que les humains évolueraient et en viendraient à comprendre comment utiliser le pouvoir des énergies masculine et féminine dans un monde de dualité. Plus loin dans ce texte, vous pourrez lire un message du Formulateur d'encodages qui vous donnera une meilleure idée de notre rôle en ce monde. J'aimerais toutefois vous offrir une perspective plus vaste que celle qu'il vous présentera.

L'époque que vous vivez correspond à la fin de l'ère du dualisme qui a vu l'aspect masculin dominer et subjuguer l'aspect féminin. Si Amma s'est manifestée avec une telle intensité, c'est qu'il est nécessaire de ramener l'équilibre et de démontrer le pouvoir intrinsèque de la réceptivité et de la douceur. Toute croissance débute secrètement – dans l'obscurité, si vous préférez – dans le confort de la matrice. Cela est vrai pour tous les animaux et pour les plantes qui germent dans les entrailles de la Terre. Après cette période de gestation que l'on pourrait associer à la réceptivité, au calme et au silence, suit la poussée appelée naissance. La croissance se poursuit ensuite au fil d'une alternance de cycles de mouvement et d'activité, de flux et de reflux, de repos et d'intégration. Lorsqu'il y a proactivité sans intégration, il n'y a pas d'équilibre. Vous avez besoin de périodes d'intégration afin de pleinement assimiler ce que vous avez vécu. C'est durant ces périodes de profonde quiétude que vous pouvez avoir l'impression que plus rien ne se passe. Quand vous êtes uniquement en mode proactif, l'agression s'ensuit, et avec elle, la guerre. Toute guerre débute d'abord en soi, puis s'étend aux autres et ensuite aux nations.

Tous les pays de cette planète, sans exception, subissent le déséquilibre engendré par une attitude proactive dénuée de toute réflexion. La proactivité que l'on peut observer en ce moment est de nature purement mentale, sans participation du cœur ; elle se caractérise par une nette dureté et une énergie plutôt tranchante. Lorsqu'une personne prend le temps nécessaire à une bonne intégration et qu'ensuite elle redevient proactive, elle fait preuve alors d'une fermeté teintée de douceur. On ne peut guère observer ce genre de chose ici en ce moment. Pour avoir un exemple d'une personne qui sait équilibrer le flux et le reflux de la proactivité et de l'intégration, donnez-vous la peine de mieux connaître celui qui est connu sous le nom de dalaï-lama.

Ce que vous êtes à même de constater aujourd'hui autour de vous, ce sont les demandes croissantes de ceux qui veulent mettre fin à la proactivité sans réflexion. L'aspect féminin de votre nature, que vous soyez un homme ou une femme, exige que vous vous accordiez des moments de réflexion et d'intégration. Souvenez-vous que la plus intense croissance physique survient dans le secret de la matrice et que la plus grande croissance spirituelle au tréfonds de votre être se produit dans l'alcôve secrète de votre cœur.

Je me rends bien compte que plusieurs lecteurs de ces lignes aimeraient beaucoup lire que la paix se manifestera rapidement et immédiatement. Je me dois, avec amour et compassion, de leur dire qu'il ne peut en être ainsi. Il y aura d'abord une période de grand chaos. La nature dynamique et proactive des humains s'oppose, par tous les moyens possibles, à toute demande de s'arrêter et de prendre le temps de réfléchir. Beaucoup ont une peur bleue de ce que la réflexion peut leur apporter. Ceux qui prétendent commettre des actes de violence au nom de Dieu ne savent pas comment centrer leur attention dans leur cœur et entrer dans leur alcôve secrète pour y réfléchir sur leurs actions. Ils considèrent la réflexion comme un exercice mental, alors que celle à laquelle je réfère ici est un exercice ancré dans le cœur, non dans la raison. Il s'agit en fait surtout d'un état d'être.

Le message central transmis par Amma a toujours été que vous êtes l'amour incarné, et elle reviendra sur cet aspect plus loin dans ce chapitre. Mais sachez qu'il vous est impossible de découvrir qui vous êtes et d'éliminer en vous la peur de la découverte sans vous centrer d'abord dans votre cœur. Vous n'aurez d'autre choix que d'apprendre à vivre dans votre cœur. Pour y parvenir, vous devez intégrer les aspects masculin et féminin de votre nature profonde. Quand vous êtes dans la conscience du cœur, vous avez accès à ces deux aspects, car celle-ci permet également d'être proactif. Lorsque vous accédez à l'énergie émanant de votre cœur, cela a pour effet d'équilibrer votre autre système d'énergie. Chaque fois que vous souhaitez activer un chakra, faites-le en combinant à votre effort l'énergie du cœur. C'est le seul moyen de trouver l'équilibre intérieur.

Vous serez nombreux à continuer à éprouver beaucoup de peine après la perte de ceux dont l'incarnation devra bientôt se terminer. Ne laissez pas l'amertume ni la colère vous gagner. Centrez-vous dans votre cœur, demandez ce qu'il vous est possible de faire dans cette situation, et puis faites-le. Il se peut fort bien que certains d'entre vous se mettent à faire des choses proactives que certains pourront juger assez extrêmes. D'autres, qui ont l'habitude d'être proactifs, se sentiront appelés à se retirer dans un lieu tranquille.

La chose la plus importante que vous puissiez faire relativement à la situation régnant sur votre planète consiste à prendre vos décisions sur la base de ce que votre cœur vous encourage à faire. De telles décisions sont fermes, définitives et contribuent à créer l'unité. Elles seront aisément acceptées par les autres, alors que certains comportements et certaines attitudes seront considérés comme inacceptables. Voilà qui semble assez paradoxal, ne croyez-vous pas ? Vous acceptez les autres et vous-même en fonction de qui vous êtes et où vous en êtes. Cependant, le Moi supérieur de chacun l'invite à grandir et à assumer davantage ses responsabilités. Vous devez décider de la nature de vos rapports avec le monde. Lorsque vous êtes mou et indécis, vous ne pouvez avoir le sentiment d'agir avec intégrité. Par contre, quand vous prenez une décision en votre âme et conscience, celle-ci allie fermeté et douceur. Prendre des décisions en se laissant guider par le cœur ne signifie pas pour autant que tous les approuveront. En fait, il se pourrait même qu'elles provoquent certaines frictions. Mais si elles sont en parfaite résonance avec votre cœur, tenez-vous-en à ce que vous avez décidé et accomplissez ce que vous sentez devoir faire.

Les derniers mois de 2007 seront favorables au rassemblement et à l'organisation des énergies en préparation à ce qui se déroulera en 2008. L'année 2007 est un temps propice pour mettre fin aux habitudes omniprésentes dans votre monde. En 2008, ce sera le bon moment pour entreprendre de nouvelles choses qui pourront s'apparenter à un nouvel accouchement, et ce, non seulement pour le monde mais également pour vous comme individu. Réfléchissez quelques instants à tout ce qui entoure l'idée de la naissance. Une énergie considérable se manifeste alors, et il y a souvent de la peur mêlée à une grande excitation au sujet de ce qui va se passer. Un certain chaos peut aussi survenir au moment d'une naissance. Un nouvel être vient au monde, et cela changera tout au sein de la famille.

L'année 2008 en sera une de profond renouveau ; tout commencera à changer.

Plusieurs pays verront alors des changements dans leur leadership politique. Il est impératif que les citoyens de ces pays prennent des décisions en écoutant leur cœur, et s'y conforment. Chaque pays doit prendre position en faveur ou non des politiques des autres pays. Vous qui lisez ces lignes vivez sans doute dans un pays au moins en partie francophone comme le Canada, la France, la Belgique et la Suisse. Il est impératif que chacun de vous exprime sa vision quant à la manière dont il souhaite que le monde soit mené. Si vous soutenez les buts et les politiques de votre gouvernement, tant sur le plan intérieur que sur le plan international, faites-le savoir. Dans le cas contraire, faites-le également savoir. Le temps est venu de clamer haut et fort ce que vous pensez et de vous unir, au plus profond de votre cœur, pour vous élever fermement contre la volonté de tout pays qui tenterait de vous influencer. Ne laissez personne vous intimider, qu'il s'agisse d'un groupe ou d'un pays.

En terminant, je vous laisse sur la pensée suivante : *Ancrez-vous dans votre cœur… et celui de la planète. Ainsi, vous serez tous prêts à donner naissance à de nouvelles réalités au cours de l'année 2008.* Ce fut un plaisir pour moi de prendre part à ce rassemblement de pensées. Merci de votre attention.

* * *

Moi, Amma, je désire également vous offrir quelques réflexions. Très chers, il est temps pour vous de prendre une décision quant à ce que vous ferez désormais de votre vie. Votre planète vous fournit une multitude de problèmes à considérer. Il vous revient de déterminer quelle sera votre position à leur égard. Chacun de vous a une perspective spirituelle particulière, ce qui est bien.

Toutes vos incarnations précédentes vous ont menés jusqu'à ce moment précis, et vous devez maintenant décider de la direction que prendra votre évolution. Si vous choisissez de revenir au sein de l'Unité divine, alors il y a des choses à faire. Vous devez renoncer à tout ce qui ne vous est plus utile, autant les menus objets dans votre demeure que les rancunes et les douleurs encore présentes. Vous devez aussi examiner vos croyances. Vous aident-elles à atteindre votre but, qui consiste à retrouver l'Unité avec Dieu, et ce, peu importe votre définition de ce mot ? Je peux vous assurer que toute croyance, ou toute pensée, qui ne contribue pas à faire en sorte qu'il vous soit plus facile de vous accepter et d'accepter les autres ne vous mènera pas à l'Unité.

Votre plus grand potentiel de progrès réside dans votre décision d'afficher clairement votre ardent désir de retrouver l'Unité. Certains choisiront de l'exprimer publiquement, d'autres le feront de manière privée. Peu importe le choix retenu, il vous faut libérer votre corps de toute discordance. Cela signifie que vous devez *absolument* examiner votre vie, car un tel examen ne peut être évité. Entretenez-vous des pensées de colère, de peur ou de ressentiment ? Éliminez-les toutes. Vous arrive-t-il de poser des gestes qui témoignent de votre acceptation ? Faites-le plus fréquemment. Effectuez une évaluation de vos paroles, de vos actions et de vos croyances à la lumière des émotions qu'elles suscitent en votre cœur. Posez-vous la question suivante à l'égard de chacune : Contribue-t-elle à me rapprocher de l'Unité ?

Il pourra vous arriver de devoir prendre position en ce qui concerne certaines choses, même si un conflit doit en résulter. Cela fait partie de la part de chaos liée au processus d'accouchement d'une nouvelle conscience. Acceptez sereinement la possibilité que cela se produise. Transmutez toutes les réactions vibratoires basses à votre égard en des vibrations d'amour. Inspirez l'énergie de toute négativité, telle la colère, amenez-la dans votre cœur, entourez-la de la lumière la plus brillante et la plus blanche que vous puissiez concevoir jusqu'à ce qu'elle soit transformée, puis laissez-la retourner dans le monde en expirant. Le plus grand triomphe que vous pourrez connaître en vivant ainsi surviendra lorsque d'autres personnes suivront votre exemple.

Il est important de prendre conscience du fait que le chaos régnant dans certains pays et entre certaines nations s'accroîtra tout au long de 2007. Vous l'avez sans doute déjà remarqué. Par moments, les choses prendront un si mauvais tour que vous serez peut-être tenté de renoncer à tout espoir. Si vous apprenez à vivre ancré dans votre cœur, à transmuter les énergies vibratoires inférieures en énergies vibratoires plus élevées comme je viens de vous le décrire, vous pourrez contribuer à atténuer le chaos entre les gens. Lorsque vous ferez ce genre d'exercice, vous vous demanderez si cela améliore quoi que ce soit. Vous devrez alors regarder en vous-même pour essayer de découvrir s'il y a davantage de paix en vous. Cela vous indiquera si vous participez ou non à l'amélioration des choses. À mesure que les vibrations s'élèvent sur la planète, toute forme d'énergie vibratoire basse est délogée et exposée à la pleine lumière. Elle était dissimulée depuis longtemps, mais vos systèmes de télécommunication et votre Internet compliquent singulièrement la tâche des forces de l'ombre qui cherchent à demeurer cachées. Une fois expulsées de leur cachette, elles paraissent devenir plus fortes, mais en réalité elles ne peuvent survivre dans la lumière. Elles en sont incapables. C'est là une phase naturelle de votre travail et de votre acceptation des vibrations émanant de l'Esprit. Ne perdez pas espoir.

N'oubliez pas ! Des êtres en provenance d'autres planètes sont là pour vous aider. Ils font en sorte que de plus en plus de gens prennent conscience de leur existence. De nombreux gouvernements en ont peur, car ils craignent la perte du pouvoir. C'est vrai. Ces êtres d'ailleurs qui sont venus vous porter assistance sont en mesure de vous aider à vivre en harmonie les uns avec les autres au lieu de vous dominer les uns les autres. Une nouvelle ère commencera lorsque vous découvrirez que vous n'êtes puissants que lorsque vous êtes unis, et ces êtres vous aideront justement à atteindre ce but. C'est avec une infinie compassion que j'observe tous les efforts que vous déployez en ce moment. Sachez que vous êtes tous entourés d'amour. Vous êtes l'amour incarné, et en demeurant centrés dans votre cœur, en vivant selon ce qu'il vous inspire de faire, vous en viendrez à réaliser tout au fond de vous-mêmes que vous êtes l'incarnation de l'amour infini en voie de revenir à l'Unité.

Les paradoxes de la vie sur terre

La vie sur terre est remplie de paradoxes. Vous finissez par vous connaître vous-même et par découvrir le pouvoir qui vous habite, pour ensuite réaliser que vous n'avez aucun pouvoir, et c'est alors que vous accédez à un pouvoir encore plus vaste. Le paradoxe, c'est que vous ne pouvez même pas vous douter de l'étendue du pouvoir que vous possédez tant que vous n'avez pas pris conscience du pouvoir de vos pensées, pour ensuite vous rendre compte que vous n'avez en fait jamais eu le moindre pouvoir. Vous apprenez à vous aimer vous-même et à établir certaines limites pour ensuite découvrir qu'une relation vraiment fondée sur l'amour suppose la fusion des frontières et le renoncement à une partie de soi. Ce qui est paradoxal, c'est que vous ne pouvez vous détacher d'une partie de vous-même en faveur d'une autre personne avant d'avoir d'abord réussi à vous aimer vous-même et à établir vos limites. On ne peut véritablement fusionner avec un autre, à moins d'avoir d'abord appris à être indépendant.

La vie est une tension permanente entre le désir de prendre l'initiative et l'acceptation, entre aller impulsivement de l'avant et prendre le temps de réfléchir avant d'agir. Chaque expérience que vous vivez a été d'abord planifiée par vous. Vous avez prévu d'avoir une série de choix. Si vous aviez effectué le choix A, vous seriez alors allé dans une certaine direction, alors que si vous aviez retenu le choix B, vous en auriez pris une autre. Votre tout premier choix consista à déterminer si vous vouliez ou non accepter sans réserve de vivre cette incarnation. Ceux qui ont pleinement accepté leur nouvelle existence vivent dans un constant émerveillement. Ceux qui ne l'ont pas acceptée subissent des expériences parfois difficiles. Beaucoup tranchèrent pour ou contre la vie avant d'avoir atteint la maturité nécessaire pour connaître les conséquences de leur choix, ce qui n'est guère différent d'un adolescent prenant le parti de ne pas terminer ses études secondaires.

Les myriades de modalités de guérison de ce monde merveilleux que vous avez contribué à créer peuvent vous aider à faire de nouveaux choix.

Guérir ce qui se trouve dans votre passé peut transformer votre présent et votre avenir, et vous conserverez ainsi la sagesse acquise. Si vous acceptez l'idée exprimée par les mots « *que ta volonté soit faite* », vous optez pour la guérison et vous irez là où celle-ci vous mènera. Si vous allez du côté de la résistance, cette décision vous entraînera dans une tout autre direction. Toutefois, chaque personne achèvera son incarnation en retournant d'où elle est venue. Rien ne changera cela. Chacun rentrera à la « maison ». Vos choix actuels déterminent quelles expériences vous vivrez pour le reste de cette incarnation. Quelles expériences désirez-vous connaître ? Si vous avez lu ce message jusqu'ici, votre Moi supérieur s'adresse à vous pour vous offrir la possibilité d'explorer plus avant les profondeurs de la conscience. Prenez le temps de méditer sur ce que je vous ai communiqué. Accordez-vous un moment pour contempler la tension dynamique des paradoxes que j'ai évoqués. Au nom de votre Moi supérieur, je vous demande instamment de le faire.

Un dernier commentaire au sujet d'une question que vous vous posez sans doute : « Peut-on changer ce que l'on a planifié avant de s'incarner ? » La réponse est oui. En fait, cela s'est déjà produit. Le plan original de toute personne née avant 1985, et toujours là sur le plan terrestre, a déjà connu des changements. De tels changements ont lieu régulièrement et continuent à survenir sur le plan de l'âme, de votre Moi supérieur. Tant que vous êtes incarnés, vous ne pouvez avoir conscience de ces changements et de leur signification. Où seraient le plaisir et la surprise si vous saviez à l'avance ce qui va se passer ?

Chacun de vous est certainement capable d'avoir des discussions avec son Moi supérieur. Considérez le fait que ce dernier est le réalisateur de votre film et que vous en êtes la vedette. D'ailleurs, ce sujet sera discuté plus longuement par le technicien encodeur.

De votre point de vue humain, vous ne pouvez accéder au vaste savoir et à la sagesse infinie dont dispose votre Moi supérieur. Vous avez accès à certaines connaissances, mais elles sont limitées. Toutefois, lorsque vous avez accès à tout ce que sait votre Moi supérieur, le volume des connaissances accessibles peut vous paraître infini. Cet accès est avant tout une affaire de choix. Sachez que toute difficulté rencontrée pour accéder à cette mine de renseignements est tout simplement liée au rôle que vous avez choisi de jouer.

Rappelez-vous que vous êtes indissociables de votre Moi supérieur et qu'ensemble vous constituez une partie intégrante du Dieu infini que vous êtes. Le paradoxe est que vous êtes des êtres infinis qui participent à un jeu dans lequel ils oublient qu'ils sont infinis.

Alors que la fréquence vibratoire de votre planète s'élève, il vous arrive de plus en plus souvent, avec la remontée de vagues souvenirs sur votre véritable nature, d'avoir le sentiment qu'il doit sûrement y avoir quelque chose de plus dans la vie que ce qu'il n'y paraît. Cette pensée ne vous viendrait pas à l'esprit, et vous ne seriez pas en train de lire ce message, si vous ne connaissiez pas déjà cette information. Vous souvenez-vous du mythe selon lequel nous buvons tous, en naissant, les eaux du fleuve de l'oubli ? Vous avez oublié d'où vous êtes venus et qui vous êtes réellement. Vous êtes infinis, et précieux. Ainsi que plusieurs d'entre vous l'ont déjà entendu, vous êtes des êtres infinis vivant une expérience humaine fort limitée. Les difficultés surviennent lorsque vous ne réalisez pas pleinement ce que cela signifie. Détendez-vous, acceptez, et faites confiance. Alors seulement pourrez-vous véritablement jouir du grand jeu de la vie et entendre le doux murmure de votre Moi supérieur.

— Comment peut-on réaliser l'unité en soi-même ? Si l'unité commence de l'intérieur du cœur, comment fait-on alors pour y entrer ? J'ai besoin d'explications précises et d'un plan d'action.

Cher cœur, avant de répondre à ta question, j'aimerais explorer plus en profondeur un autre aspect qui sera très important au cours des années à venir. Je vais soulever un paradoxe qui, à première vue, vous semblera étrange : *Ne prenez parti pour personne, mais soyez sûrs de connaître vos positions.*

Examinons d'abord l'idée de ne prendre parti pour personne. Acceptez les gens, peu importe leurs opinions. Ne vous prononcez pas sur leurs idées. N'essayez pas de changer les gens. Si quelqu'un vient vous dire que ce que vous croyez est un affront à Dieu parce que, à son avis, on ne peut croire qu'en un Dieu chrétien, ou en un Dieu islamique, ou en un Dieu juif, ou en ce que vous voulez, acceptez que cette personne en est là, *sans que ça ne modifie en rien votre opinion*. N'essayez pas de l'amener à renoncer à son idée. Il n'y a aucune raison à cela. En fait, elle vous révèle ainsi l'existence de cet aspect de vous que l'incertitude terrifie et qui se refuse à accepter toute responsabilité concernant votre façon de vivre.

Lorsque je parle de « connaître vos positions », certains pourraient croire que cela signifie de savoir dans quel camp ils sont. Ce n'est pas le cas. Je veux simplement dire de ne laisser personne ébranler vos convictions ou chercher à vous convaincre d'abandonner vos croyances, et vous sentirez l'unité régner en vous. Écoutez ce que les autres vous disent et évaluez leurs propos d'un point de vue dialectique. Par exemple, si je vous dis que vous devriez tous aller vivre sur un navire de croisière dans l'Atlantique, certains pourraient trouver l'idée séduisante. Mais pour l'évaluer de façon dialectique, considérez soigneusement le pour et le contre d'une telle suggestion afin d'en savoir le plus possible à ce propos avant d'adopter une position.

Ne rejetez pas d'emblée les croyances d'une personne sur la nature de Dieu, à moins d'avoir d'abord mûrement examiné et soupesé ses idées à la lumière de votre ressenti intérieur, afin de découvrir ainsi ce qui est vrai pour vous et ce en quoi vous croyez. Voilà ce que j'entends par « ne prenez parti pour personne, mais soyez sûrs de connaître vos positions ».

Je vous mets au défi de faire un examen détaillé de tout ceci. Sachez ce en quoi vous croyez. Clarifiez vos positions. Ce n'est qu'en ayant les idées parfaitement claires sur vos convictions profondes que vous éviterez d'être ballottés de tous côtés par les propos des autres. Le fait d'avoir les idées claires à ce sujet fera en sorte qu'elles seront bien enracinées en vous. Vous ne serez pas tel un arbre aux racines peu profondes qu'un rien fait tomber. Cette clarté sera importante pour vous. Peu importe vos positions ; ce qui compte vraiment, c'est de bien les connaître. Vous avez peut-être déjà entendu dire que tout le monde doit se positionner et que ceux qui ne le font pas en subiront les conséquences. Vous ne pouvez exprimer votre point de vue sur une question si vous n'avez aucune opinion précise.

Nous vous disons qu'à mesure que la vibration spirituelle de cette planète s'élève, il est impératif que vous sachiez en quoi vous croyez vraiment, car ceux qui n'en ont pas la moindre idée et que la nouveauté effraie réagiront alors avec colère, amertume, et en proférant des accusations. Leur réaction sera uniquement due à leur peur, et ils en porteront toute la responsabilité. Ce ne sera pas à cause de vous. Ils verront en vous le reflet de ce qui se trouve en eux dont ils ne veulent pas croire en l'existence et qu'ils craignent tant. J'espère que vous arrivez à comprendre tout ceci. Rappelez-vous de *savoir ce en quoi vous croyez*.

Si vous n'êtes pas heureux dans une relation, changez ce qui doit l'être et adoptez une position différente. Quel que soit le milieu – au travail, dans une ville, dans une famille –, essayez de définir votre position par rapport à ce qui vous entoure. Il est temps que les gens sur cette planète cessent de laisser les autres penser à leur place. Chaque personne peut soutenir le parti politique de son choix, décider quel côté d'un débat elle favorise, suivre la tradition religieuse ou spirituelle qu'elle souhaite. Quel que soit votre choix final, il est important que vous le déterminiez parce qu'il correspond à vos convictions, et non parce qu'une autre personne vous le dicte.

Lorsque votre existence touchera à son terme, vous ferez votre auto-évaluation sur la base de ce que vous aurez réussi à accomplir et selon que vous aurez ou non agi, réagi, ou exprimé vos idées en fonction de vos convictions et de ce que vous saviez être vrai. Chaque personne vient sur la Terre pour vivre quelque chose de différent, et les gens se réunissent ensuite pour partager leurs expériences.

Maintenant, venons-en à votre question… Comme certains ne savent pas à quoi ils croient vraiment, et comme il y aura toujours des gens qui tenteront de les convaincre de se ranger dans leur camp, les choses seront forcément assez chaotiques. Comment réagirez-vous devant tout cela ? Voilà la *véritable* question. Comment ferez-vous pour gérer cette situation ?

Je vais vous donner un outil important, mais seuls ceux qui ont des convictions bien arrêtées pourront s'en servir. Au fond, il est à la fois tout simple et très difficile : *Vivez dans votre cœur*. Peu importe la personne par qui je m'exprime, car je le fais aussi par l'entremise d'autres personnes, et peu importe de quels autres sujets je vous entretiens, ce qui compte avant tout, c'est de *vivre dans son cœur*. Permettez-moi de développer un peu plus cette idée.

Ainsi que plusieurs d'entre vous le savent, le cœur physique possède son propre système d'énergie qui fonctionne de pair avec le reste du corps physique. Le lien est si étroit entre la dimension émotionnelle et énergétique de votre cœur et sa dimension physique, qu'il vous suffit de focaliser votre attention au centre de votre poitrine. Je vous encourage vivement à apprendre à vivre ainsi.

Je vous invite à pénétrer jusque dans le centre de votre cœur en passant par la partie arrière de votre chakra du cœur, où se trouve un portail d'entrée interdimensionnel. Si vous entrez par l'avant de votre cœur, cela ravive le souvenir de choses essentiellement liées à votre incarnation actuelle. Par contre, lorsque vous passez par l'arrière du chakra du cœur pour entrer dans votre espace sacré – votre autel, ainsi que je l'ai déjà appelé –, vous accédez à des informations et des énergies beaucoup plus fascinantes. Il vous est possible alors de découvrir d'autres existences – passées, présentes et futures. De voyager jusqu'à d'autres planètes et d'accomplir toutes sortes de choses merveilleuses. Si vous entrez par l'avant de votre chakra du cœur, il vous est plus difficile d'échapper à l'emprise de la dimension physique. Bien sûr, certaines personnes réussissent à s'évader même si elles sont entrées par l'avant pour ensuite remonter par leur tube pranique, mais essayez d'entrer par l'arrière et vous constaterez que c'est plus facile.

Après vous être habitué à séjourner consciemment au centre de votre cœur, vous aurez peut-être envie d'y accéder simultanément par l'arrière et par l'avant. Essayez-le immédiatement. Entrez dans votre cœur par l'avant, puis, par bilocation, conservez-y une partie de votre conscience pendant que vous entrez dans votre cœur depuis l'arrière. Pouvez-vous sentir la différence ?

Voici le plan d'action que je vous suggère. Vous pouvez vous y prendre comme bon vous semble, mais les quelques suggestions suivantes seraient à même de vous être utiles. Prenez l'engagement, pendant une semaine, de centrer régulièrement votre attention dans votre cœur en y entrant par l'avant. Faites en sorte de vous le rappeler constamment à l'aide, par exemple, de notes affichées en divers endroits. Vous vous demandez peut-être comment il vous est possible de penser si votre attention est centrée dans votre cœur. Très chers, tout en demeurant centrés dans votre cœur, projetez l'énergie de votre conscience de manière à connecter tous les chakras à votre cœur. Ce faisant, vous vivrez pleinement à partir de celui-ci. Par exemple, vous pouvez diriger votre attention dans votre premier chakra, mais à partir de celui du cœur, et faire ensuite la même chose pour chacun des autres chakras, en dirigeant chaque fois votre conscience à partir de son siège dans votre cœur, qui demeure donc constamment votre point de départ.

Seule la conscience du cœur existe hors de votre réalité physique actuelle. Lorsque vous quittez cette existence terrestre et que vous avez complété votre processus évolutif actuel, ce qui signifie que vous ne pouvez demeurer attaché à quelqu'un d'autre, à un endroit quelconque ou à votre corps, la seule réalité qui demeure est celle de votre cœur. Comme vous n'êtes plus alors dans la dimension physique, vous n'avez plus besoin de ces autres centres d'énergie, ou chakras. La seule énergie qui perdure est celle de votre cœur, de votre point d'accès à l'infini. Lorsque vous aurez appris à vivre dans votre cœur et à activer chacun de vos chakras à partir de là, vous verrez des choses étonnantes se produire.

Quand un enfant vient au monde, son premier chakra est presque toujours ouvert. S'il ne l'est pas, le bébé est malade et son âme peut hésiter à rester en ce monde. Tous les autres chakras, sauf celui de la couronne, sont alors fermés. Le bébé doit alors apprendre comment les activer. Tout cela fait partie du processus par lequel vous en venez à oublier la dimension infinie de votre être. À sa naissance, chaque bébé n'a donc que le premier chakra d'ouvert afin de ne pas renoncer à cette nouvelle vie qui commence, et le chakra de la couronne est le seul lien avec sa véritable nature puisque les autres sont fermés. Toutefois, à mesure que l'enfant grandit et apprend à s'en servir, tous ses chakras s'ouvrent peu à peu. Vous constaterez que le chakra du cœur des enfants qui naissent aujourd'hui s'ouvre beaucoup plus tôt que ce ne fut le cas pour vous et pour la plupart des enfants plus âgés. En fait, les chakras de certains d'entre eux sont déjà actifs dès leur naissance. Il est facile de reconnaître ces enfants par les étonnantes paroles de sagesse qu'ils expriment parfois. Ils semblent posséder une inépuisable réserve d'amour inconditionnel, le genre d'amour qui n'attend absolument rien en retour.

Vous allez devoir apprendre à activer chacun de vos chakras de concert avec celui de votre cœur. Par exemple, lorsque vous êtes au travail ou que vous avez un quelconque problème à résoudre, centrez-vous d'abord dans votre cœur pour ensuite faire monter les énergies qui s'y trouvent jusqu'à votre tête. Lorsque vous vous apprêtez à faire l'amour, focalisez d'abord votre conscience dans votre cœur, puis dirigez vos énergies dans le deuxième chakra. Si vous devez prendre la parole devant un groupe de personnes, centrez-vous dans votre cœur, puis transférez vos énergies dans le troisième chakra, celui du plexus solaire, et dans le cinquième, celui de la gorge. Apprenez ainsi à activer tous vos chakras.

Procédez de manière progressive :

- La première semaine, pratiquez-vous simplement à entrer par l'avant de votre chakra du cœur.
- La deuxième semaine, centrez-vous le plus souvent possible à l'arrière de votre cœur. Entrez-y par l'arrière. Ce faisant, vous découvrirez que vous entrez et sortez à différents niveaux et de diverses façons. Vous constaterez aussi que votre énergie est à différents endroits. Tenez-vous-en à cet exercice. Si vous le faites régulièrement, vous verrez bientôt des choses extraordinaires survenir, et il est fort possible que le reste de votre existence soit alors beaucoup plus facile.
- La troisième semaine, exercez-vous à centrer votre conscience simultanément à l'avant et à l'arrière de votre chakra du cœur. Je vous

suggère de noter ce qui se passe alors en vous – dans votre journal personnel, ou à l'aide d'un magnétophone ou d'un ordinateur. Observez comment vous vous sentez. Peut-être y aura-t-il certains endroits dans votre cœur à partir desquels vos exercices seront plus efficaces. Par exemple, si vous êtes un artiste, voyez s'il est avantageux pour vous de vivre à partir d'un certain endroit dans votre cœur, de sorte que votre travail s'en trouve plus inspiré. Vous constaterez probablement que c'est le cas lorsque votre conscience est centrée à l'arrière de votre cœur. Par contre, si vous préparez un rapport technique pour votre employeur, vous vous rendrez sans doute compte qu'il est plus facile à réaliser quand vous êtes centré à l'avant de votre cœur.

Si vous apprenez à vivre à la fois à l'avant et à l'arrière du cœur, vous découvrirez que vous avez de la facilité dans tous les domaines et que finalement, tout ce que vous faites est étroitement relié. Vous remarquerez une prodigieuse expansion de votre intuition. Une énergie interdimensionnelle affluera en vous si vous êtes centré simultanément à l'avant et à l'arrière de votre cœur, et vous vous sentirez très équilibré. Vous aurez le sentiment d'avoir davantage les deux pieds sur terre si votre attention est centrée à l'avant plutôt qu'à l'arrière, car cela vous gardera plus en phase avec la réalité physique.

Il ne s'agit pas là d'une expérience qui dure uniquement trois semaines. Vous apprenez ainsi à vivre en permanence en ayant la conscience centrée simultanément à l'avant et à l'arrière de votre cœur. Une fois que votre attention est bien focalisée en vous, commencez à la diriger à l'extérieur de vous. Chaque fois que vous saluez quelqu'un, dites-vous : « *Vous êtes l'amour incarné, et je le suis tout autant. Cet amour en moi salue ce même amour en vous.* » Ce faisant, vous établissez l'énergie qui vous permettra d'établir des rapports avec une autre personne qui est également l'amour incarné. Imaginons ici que votre patron est en colère et qu'il crie contre vous. Si vous demeurez centré dans votre cœur et que vous dites dans votre esprit « *vous êtes l'amour incarné* », son énergie hostile ne pourra aucunement vous atteindre. Certains qualifient cela de protection psychique. Il est impossible qu'une telle énergie puisse pénétrer en vous lorsque vous restez centré dans votre cœur et que vous proclamez la vérité selon laquelle vous êtes tous deux l'amour incarné.

Quand vous lisez les journaux ou que vous regardez les nouvelles télévisées, si vous choisissez de faire ce genre de chose dès l'instant où vous sentez une émotion de peur ou de colère monter en vous, cela indique que vous n'êtes pas centré dans votre cœur. Recentrez-vous alors en lui. Si vous lisez un article dans lequel il est question d'une personne ayant suscité de la colère ou de la peur chez les autres, déclarez la vérité suivante : « *Je suis l'amour incarné et cette personne l'est tout autant.* » Voilà qui est simple, n'est-ce pas ? Mais en fait, ce n'est pas facile. C'est une discipline de vie que vous devez adopter. N'est-il pas incroyable qu'il vous faille adopter une telle discipline pour découvrir qui vous êtes réellement ? Tel est le but de ces exercices : *en venir à savoir qui vous êtes.* Vous allez vous rendre compte qu'en appliquant cette méthode à toutes vos relations, que ce soit par l'entremise de l'écriture, de la télévision, ou en personne, les choses vont se mettre à changer en vous et chez les autres. Cela s'explique par le fait qu'en ayant une meilleure connaissance de votre véritable nature, l'énergie émanant de votre cœur vers les autres s'accroîtra de plus en plus. Savez-vous ce qui se passera alors ? Les autres se verront dans l'obligation de choisir entre l'accepter ou la rejeter. Ce choix leur appartiendra entièrement. Ils se feront ainsi le miroir du questionnement auquel vous êtes confronté chaque jour : « Suis-je prêt à accepter qui je suis, ou vais-je rejeter qui je suis ? » Au fond, c'est de cela qu'il s'agit. Tout ce que vous faites, chacune de vos pensées, chacun de vos choix, se résume à demander : « Cela reflète-t-il qui je suis, ou est-ce une forme de rejet de mon identité profonde ? »

Vous avez tous été conditionnés à croire que vous êtes tout, sauf l'amour incarné, et que si vous osez prétendre cette dernière assertion, cela fait office de blasphème et ce sont là les paroles du diable. Dans leur éducation, la plupart d'entre vous ont appris à donner aux autres, non à eux-mêmes. Lorsque quelqu'un vous demande : « *Pour qui te prends-tu ? Crois-tu être le centre de l'univers ou Dieu lui-même ?* », vous êtes dévoré par la honte. Bien sûr, la réponse à cette question est : « *Oui, je le suis.* » Plus vous vous conformerez à cette idée et plus vous le croirez, plus votre mémoire cellulaire fera surface pour vous rappeler toutes les fois où vous étiez convaincu de ne pas l'être. Vous devrez faire face à ces souvenirs et les laisser se dissiper.

Un autre moyen consiste à découvrir vos encodages, un sujet qui sera abordé plus avant dans ce chapitre. Lisez attentivement cette information et utilisez-la avec sagesse.

J'aimerais maintenant vous parler un peu de ce qu'il est possible de faire avec le cœur physique, dont j'ai mentionné plus tôt les propriétés. Voyez-vous, chaque organe possède en quelque sorte son âme propre, un sujet sur lequel nous reviendrons. Vous accédez à l'âme de votre cœur physique lorsque vous centrez votre attention sur sa partie supérieure et un peu au-dessus, une région qui représente environ le tiers de la taille du cœur physique. Si une personne souffre d'une maladie cardiaque et que son cœur est enflé, cela ne signifie pas nécessairement que ce centre d'énergie l'est également, quoique dans certains cas il puisse s'hypertrophier. Lorsqu'une maladie en est la cause, ce centre devient étiré et déformé, un peu comme lorsqu'un chakra est déséquilibré. Par contre, quand ce centre d'énergie se dilate parce que vous l'utilisez, il devient alors plus fort.

Concentrez à présent votre attention sur votre cœur, plus précisément sur sa partie supérieure où se trouve un centre d'énergie, le reste étant simplement la partie physique du cœur où se focalisent les énergies neurales. Focalisez-vous en alternance sur votre chakra du cœur et sur ce centre d'énergie, et sentez la différence entre les deux. Cette zone de votre cœur physique porte sur votre corps physique. Prenons le foie, par exemple. Comme beaucoup d'entre vous le savent, les émotions de colère se concentrent dans cet organe, qui a pour principal rôle d'éloigner l'énergie de la colère des organes vitaux de votre corps. Bien sûr, votre foie est lui aussi un organe vital, et il est plus gros que les autres. Vous pouvez demander aux techniciens encodeurs (plus de détails à ce propos ci-après) s'il y a des encodages artificiels reliés à la colère. Si c'est le cas, demandez qu'ils soient éliminés. Si vous faites les exercices recommandés pour le cœur et pour le foie, cela pourra accélérer leur élimination. Cela se fera aussi plus rapidement si vous cessez d'accumuler autant d'énergies du genre dans votre corps, ce qui est difficile puisque vous en respirez toujours une certaine dose, peu importe où vous êtes. Sachez seulement que la purification est possible. Si vous faites en sorte d'éviter les énergies de basses vibrations comme la colère, ce qui entrera dans votre corps par le nez ou par la bouche n'aura alors qu'un effet négligeable. Lorsque de la colère s'est accumulée dans le foie, cela aggrave les dommages susceptibles d'être causés d'une autre manière.

Très chers, contrairement à ce que vous seriez portés à croire, votre cœur physique – dont le centre d'énergie qu'il renferme – constitue le véritable « cerveau » de votre corps physique, car c'est lui qui régit ce dernier. Voilà pourquoi, lorsque vous êtes submergés par un déluge d'émotions d'amour et que vous vivez dans votre cœur, vous êtes moins souvent malades. En effet, vous activez ainsi l'énergie de votre cœur physique, qui irradie alors dans tout votre corps. Lorsque vous apprendrez à toujours centrer votre conscience dans votre cœur, vous constaterez que vous n'aurez plus autant besoin de méditer, car vous serez toujours présents d'esprit. Lorsque je vous recommande de vous centrer dans votre cœur, je vous encourage alors à le faire simultanément à l'avant et à l'arrière de celui-ci. Lorsque vous serez parvenus à le faire, vous voudrez vivre à tout jamais dans cet espace d'infinité.

La communauté formée par votre corps

— *Vous m'avez dit récemment que nous devrions tous nous souvenir que chaque organe, chaque cellule possède sa propre conscience. Chaque corps humain est un exemple de la manière dont la conscience individuelle peut fonctionner en harmonie, ou dans la désunion, avec celle des autres. C'est aussi un extraordinaire exemple de service communautaire en action.*

Pourriez-vous expliquer, au bénéfice des lecteurs, comment nous pouvons parler à notre corps et être en harmonie avec celui-ci ? J'avoue que pour beaucoup d'entre nous, notre corps semble aller dans une direction et nous, dans une autre… Est-il réellement possible de travailler à l'unisson avec notre corps et d'obtenir des résultats si nous tenons compte de nos limites, de nos croyances, de nos encodages, de ce que la société tente de nous faire croire ?

Parlons d'abord un peu de la création de votre corps. Tout comme je l'ai mentionné plus haut, avant de vous incarner, vous avez pris des décisions au sujet des expériences que vous vouliez vivre dans cette nouvelle existence. Vous avez établi des limites afin de pouvoir éprouver le sentiment de finitude. Certains d'entre vous appellent cela des expériences d'apprentissage. La première limite que vous avez instituée fut celle de votre corps. Vous avez développé une structure apte à contenir une partie de votre énergie. Il y a un aspect de vous-même qui n'est pas dans votre corps physique. Afin de l'identifier, appelons-le votre « Moi supérieur ». C'est un peu plus complexe que cela, mais nous allons nous en tenir à cette description. Vous avez donc décidé des expériences que vous alliez vivre et, pour ce faire, vous avez choisi un véhicule. Si vous désiriez subir de sévères limitations afin d'apprendre comment les surmonter, vous avez choisi un corps ayant un certain handicap, par exemple une anomalie congénitale, une blessure à venir, ou une faiblesse héréditaire. *Vous avez effectué des choix ayant trait à votre corps, et ce, par rapport aux buts visés pour votre incarnation.* (Vous devriez relire plusieurs fois cette phrase.)

Malheureusement, vous êtes pour la plupart insatisfaits, en Occident, du corps qui est le vôtre. Vous n'êtes pas heureux du corps que *vous* avez choisi pour réaliser ce que vous avez souhaité vivre dans cette incarnation. L'influence que la société exerce sur vous a grandement contribué à vous convaincre que votre corps n'est pas ce qu'il devrait être. Très chers, cela n'est pas vrai. Vous avez un corps merveilleux et magnifique créé par *vous*.

Avant votre incarnation, vous avez pris la décision de venir en ce monde à cette époque-ci. Vous disposez de toute l'information nécessaire pour savoir ce qui se passait sur cette planète. C'était comme si vous aviez votre propre écran de cinéma et des caméras à distance vous permettant de découvrir tout ce que vous aviez besoin de savoir. Vous saviez que vous alliez vous incarner dans une société qui n'accepte pas le corps tel qu'il est et où existe une profonde division entre la dimension physique et la dimension spirituelle.

Projetons-nous grâce à l'imagination à une époque où la science moderne n'existait pas encore, ce que vous avez d'ailleurs tous vécu lors de précédentes incarnations, alors que vous viviez de chasse et de cueillette, en parfaite harmonie avec la nature, car votre survie même en dépendait. Vous deviez alors pressentir quel temps il ferait, simplement en observant l'atmosphère. Votre vie dépendait de votre aptitude à prévoir une tempête. Votre survie et celle de vos proches reposaient sur votre capacité à déterminer si un troupeau d'animaux allait foncer vers vous en écrasant tout sur son chemin. La science moderne voit les récits sur ce lointain passé comme étant de nature purement mythologique. Les scientifiques contemporains sont stupéfaits de la capacité de ceux qu'ils se plaisent à considérer comme des humains moins développés, à dresser la carte des étoiles, à marquer les changements de saison et à prédire les éclipses.

Très chers, communier avec la nature est une expérience favorisant l'union avec une très grande puissance. Lorsque vous êtes capables de ressentir la force de vie dans les plantes, et en mesure de déterminer si cette force de vie pourrait guérir une partie de votre propre corps, vous savez alors très bien ce qu'est le pouvoir spirituel. Avez-vous remarqué que les animaux ont conscience de ce qui se passe dans la nature ? Lorsqu'un puissant tsunami a frappé les pays limitrophes de l'océan Indien le 26 décembre 2004, les animaux sauvages savaient d'instinct qu'il leur fallait fuir vers les montagnes. Ceux qui sont considérés comme moins développés, qui vivent en harmonie avec la planète et avec la nature, ont également su qu'ils devaient se réfugier dans les hauteurs. Ils ont pu anticiper le danger en raison de leur communion avec la planète et la nature.

Dans les temps anciens, non pas à l'époque de l'Atlantide ou de la Lémurie, mais dans l'antiquité de cette période de la Terre, les gens étaient davantage conscients de ce qui se passait dans leur corps. Ils le savaient lorsqu'un de leurs organes ne fonctionnait pas en harmonie avec le reste de leur corps. Ils savaient aussi d'instinct quelles plantes médicinales prendre pour aider cet organe déficient, et quels changements à leur régime de vie devaient être effectués pour favoriser la guérison de leur corps. Ils avaient même conscience que le fait d'avoir des fourmillements ou une douleur dans une partie de leur corps était lié à un être cher. Dans ce que vous appelez votre époque moderne, vous avez perdu tout contact profond de ce genre avec votre corps.

Lorsque vous bavardez avec une autre personne, chacun, à tour de rôle, prend la parole puis écoute l'autre. Lorsque ça ne se passe pas ainsi, la relation peut mal tourner, ce qui, dans le pire des cas, peut mener à la guerre. C'est ce qui arrive lorsque vous parlez sans prendre le temps d'écouter l'autre. Cette analogie s'applique aussi bien au corps. Vous tenez beaucoup de discours à votre corps. Vous lui dites que vous n'aimez pas comment il fonctionne, que vous n'aimez pas non plus sa taille ou sa forme, que vous êtes mécontent de sa nature biochimique, mais vous ne prenez jamais la peine d'écouter ensuite sa réponse. Si vous preniez cette peine, votre corps vous dirait exactement ce dont il a besoin. Il pourrait même vous préciser si la cause d'une maladie est liée au fait que son temps sur terre est terminé. Lorsque vous êtes en état de communion avec votre corps, il n'y a rien à craindre.

Vous vous demandez sans doute maintenant comment y parvenir. Laissez-moi vous indiquer une façon par laquelle vous le faites déjà. Prenez quelques instants pour vous centrer dans votre cœur et acceptez la première réponse que vous sentirez, verrez, percevrez ou entendrez après avoir posé la question suivante : « *Parmi les aliments que j'aime manger, lequel exerce le pire effet discordant dans mon corps ?* »

Avez-vous obtenu une réponse ? Celle-ci vous démontre que vous pouvez écouter votre corps quand il essaie de vous transmettre quelque chose. Les « experts » vous diront peut-être que puisque vous êtes du type O, vous avez besoin de manger tel ou tel aliment, mais que si vous êtes du type A, alors votre régime alimentaire devra être différent. Mais que vous dit votre corps ? Que vous faut-il manger pour accroître vos énergies ? Et quel aliment provoque l'effet inverse ?

Faisons cette fois quelque chose d'un peu plus complexe ou subtil. Vous pouvez vous adresser à n'importe quelle partie de votre corps, et même à votre ADN. Votre corps renferme la sagesse se rapportant expressément à vous-même, ainsi qu'une sagesse plus générale ayant trait à l'ensemble de l'humanité. Permettez-moi de vous suggérer un petit exercice semblable à ce que nous venons tout juste de faire, en vue de vous aider à communiquer avec votre corps. Encore une fois, projetez votre conscience tout au fond de votre cœur. Focalisez votre attention sur une partie de votre corps qui est stressée. Par exemple, si vous avez une douleur dans votre corps ou dans un système qui ne fonctionne pas aussi bien que vous le voudriez, concentrez-vous là-dessus. Toute partie sur laquelle vous allez vous concentrer sera en mesure de vous répondre. Toute énergie présente dans votre corps qui ne devrait pas s'y trouver pourra également vous fournir une réponse.

Focalisez-vous sur la partie de votre corps au sujet de laquelle vous souhaitez obtenir de l'information. Demandez-lui pourquoi elle vous cause une douleur, et captez la toute première réponse qui se présentera à votre conscience, qu'elle vous parvienne de façon visuelle, auditive ou kinesthésique. Vous aurez sans doute envie de recueillir davantage d'informations, alors posez-lui une autre question. Par exemple, si votre première réponse est la « peur », demandez « *Peur de quoi ?* ». Imaginez-vous simplement en train d'avoir une conversation avec votre corps. Il est impératif que vous écoutiez attentivement. Votre corps vous parlera de manière subtile jusqu'à ce que, bien évidemment, il soit obligé d'attirer votre attention au moyen d'une intense douleur. Voici d'autres questions que vous pourriez lui poser : « *Parmi les aliments que je mange, lesquels te sont les plus utiles ? Qu'est-ce que je devrais manger plus souvent ? Qu'est-ce que je devrais éviter de manger ?* » Vous pouvez entrer dans un magasin où l'on vend des vitamines et demander à votre corps : « *Lequel de ces suppléments me serait le plus salutaire ?* » Écoutez ou ressentez ce que votre corps vous répondra alors.

Vous pouvez également vous asseoir devant une assiette de nourriture et demander simplement ceci : « *Y a-t-il quelque chose dans cette assiette qui ne soit pas bon pour mon corps en ce moment ?* » Quelle que soit la sensation que vous éprouverez alors, laissez-la vous guider.

Comme presque tout le monde ne sait plus comment communiquer avec son corps, il vous faudra du temps et de la patience pour y parvenir. C'est comme lorsque vous cherchez à rétablir la communication avec une autre personne à la suite d'un différend. Quand vous étiez très jeune, vous n'aviez aucune peine à discerner les messages de votre corps. Vous saviez instinctivement quoi manger et quoi éviter d'absorber. Toutefois, on vous a vite appris à ne pas prêter attention aux messages de votre corps. Vous avez aussi rapidement appris à vous servir de la nourriture pour manipuler vos parents, et vous le faites d'ailleurs encore aujourd'hui.

L'un des gestes les plus marquants que vous pouvez faire pour aider votre corps consiste à découvrir quelle nourriture il veut. Bien sûr, il vous est possible d'aller consulter des scientifiques qui effectueront toutes sortes de tests, mais ils ne feront que vous spécifier ce qu'est une réaction biochimique normale. Les résultats de vos tests pourront se situer dans les limites « normales », sans pour autant démontrer que vous êtes vraiment en bonne santé. Chaque approche est différente. Il est vital que vous appreniez à écouter votre corps. Tenez compte de ce que les autres ont appris, mais écoutez votre propre corps. Si quelqu'un vous encourage à manger davantage de légumes verts, mais que vous n'aimez pas ça, fiez-vous à ce que vous dit votre corps. Lorsque cela se produit, demandez-vous si ce sont les légumes qui causent problème, ou bien les résidus de produits chimiques qu'ils contiennent. Certains d'entre vous ont un corps capable d'assimiler des aliments génétiquement modifiés, mais d'autres en sont incapables. Écoutez votre corps. Soyez attentif à la façon dont il réagit à ce que vous mettez dans votre bouche.

Si vous désirez faire cette expérience de manière « scientifique », faites d'abord un jeûne de deux jours, en ne buvant que de l'eau, puis ne mangez qu'un aliment à la fois. Ce que vous pouvez faire, en commençant par l'eau, c'est de demander à votre corps si cette substance vous aide. Il se peut même que votre corps n'absorbe pas bien l'eau, ou qu'il réagisse négativement à ce qu'elle renferme. Demandez-lui si c'est l'eau qui l'incommode, ou son contenu. Il vous suffit de poser un certain nombre de questions. Il vous est toujours possible de lui poser une question d'ordre général du genre : « *Que peux-tu m'indiquer sur l'effet que provoque ce que je mange en ce moment ?* »

Il arrive souvent qu'une émotion soit à l'origine d'une douleur ressentie dans le corps. Par exemple, vous connaissez tous déjà les maux de tête résultant de tensions. En cet instant même, alors que vous êtes centré dans votre cœur, dirigez votre attention dans votre cou et votre tête. Sentez s'il s'y trouve des tensions. Si c'est le cas, concentrez-vous sur la partie du corps atteinte. Demandez à connaître la cause de cette tension. Encore là, retenez la première chose qui vous viendra à l'esprit. Au besoin, posez des questions supplémentaires pour clarifier la réponse obtenue. Souvent, vous vous rendrez compte qu'une émotion en est la cause, habituellement de la peur, de l'anxiété ou de la colère. Une fois toute l'information nécessaire obtenue – chaque personne ayant besoin de plus ou moins d'informations –, remerciez l'énergie : « *Merci de m'avoir laissé savoir ce qui se passe.* » Dites-lui que vous n'avez plus besoin d'elle et qu'elle peut maintenant s'en aller. Prenez une profonde inspiration et, en expirant, laissez-la se dissiper et sortir de votre corps. Vous pourriez aussi réaliser que le problème n'est pas dû à une émotion, mais à une substance que vous avez absorbée ou à votre style de vie. La substance sera généralement un aliment ou un quelconque produit chimique. Ce pourrait être aussi lié au fait que vous ne dormez pas suffisamment, ou que vous êtes trop actif et que vous avez besoin de vous reposer. Vous avez alors le choix entre faire ce que votre corps vous recommande, ou laisser perdurer le problème. Sachez toutefois que l'option retenue affectera votre corps et que si vous choisissez d'aller à l'encontre de sa suggestion, vous devrez alors en assumer les conséquences dans votre vie.

— Une autre chose me rend perplexe... Comme nous sommes avant tout des êtres interdimensionnels, cela signifie donc que l'ensemble de notre corps, dont le système endocrinien, le système nerveux et le système respiratoire, est également de nature interdimensionnelle. Cela expliquerait-il pourquoi les médicaments ont parfois un si mauvais effet sur nous ?

Mais, d'autre part, il semble parfois que les remèdes « naturels » prennent beaucoup de temps à agir et que, pour cette raison, les gens continuent à être malades et qu'à l'occasion leur santé se détériore encore davantage.

Comment est-il possible de marier harmonieusement les médicaments et les remèdes « naturels » avec ce que notre corps nous dit ?

Il est vrai que votre corps est de nature interdimensionnelle. Pour bien répondre à votre question, il faut revenir à un point que j'ai abordé plus tôt, soit la séparation entre votre conscience et les mouvements de la nature. En ces temps dits « modernes », du fait qu'il y a dans l'environnement tellement de produits chimiques qui n'ont rien de naturel, il est plus difficile de conserver une santé équilibrée. Il est devenu impossible de trouver des aliments, ou de l'eau, qui ne contiennent aucune trace de produits chimiques. Même la nourriture provenant de régions sauvages, ou l'eau résultant de la fonte des glaciers, renferme des produits chimiques synthétiques. Votre corps n'a pas été créé pour assimiler ces produits chimiques conçus en laboratoire. Il l'a été pour être en équilibre avec la Terre telle qu'elle a naturellement évolué, non telle que l'humanité tente de la modifier.

De plus, votre lien avec les aspects interdimensionnels de votre être réside dans votre nature spirituelle. Au cours de ce que vous appelez le Moyen Âge, la décision a été prise de séparer la dimension spirituelle de votre être de sa réalité physique. Cela fut décidé conjointement par les scientifiques et les chefs religieux de l'époque, dans le but d'approfondir la connaissance du corps humain et de contribuer au progrès de la science. Il en résulta une séparation, une coupure entre votre moi spirituel et votre corps. Même si on ne croyait pas consciemment à la dimension spirituelle du corps, puisqu'en fait de nombreuses philosophies ne considéraient pas le corps comme sacré, celui-ci est, en vérité, fondamentalement de nature spirituelle. Il possède une conscience, ainsi que nous l'avons mentionné plus haut, ce qui explique pourquoi il peut communiquer avec vous. En imaginant cette séparation entre l'esprit et la matière, ce qui concernait toute la nature, les gens nièrent ainsi la réalité interdimensionnelle du corps ainsi que sa véritable nature.

Quand les anciens chamans donnaient une plante médicinale à une personne pour traiter une discordance dans son corps, cela s'accompagnait habituellement d'un rituel. Aujourd'hui, vous diriez sans doute qu'ils récitaient en même temps une prière. Les méthodes de guérison spirituelle que vous connaissez dérivent de ces anciennes pratiques. Le fait de combiner paroles, rituel et énergie durant la prise de plantes médicinales créait une connexion interdimensionnelle entre ces dernières et la personne. Il en résultait une harmonie énergétique entre la substance ingérée et le corps physique.

Lorsque vous absorbez un médicament mis au point dans un laboratoire, non seulement aucune conscience interdimensionnelle n'a participé au développement de cette substance chimique, mais il n'y a pas eu non plus de rituel, d'énergie du cœur ou de connexion avec l'esprit. Le médicament conçu en laboratoire et fabriqué ensuite de manière industrielle n'a aucun lien avec l'énergie de guérison. Malheureusement, les substances chimiques fabriquées par votre industrie pharmaceutique ne possèdent que très peu d'énergie de guérison. L'énergie entourant ces produits est avant tout marquée par un désir de profit. Il va de soi que les scientifiques qui travaillent au développement de ces composés chimiques sont avant tout motivés par le souci de favoriser la guérison des gens. C'est à l'étape de production à grande échelle du médicament que disparaît la priorité accordée à la guérison. Autrement dit, l'énergie de guérison qui imprégnait la phase de création du médicament est perdue à la phase de fabrication en usine, où n'existe aucune conscience de l'énergie de guérison. Votre corps répondrait mieux aux médicaments si une telle énergie curative entourait les substances chimiques créées en laboratoire.

Si vous jugez nécessaire de prendre un médicament, gardez-le d'abord quelques instants dans vos mains et visualisez ses propriétés curatives. Puis, dites à votre corps que vous êtes sur le point d'avaler ce médicament et expliquez-lui que certains aspects de cette substance vont l'aider à retrouver son équilibre, même s'il y en a d'autres qui risquent de le perturber. Vous appelez ces autres aspects, des effets secondaires. Demandez à votre corps de simplement se libérer de tout élément chimique pouvant occasionner un quelconque dérèglement.

Lorsque vous prenez un médicament, vous êtes habituellement persuadé qu'il va contribuer à éliminer tout déséquilibre affectant votre corps. Ce dernier recevra donc le message que l'ensemble du composé chimique qu'il va recevoir apportera la guérison, et il l'absorbera en entier. Par contre, en l'informant que certains éléments de ce composé chimique pourraient ne pas lui être salutaires, vous éveillez son attention au fait que ce dernier contient possiblement quelque chose de nocif. Ainsi, il sera à même de choisir de ne pas absorber ces éléments nocifs.

Ce même processus pourrait s'avérer bénéfique à l'égard de tout ce que vous ingérez. Lorsque vous prenez un remède à base de plantes médicinales ou un médicament homéopathique, tenez quelques instants cette substance dans vos mains, envoyez-lui de l'énergie du cœur, remerciez-la pour ce qu'elle va accomplir en vous, prévenez votre corps de ce qu'il va recevoir et informez-le de ce que cela est censé faire, y compris tous les effets secondaires possibles. En procédant de la sorte, vous tenez compte de la réalité interdimensionnelle de cette substance et de votre corps. Faites la même chose avec toute nourriture ou toute boisson. Tel qu'il a été mentionné plus haut, la plupart de vos aliments et de vos boissons comportent des éléments chimiques de synthèse susceptibles de perturber votre organisme.

— *Qu'en est-il de l'effet placebo ?*

Le « placebo » a été utilisé de manière péjorative par la communauté scientifique. Il s'agit en fait du pouvoir de votre esprit à ramener l'équilibre dans votre corps. Lorsque vous croyez que quelque chose va vous aider, votre corps prend cette information et s'ajuste conformément à votre croyance. Cet effet est le résultat de votre réalité interdimensionnelle. Vos scientifiques veulent découvrir une substance qui sera efficace sans l'interférence de l'esprit sur le corps. Cela est impossible. Une des raisons pour lesquelles les médicaments fonctionnent est justement que la personne croit en leur efficacité. Plusieurs des effets secondaires observés se manifestent d'ailleurs quand les gens s'accoutument aux médicaments et cessent d'avoir une confiance profonde en leur efficacité. Cela se caractérise beaucoup plus par une acceptation de cette idée que par une intention qu'ils fonctionnent. Ce qui se passe alors, c'est que le corps prête davantage attention au déséquilibre provoqué par certaines composantes chimiques, et se focalise sur ce déséquilibre. Lorsque les gens prennent conscience des effets secondaires d'un médicament, ils se mettent à les craindre et prédisposent ainsi le corps à en éprouver réellement. Votre corps veut faire selon votre désir. Quand votre désir s'ajoute à votre croyance en l'effet curatif d'une substance, votre corps dirige toute son attention sur la guérison. Toutefois, lorsque vous désirez guérir, mais que vous croyez courir un risque, votre croyance prendra le dessus sur votre désir, ce qui entraînera l'apparition d'effets secondaires nuisibles.

Ce qui est appelé « effet placebo » peut représenter de 30 à 40 % de l'efficacité d'un médicament. Encore une fois, ce phénomène est en soi une démonstration du pouvoir de l'esprit et de vos croyances sur votre corps. Si les scientifiques voulaient bien s'intéresser à ce pouvoir, le recours aux médicaments diminuerait considérablement. Vous pourriez simplement apprendre à communiquer avec votre corps et lui préciser ce qui a besoin d'être changé. Ainsi que vous vous en doutez déjà, il y a plus d'argent à faire en vendant des médicaments qu'en montrant aux gens comment parler à leur corps. En outre, dans votre monde occidental, les gens préfèrent prendre des médicaments au lieu de se discipliner à apprendre comment communiquer efficacement avec leur corps.

Il est juste d'affirmer que l'industrie pharmaceutique s'enrichit sur le dos des personnes malades, puisque les médicaments sont avant tout destinés à leur être administrés. Cette industrie s'est développée par suite de la volonté des gens d'obtenir ce qu'elle leur fournit, et parce que ces derniers sont inconscients des conséquences. Votre corps a été créé pour fonctionner avec un apport équilibré en nourriture, en eau, en croyances et en connexions spirituelles. Voilà ce qui le maintient en vie. Par exemple, lorsque des individus choisissent de refuser au corps le repos dont il a besoin et qu'ils absorbent à la place des substances chimiques, y compris des médicaments, ils demandent alors à leur corps de faire quelque chose qui va à l'encontre de sa nature intrinsèque. Puis, ils se mettent en colère contre ce corps. Si les gens assumaient la pleine responsabilité de leur propre santé, ils auraient moins besoin de consommer des médicaments. Toutefois, il faudrait pour cela qu'ils modifient leurs croyances et leur façon de vivre. Si la guérison était le véritable but de l'industrie pharmaceutique, on ne verrait pas tant de chercheurs s'évertuer à déceler des plantes aux vertus thérapeutiques pour ensuite tenter d'en isoler les composés chimiques actifs. Ils chercheraient plutôt à se servir de toute la plante, dont les propriétés curatives sont équilibrées, afin de faciliter la guérison des gens. Lorsqu'un seul des nombreux éléments chimiques présents dans une plante est isolé, il est alors retiré des autres forces équilibrantes de cette plante. Par exemple, la plante appelée « digitale pourprée », prise dans sa forme naturelle, présente un effet synergique avec d'autres éléments. Lorsqu'un de ces éléments est enlevé, l'équilibre est détruit, et c'est précisément ce qui se passe avec les médicaments.

Une des choses que l'on observe en ce moment dans l'industrie pharmaceutique, c'est la synthèse de composés chimiques destinés à régler des problèmes de santé qui, en réalité, n'existent pas dans la population. C'est le cas notamment de nombreux vaccins présentement développés, et de nouvelles « maladies », dont l'ostéopénie, une pseudo-maladie inventée dans l'unique but de vendre un médicament. De plus en plus de rapports seront publiés sur des cas du genre, et il y aura de nombreuses poursuites judiciaires concernant des médicaments ayant des effets nocifs sur la santé des gens.

Comme la priorité de l'industrie pharmaceutique n'est plus la guérison mais le profit à tout prix, les médicaments actuellement mis au point entreront sérieusement en conflit avec les processus naturels de guérison du corps. C'est là une des principales raisons pour lesquelles les médicaments ne sont pas en harmonie avec le corps physique.

> — *Mon intuition me dit que, de tous les systèmes physiologiques, le système immunitaire est celui sur lequel les émotions ont le plus d'influence. Peut-on dire que notre santé dépend de lui avant tout et que son état est directement lié à notre équilibre émotionnel ?*

L'état du système immunitaire est le meilleur indicateur de l'équilibre et de la bonne santé du corps. Rappelez-vous que le corps est de nature interdimensionnelle et que ses divers aspects physique, émotionnel, mental et spirituel fonctionnent tous de concert. Le système immunitaire sera forcément déséquilibré si l'un ou l'autre de ces aspects l'est aussi. Il est juste d'affirmer, comme vous le faites, que les émotions exercent une influence considérable sur le système immunitaire. Quand le corps subit un stress important, vos réactions immunitaires s'en trouvent affaiblies. Vos scientifiques qui ont évalué l'état chimique d'un humain en situation de stress ont clairement démontré ce fait.

Ceux qui ont étudié le lien entre l'esprit et le corps ont découvert le pouvoir du cœur. Lorsque l'attention demeure centrée sur le cœur, des changements s'opèrent dans le corps et la sagesse intérieure peut alors se manifester. Par contre, si l'attention reste centrée dans le mental, cela empêche une ouverture à l'intuition. Il a été démontré, sur le plan biochimique, qu'une focalisation sur le cœur pendant une minute ou pour une période prolongée – une méditation, par exemple – renforce le système immunitaire. Lorsqu'une personne demeure sous l'emprise de la peur, le corps subit un stress, ce qui a pour effet d'affaiblir le système immunitaire. L'état de ce dernier est donc un excellent indicateur de l'état psychologique d'une personne. Toutefois, avant que le système immunitaire ne se dégrade, d'autres déséquilibres surviennent habituellement dans le corps. Lorsque vous subissez un stress prolongé, votre système endocrinien est affecté bien avant votre système immunitaire, lequel perd de sa force quand le système endocrinien se met à produire certaines hormones. Chaque aspect du corps fonctionne en synergie avec les autres. Un des défauts de la médecine allopathique d'aujourd'hui est de considérer un système, un organe ou une hormone isolément de l'ensemble du corps. L'industrie pharmaceutique commet la même erreur en isolant une substance donnée de l'ensemble d'une plante.

Comme vous ne pouvez lire ou penser qu'une seule chose à la fois, il vous est difficile de voir ou de comprendre que le corps forme un tout. Aucun de ses systèmes n'existe indépendamment des autres ; tous travaillent en synergie les uns avec les autres. J'aimerais insister ici sur le fait que votre intuition au sujet de l'importance des émotions dans le bon équilibre du système immunitaire est tout à fait juste. Je voudrais aussi ajouter que les émotions, ainsi que les croyances, sont à tous égards les facteurs les plus importants dans le fonctionnement de votre corps.

> — *Un des grands progrès que j'ai pu observer au cours des dernières années, c'est l'union de la science et de la spiritualité. À mon avis, cela apportera de grands progrès en science et en médecine, mais la même chose se produira-t-elle entre la spiritualité et la sexualité ? Il m'apparaît que l'une des pires choses sur terre en ce moment se rapporte à toutes les formes de sévices sexuels que l'on retrouve dans chaque pays. Peu importe la race, la culture ou la religion, ça ne semble faire aucune différence. Apparemment, toutes les excuses sont bonnes pour faire subir ces sévices aux femmes et aux enfants. Certains prennent même prétexte de la guerre, de la dépression ou de la religion pour perpétrer ces actes.*
>
> *Comment expliquer ces abus sexuels ? Est-ce uniquement une question de domination masculine sur les femmes et les enfants ?*
>
> *Comment une chose aussi puissante et merveilleuse que la sexualité peut-elle devenir la source de tels abus ? J'ai toujours pensé que nous devrions nous servir de la sexualité pour explorer notre propre conscience. Comment peut-on faire en sorte qu'il en soit ainsi ?*

Vous avez posé de profondes questions sur un sujet important et négligé. Je ne veux pas dire par là que la sexualité est un sujet négligé, mais que l'union entre la sexualité et la spiritualité l'est. Votre sexualité est la représentation physique de votre spiritualité. Elle est aussi le reflet, sur le plan spirituel, de la relation que vous entretenez avec le Tout. Lorsque deux personnes s'unissent par le cœur et la conscience spirituelle, cela a pour effet de provoquer un profond mouvement spirituel chez les deux partenaires. L'union physique de deux personnes est la représentation symbolique des parties s'unissant pour former un tout. Malheureusement, la sexualité est généralement mal comprise presque partout dans votre monde, mis à part quelques cultures où la fusion entre la sexualité et la spiritualité existe, comme dans la pratique du tantra.

Au moment de la Création, la force que vous appelez Dieu créa une multitude d'âmes. Certains diront que des fragments de Lumière se sont séparés de la Lumière principale que vous nommez Dieu. C'est là une bonne manière de représenter la Création. L'union sexuelle est une représentation de ce qui se passe lorsque ces fragments de Lumière se joignent de nouveau. Quand on s'est en quelque sorte séparé de la Force divine, évoquée par les fragments de Lumière, on éprouve un profond sentiment de déconnexion. Quand votre incarnation se termine, vous faites l'expérience d'un retour au sein de l'Unité. L'union sexuelle réalisée à partir de votre chakra du cœur est l'une des plus profondes expériences que les humains peuvent vivre, et elle symbolise ce retour à l'Unité.

Pour qu'une personne puisse expérimenter l'union sexuelle d'un point de vue spirituel, il lui faut s'y être préparée depuis le début de son incarnation. Cette préparation commence par l'acceptation inconditionnelle de l'enfant. J'allais dire qu'il faut lui donner de l'amour, mais hélas ce terme n'englobe aucunement ce que j'appelle l'amour. Précisons d'abord ce que l'amour n'est pas. Ce n'est absolument pas se servir de quelqu'un d'autre à ses propres fins. Ce n'est pas non plus traiter une personne ou un être vivant comme un simple objet. Et ce n'est certainement pas une expérience pénible. Qu'est-ce donc que l'amour ? C'est l'acceptation totale de l'autre tel qu'il est, qu'il s'agisse d'un homme ou d'une femme, d'une plante ou d'un animal, d'une roche ou du sol. Lorsque j'affirme que l'amour ne saurait être une expérience pénible, j'entends qu'il ne peut engendrer de douleur si on accepte inconditionnellement l'autre. Vous pouvez peut-être rattacher le mot amour à ce que vous faites, mais je vous assure que ce n'est pas ce que nous (Abba et Amma) entendons par là.

Lorsque des parents acceptent totalement l'enfant, et ce, même avant le début de la grossesse, cela prépare déjà l'enfant à venir à connaître le véritable sens de l'union sexuelle. La sexualité fait intégralement partie de l'existence de chacun. Bien que l'union physique soit un puissant symbole de l'union avec le Divin, elle n'a pas lieu dans cet esprit par la plupart des gens. La véritable union sexuelle ne se produit que rarement.

Le fait d'accepter les gens tels qu'ils sont les prépare à accepter leurs parents, leurs frères et sœurs, et l'ensemble de la Création. Voyez-vous en quoi l'acceptation est l'un des actes les plus spirituels que l'on puisse poser ? Lorsque vous acceptez inconditionnellement une personne, vous l'aidez alors à grandir et à se développer jusqu'à devenir qui elle est vraiment. Lorsqu'une personne est au contraire rejetée, ou lorsque vous tentez de l'amener à devenir ce que vous voulez qu'elle soit, elle perd alors tout lien avec qui elle est réellement. Même si vous êtes tous un, une fois incarnés, vous faites l'expérience au fil de vos relations avec les autres de divers dons et talents que vous possédez.

Commencez-vous à comprendre le rôle déterminant des parents dans le développement de leurs enfants ? Une des principales discordances dans votre société occidentale est le dénigrement du rôle de parents. Pour être un bon parent, il faut être éveillé spirituellement, connaître sa véritable nature profonde, et savoir s'ouvrir aux autres. La difficulté ici est que l'on vous enseigne ce que vous devez faire, ce que vous devez changer pour trouver l'unité en sachant au départ que très peu d'entre vous ont été élevés dans cet esprit.

Tout en pratiquant l'acceptation d'autrui, vous devez également vous accepter vous-même. Les expériences que vous percevez comme des fautes ou des échecs n'en sont point. Il s'agit simplement d'occasions de vérifier où vous en êtes et de décider où vous voulez aller ensuite.

Malheureusement, votre société exige la perfection à partir des critères qu'elle a fixés. Lorsqu'un individu ne parvient pas à se conformer aux mœurs de la société, on le couvre de honte et on le dénigre. Si vous abordez une autre personne avec une attitude d'acceptation, vous pouvez lui offrir des conseils pour l'aider à décider de la suite des choses. Cette même attitude vaut aussi pour soi.

Le fait d'accepter une autre personne ne signifie pas pour autant l'absence de limites. Lorsqu'une âme s'incarne aujourd'hui, elle vient faire l'expérience de cette époque-ci et de la société où elle vivra. À titre de parent ou d'éducateur (pas nécessairement dans une salle de classe), vous aidez ces êtres nouvellement incarnés à apprendre à se débrouiller dans la vie. Lorsque cela est fait dans un esprit d'acceptation et un encadrement structuré, ces jeunes personnes peuvent alors demeurer centrées sur elles-mêmes. Elles apprennent à vous respecter et à vous accepter dans votre rôle de parents, et font de même à l'égard des autres éducateurs qui entrent dans leur vie – et en ce sens, nous sommes tous des éducateurs, très chers. Quand un individu s'accepte et fait preuve d'ouverture à l'égard des autres, son chakra du cœur demeure ouvert et il lui est facile alors de rester à l'écoute de l'Esprit.

Pour faire d'une union sexuelle un événement spirituel, il faut avoir acquis une bonne dose de maturité. En d'autres mots, la personne doit être prête à exprimer physiquement sa profonde acceptation à l'égard de quelqu'un d'autre. Elle doit s'être développée tant sur le plan physique, que sur les plans émotionnel et spirituel. On peut établir qu'une personne a atteint la maturité émotionnelle et spirituelle lorsqu'elle démontre sa capacité à s'engager de cœur et d'âme envers quelqu'un d'autre. On ne parle pas forcément ici d'un engagement à vie, mais d'un engagement mutuel tout au long de la relation. Il est fréquent que, au fil de leur croissance, les gens prennent des chemins différents, et vient donc un jour où leur voyage commun se termine.

Une union sexuelle devient une expérience spirituelle lorsque chaque partenaire fait preuve d'un grand respect mêlé de vénération envers l'autre. Quand deux êtres fusionnent dans un tel esprit de vénération mutuelle, une formidable énergie s'empare d'eux pour les élever au-dessus de leur réalité physique et leur rappeler ce qu'est l'union au Tout.

Les abus sexuels constituent la pire forme d'abus spirituels. Plus que toute autre forme de sévices, l'abus sexuel solidifie le sentiment de séparation d'avec le Tout. En outre, la nature spirituelle tant de l'agresseur que de la personne agressée s'en trouve brisée. En guise de métaphore, disons que *l'abus sexuel fait éclater l'âme en mille morceaux.*

Pourquoi des individus commettent-ils un tel méfait ? Ce geste vise à imposer son pouvoir sur une autre âme. C'est aussi un symbole de la domination de la femme par l'homme. Les auteurs de sévices sexuels sont habituellement des hommes, en raison de leur prédisposition biochimique naturelle et de leur physiologie. Soyez toutefois conscients du fait que même si les abus sexuels commis par eux peuvent sembler très destructeurs, certaines femmes en sont également capables. Je ne fais pas allusion ici à ce que vous qualifiez de viol, bien que cela se produise. Je réfère plutôt au fait de considérer un autre humain comme un objet que l'on peut manipuler à sa guise afin de parvenir à ses fins.

L'abus sexuel est une perversion du désir de s'unir. Les auteurs de tels sévices sont tellement déconnectés de leur véritable nature spirituelle qu'ils ne savent pas comment réaliser l'union tant désirée. Dans leur jeunesse, ils savaient, comme tout le monde, qu'il leur fallait vivre l'union avec quelqu'un. Cependant, quand ils ont essayé de s'unir, ils ont été rejetés. Encore une fois, ce qui pousse les gens à commettre ces terribles abus, c'est à la fois le désir inné de s'unir et l'incapacité émotionnelle et spirituelle d'une telle union.

La blessure spirituelle chez ces gens est aujourd'hui si profonde que votre société ne sait pas comment faciliter leur guérison. C'est une grande tragédie et une perpétuation de la coupure entre la sexualité et la spiritualité. Si les crimes sexuels sont jugés comme des actes si haineux, c'est parce que tout le monde comprend d'instinct que la sexualité est de nature spirituelle.

D'après la définition que j'en donne, vous penserez peut-être que tous les humains commettent une forme ou l'autre d'abus sexuel. En un sens, cela est vrai, mais il y a divers degrés d'abus. Les récidivistes endurcis, tels les violeurs et les pédophiles, sont tellement déconnectés de leur être spirituel qu'ils ont besoin d'une guérison profonde. Peu d'organisations possèdent toutefois la profondeur spirituelle nécessaire pour faciliter la guérison de ces cas lourds et complexes.

Ceux qui se sont servis de la sexualité pour manipuler les autres se sont causé du tort sur le plan spirituel. Cette blessure peut être guérie en rétablissant un lien du cœur avec l'Esprit, avec soi et avec les autres. Acceptez-vous tel que vous êtes et décidez de ce que vous voulez devenir. Il faut d'abord vous rappeler les fois où vous n'avez pas été accepté durant votre enfance, celles où vous avez dû être manipulateur pour obtenir ce dont vous aviez besoin, et ensuite simplement demander intérieurement que la guérison se fasse en vous à l'égard de ces expériences. La honte et la culpabilité ne pourront que vous nuire et ne vous seront d'aucune utilité pour guérir. Vous êtes un esprit magnifique qui est l'amour incarné. Il vous suffit de puiser dans vos ressources intérieures et de vous accorder le droit de vous épanouir.

Le vieillissement

— *Comment peut-on prévenir le vieillissement ? Vous avez mentionné qu'il faut absorber du prana et se libérer de toutes les énergies qui ne favorisent pas notre bien-être. Comment fait-on cela ? Ce serait vraiment bien de vivre le nouvel âge avant d'être trop âgé pour même s'en souvenir.*

Le vieillissement est le résultat d'un déséquilibre dans le corps. Toute discordance intérieure, qu'elle soit d'origine physique, émotionnelle, mentale ou spirituelle, empêche les cellules de réagir de façon optimale. Lorsque cela se produit, le corps vieillit. Imaginez une machine bien huilée et bien entretenue qui fonctionne à merveille et qui est utilisée aux fins pour lesquelles elle a été conçue. Aussi longtemps que ces conditions idéales perdureront, elle continuera à fonctionner jusqu'à ce que ses pièces deviennent trop usées. Bien que la science médicale traite le corps comme s'il s'agissait d'une machine, celui-ci est beaucoup plus complexe en raison de la nature interdimensionnelle de l'humain. Tant que l'on donne au corps les aliments, l'eau, le repos et l'exercice dont il a besoin, il se porte bien. Les émotions qui dominent en vous sont l'un des principaux facteurs en cause dans le vieillissement.

Si vous désirez retrouver rapidement la vigueur de votre jeunesse, vous n'avez pas besoin d'hormones, de suppléments, d'aliments étranges, ni même d'exercices complexes. Il vous suffit de faire ce qui suit :

1. vivez constamment dans votre cœur et suivez ce qu'il vous dicte ;
2. libérez-vous de toute négativité ;
3. acceptez ce qui vous arrive, tirez-en des leçons et passez à autre chose ;
4. aimez-vous vous-même.

La primauté de l'amour est inhérente à ces quatre suggestions. Si l'on reprend l'analogie avec la machine, l'amour est le lubrifiant universel. Quand l'amour fait continuellement partie de votre existence, la santé de votre corps demeure parfaitement équilibrée. Lorsqu'un amour profond vous habite, vous êtes capable d'accepter les gens tels qu'ils sont et de vous accepter tel que vous êtes. Vous vous libérez de toute négativité, vous ne restez pas accroché à de vieilles blessures et, par votre simple présence, vous remplissez d'amour tous ceux que vous connaissez. Toute autre énergie que celle de l'amour provoquera des déséquilibres au sein des cellules de votre corps, au point d'en affecter votre ADN. L'amour rehaussera même les aspects les plus merveilleux de votre être. Lorsque vous apprenez à demeurer consciemment dans l'espace d'amour rayonnant du centre de votre cœur, vos cellules bénéficient alors de toute la « lubrification » nécessaire pour continuer à vivre le plus longtemps possible.

Rappelez-vous ! Chacun de vous s'est incarné en ayant certains buts précis à atteindre. Certains appellent cela leur « contrat de vie ». Si vous êtes venus ici, c'est pour vivre des expériences précises, pour apprendre comment gérer certains événements. Chacun de vous a quelque chose de différent à apprendre. Voilà pourquoi personne d'autre n'est exactement comme vous. Vous avez peut-être décidé de venir sur cette planète seulement pour une courte période. Vous aviez peut-être l'intention de démontrer aux gens comment surmonter l'adversité, si terrible soit-elle, et pour y parvenir il vous fallait d'abord y être confronté. L'adversité a un effet assez négatif sur le corps, celui du vieillissement. Quand votre santé se détériore, et ce, peu importe votre âge, les signes du vieillissement font alors leur apparition. Si vous entrez dans votre cœur et que vous vous branchez sur l'amour infini qui y rayonne et dont vous êtes constitué, l'amour s'en épanche alors telle une lumineuse libation sur vos cellules, ce qui les ramène à leur état d'équilibre naturel. Vous avez peut-être prévu dans votre contrat de vie qu'une maladie allait mettre fin à votre séjour sur cette planète. Dans ce cas, cette maladie ne peut donc pas être vue comme une défaillance de votre corps. Si vous demeurez centré dans votre cœur, vous serez capable de quitter ce monde dans un état de parfaite plénitude, et ce, même si votre corps meurt.

Votre Moi supérieur connaît exactement la teneur de votre contrat. Fiez-vous à sa sagesse. Communiquez avec lui. Prêtez l'oreille à la petite voix intérieure qui émane de votre cœur. Ce sont ces subtils conseils et votre intuition qui doivent vous guider tout au long de votre cheminement de vie. Si vous posez des gestes motivés par la peur, ils pourront souvent s'avérer contraires aux suggestions de votre intuition. Entrez consciemment au plus profond de votre cœur et demandez à connaître la meilleure chose à faire pour vous à cet instant. Lorsque vous suivez les recommandations de votre cœur, vous respectez le plan que vous avez dressé à votre intention et que votre Moi supérieur vous aide à exécuter.

La plupart des gens ont beaucoup de difficulté à établir la différence entre la volonté de leur Moi supérieur et les désirs de leur ego. Lorsque vous n'avez pas grandi dans une atmosphère d'acceptation inconditionnelle, vous n'avez pas vraiment appris à vous fier à votre intuition. Au lieu de cela, vous luttez constamment contre les conseils de ceux qui essaient de vous aider à vous développer. Plutôt que d'être doucement guidé pour apprendre comment être à l'écoute des besoins et des désirs ressentis intuitivement, vous apprenez à manipuler les autres afin d'obtenir ce que vous voulez. Lorsque la voix de l'ego submerge la petite voix intérieure, ses exigences pressantes étouffent l'intuition. Plus tard dans la vie, quand vous essayez alors d'apprendre à suivre votre intuition, vous avez beaucoup de difficulté à établir une distinction entre la voix de l'ego et celle de votre intuition, qui peut vous transmettre des messages du grand Je Suis. Comment faire cette différence ? La meilleure façon consiste à noter dans un journal personnel, ou par tout autre moyen, les décisions prises et leurs résultats. Au moment où vous le faites, notez également les sensations qui vous ont amené à croire que la direction choisie est bien le fruit d'une guidance intuitive. En vous familiarisant ainsi avec les sensations physiques, mentales et émotionnelles associées à votre prise de décision et à ses résultats, vous serez en mesure de discerner l'intuition et cette partie de vous que vous appelez l'ego.

Une autre méthode plus utile encore pour départager les incitations de votre intuition et les besoins et désirs de l'ego consiste à travailler avec un partenaire. Lorsque vous et votre partenaire communiquez honnêtement l'un avec l'autre, vous êtes à même de partager vos expériences, vos motivations, vos décisions et leurs résultats. Cela vous aidera tous deux à mieux identifier les fois où vos pulsions intérieures émanent de l'intuition et celles où elles proviennent de l'ego. Vous brancher sur votre intuition à ce stade-ci suppose du dévouement et de la persévérance.

Le refus de pardonner peut également contribuer au vieillissement. Même si ce sujet a été discuté à maintes reprises, laissez-moi revenir brièvement sur ce point et sur sa relation avec le vieillissement. Le pardon concerne avant tout quelque chose qui est survenu dans le passé et qui ne peut être changé. Le geste qui vous a blessé ne peut être modifié. Vous pouvez toutefois maîtriser l'impact émotionnel et spirituel de cet événement en vous. Si vous êtes incapable de pardonner, vous continuez à vous tourmenter par rapport à cet événement. Le rôle de l'autre personne dans ce qui s'est passé est terminé, car ce n'est plus elle qui vous blesse. De fait, lorsque vous choisissez de ne pas lâcher prise quant au souvenir de ce qui vous a blessé, c'est à vous-même que vous infligez de la souffrance, ce qui a pour effet de hâter le vieillissement de votre corps. Beaucoup refusent de pardonner parce qu'ils croient que cela reviendrait à excuser le geste de l'autre. Très chers, l'autre personne est simplement un aspect de vous-même. Vous provenez tous de la même Source. Vous êtes tous l'amour incarné. *Votre répugnance à pardonner, qui ne fait que vous blesser continuellement, a sur vous des effets pires que l'événement initial.* Lorsque ce qui vous a offensé s'est produit, cela n'est arrivé qu'une fois. En vous y accrochant et en rejouant sans cesse la scène dans votre esprit, il se répète alors une multitude de fois. Peut-être sera-t-il plus facile pour vous de lâcher prise lorsque vous comprendrez vraiment tout le tort que vous vous infligez en refusant de pardonner. En réalité, le pardon n'est pas requis. Il vous suffit tout simplement de passer en revue ce que vous avez appris de cette expérience, et de lâcher prise, mais en conservant les leçons que vous en avez retirées. Ces leçons sont tels des bonbons emballés dans du papier ciré. Vous mangez les bonbons, puis vous jetez le papier. L'événement n'est rien de plus qu'un emballage auquel il est inutile de s'attacher.

Sur le plan de l'énergie, quand vous pardonnez ou que vous lâchez prise par rapport à ce qui vous a blessé, vous vous libérez d'une énergie discordante ou, disons, de la mémoire cellulaire liée à cet événement. Une fois cette énergie dissipée, les cellules peuvent à nouveau fonctionner de manière optimale et retrouver un peu de leur jeunesse. Voilà pourquoi plusieurs s'émerveillent à la vue de ceux qui paraissent plus jeunes après avoir effectué beaucoup de travail sur eux-mêmes.

Les encodages

— *J'apprécierais beaucoup en savoir plus sur les encodages. Quel est leur but ? Comment s'en servir ? Comment communiquer avec les techniciens encodeurs ? Selon quels critères ces derniers nous sont-ils assignés, et ainsi de suite ?*

Très chers, il me fait grand plaisir de vous expliquer ici ce que sont les structures d'énergie appelées « encodages ». Auparavant, j'aimerais vous donner quelques renseignements de nature générale à leur sujet. Puis je vous présenterai celui que l'on pourrait appeler le chef de l'équipe d'encodage. Sachez qu'il n'existe pas de hiérarchie dans notre réalité. Néanmoins, chacun de nous a des responsabilités bien précises. Nous œuvrons tous dans un véritable esprit d'équipe. Certains possèdent davantage de connaissances que d'autres. Celui qui s'adressera à vous a pour passion de régler l'énergie des âmes qui vont s'incarner et vivre sur le plan physique. L'encodage est un aspect important de ce travail. Sachez que les techniciens encodeurs ont effectué un travail colossal ces dernières années, car beaucoup parmi vous ont eu de nouveaux encodages.

Voyez-vous, peu avant votre incarnation, il était considéré comme hautement probable que cette planète ne soit plus habitée dans un proche avenir. La Terre allait se purifier d'elle-même et vous auriez tous été les instigateurs de cette purification en vous anéantissant les uns les autres. Mais vous saviez qu'il vous était possible de modifier le cours des événements afin d'éviter une telle destruction, quoique la probabilité d'y parvenir n'était pas très élevée. Mais il y a bel et bien eu de profonds changements. Ce que vous avez réussi à accomplir est tout à fait remarquable. Ce que d'autres médiums ont affirmé est vrai : *Beaucoup d'êtres observent avec grand intérêt ce qui se passe sur cette petite planète.* Une merveilleuse expérience de conscience s'y déroule. Rappelez-vous que vous ne développez pas la conscience. Vous devenez plutôt *conscients* de la conscience, c'est-à-dire que vous éveillez quelque chose en vous qui a toujours été là. Une des raisons pour lesquelles vous avez été si nombreux à faire de tels progrès en si peu de temps, c'est que vous aviez conscience de la possibilité que la durée de votre existence soit plus courte que d'autres existences vécues auparavant.

Grâce à la Convergence harmonique survenue en 1987, tout le courant d'énergie mis en branle dans les années 1940 prit une tout autre direction. Lorsque votre monde permit à l'énergie représentée par Hitler, Staline et Mussolini de se manifester sur votre planète, cela eut pour effet de rendre extrêmement probable la disparition de toute vie humaine sur terre avant l'an 2000. La possibilité d'une telle destruction sur le plan spirituel prit forme et devint presque palpable. Vous allez tout droit au désastre. *Mais les années 1960 modifièrent cette énergie d'annihilation.* Ceux parmi vous qui étaient alors les enfants des années 1960, qui ont grandi à cette époque, commencèrent à s'éveiller spirituellement et à découvrir que leur vie pouvait être fort différente de celle que leurs parents avaient connue. Il est vrai que cette génération a consommé des drogues et exploré la sexualité d'une manière très publique pour y parvenir. Les drogues permirent à ces gens de réaliser qu'ils pouvaient accéder à des aspects différents de la conscience, même si le voyage était incontrôlé et non structuré. La pratique de la méditation transcendantale qui fut proposée à l'Occident contribua aussi de façon importante à l'essor de cette « nouvelle » conscience spirituelle. Le fait de devenir conscients de la conscience constitua le point tournant de votre éveil et fut la raison pour laquelle les techniciens encodeurs eurent tant à faire pendant un certain temps.

Mais revenons aux encodages. Vous serez intéressés d'apprendre qu'ils se trouvent partout dans votre corps physique et dans votre corps énergétique. L'énergie de votre corps s'étend au-delà de ce que les gens appellent l'aura. Ceux qui discernent l'aura voient qu'elle est composée d'environ huit couches. Quant aux encodages, leur effet s'étend bien au-delà de ces huit couches. En fait, ils s'étendent partout. Certains se rapportent à votre culture. D'autres concernent la religion ou le sentier spirituel de votre choix. Certains d'entre vous qui ont grandi sous l'influence d'une religion, mais qui ont senti un profond changement en eux après l'avoir délaissée, au point de ne plus avoir la moindre affinité avec cette religion, ont subi des changements dans leurs encodages. Cela s'est produit au niveau de l'âme, généralement pendant leur sommeil, alors que leur esprit conscient était endormi.

Vous allez pouvoir vous servir de l'information que je vais vous donner sur les encodages pour vous libérer des énergies qui ont été altérées à cause de diverses blessures. Autrement dit, ils vont vous aider à pardonner. Les changements apportés à certains encodages vous aideront à donner une nouvelle direction à votre existence. On pourrait comparer ces encodages à l'ADN. Certaines structures d'ADN ne peuvent être changées, ce que vous ne voudriez pas faire de toute façon même si cela vous était possible. Par exemple, et je dis ceci un peu à la blague, vous êtes des humains et, à ce titre, vous ne voudriez certainement pas changer l'ADN et les encodages qui font justement de vous des humains.

Si vous le voulez bien, je cède maintenant la place au maître Formulateur d'encodages. Même si la personne par l'entremise de qui je m'exprime identifie son énergie comme étant de nature masculine, il n'y a aucune distinction de ce genre ici puisque nous ne vivons pas dans la dualité. Bonne lecture !

Le Formulateur d'encodages

C'est animé d'une grande joie que je viens à vous. Je suis ravi et honoré que l'on me demande de vous parler directement de mon travail. Mon nom ne peut être écrit, car il est un assemblage de sons et de couleurs. Vous pouvez tout simplement m'appeler le Formulateur d'encodages. Que ceux qui sont incapables de sentir mon énergie ne s'en fassent pas, car c'est avec jubilation que je le dis : j'aime bien le nom de Formulateur.

Beaucoup de ceux qui lisent ces lignes voudraient bien découvrir leur passion. Quant à moi, je m'adonne à ce qui me passionne. Vous m'avez demandé d'où je viens. Je viens du même endroit que vous. Je viens de l'Amour. Je suis une expression de l'Amour. Lorsque tous, vous avez été manifestés par le pouvoir de l'Amour et que vous avez décidé de venir vous incarner sur diverses planètes, vous avez eu besoin d'aide pour formuler votre énergie de manière à oublier que vous étiez infinis. Vous souhaitiez en fait oublier que vous étiez l'essence même de l'Amour et que vous pouviez créer tout ce que vous désiriez. Vous vous demandez peut-être pourquoi vous voudriez faire une telle chose. Eh bien, vous vouliez créer des conditions propices pour vivre une expérience différente. Vous comptiez jouer à faire semblant, comme vos enfants. Alors que ces derniers se rappellent qui ils sont, vous vouliez jouer à ce jeu sans presque vous souvenir de qui vous êtes vraiment. Vous espériez oublier que vous êtes l'Amour et des êtres infinis. Me croirez-vous si je vous dis que vous avez pris un immense plaisir à créer cette expérience ? Vous avez donc eu besoin de quelqu'un pour vous aider, et comme j'émerge de la même expression d'Amour que vous, j'ai décidé de le faire.

En somme, je suis celui qui prépare tout pour que vous puissiez jouer à faire semblant. D'autres ont également choisi de travailler à la création d'encodages. Tout comme vous disposez d'une série de guides qui sont des aspects de vous-mêmes, vous avez aussi une équipe de techniciens encodeurs qui travaillent avec moi et plus particulièrement avec vous. Ils sont également des aspects de vous-mêmes. Étant donné tout le travail d'encodage réalisé de manière intentionnelle, d'autres ont aussi décidé de suivre une formation pour devenir des techniciens encodeurs. Comme je l'ai mentionné, je suis celui qui supervise *tout* le travail d'encodage.

Certaines équipes ont des spécialités particulières. Quelques-unes consacrent leur attention à d'autres planètes, alors que d'autres s'occupent des animaux et que d'autres encore sont au service des humains. Vous avez, à la base, une équipe précise d'encodeurs. D'ailleurs, ce groupe d'êtres s'occupe de vous durant toute votre incarnation, et plusieurs de ces êtres vous suivront au fil de diverses incarnations. Tout comme il arrive que vos guides changent, sachez que certains de vos techniciens encodeurs peuvent également changer. Quelques-uns d'entre vous remarqueront peut-être qu'à l'occasion davantage de techniciens sont présents à leurs côtés. Ce sont souvent des apprentis qui suivent un stage de formation avec leur maître. En lisant ceci, vous formerez peut-être en votre esprit l'image d'une structure hiérarchique, mais il s'agit simplement de niveaux de connaissance et de responsabilité.

Ainsi que je viens de le préciser, je suis chargé de superviser tous ceux qui effectuent un travail d'encodage. D'autres maîtres formulateurs ont la charge d'équipes spécialisées en divers domaines. L'affectation de ces techniciens à telle ou telle personne est faite simplement sur la base de leur choix ou de leur préférence. Tout comme vous êtes attirés par l'énergie de certaines personnes, ils le sont aussi. La plupart d'entre vous savent déjà ce que je m'apprête à vous confier à tous, mais je vais néanmoins le répéter :

c'est dans un but précis que vous êtes venus vivre cette expérience consistant à faire semblant.

Laissez-moi ici vous faire un petit rappel de ce qu'on vient de discuter. Chacun a des objectifs à atteindre et une liste d'expériences qu'il aimerait accomplir au cours de son incarnation. C'est parce qu'il y a tellement d'expériences différentes possibles, en fait un nombre quasiment infini, puisqu'un être infini possède forcément une créativité infinie, que vous aviez besoin de certaines structures pour vous aider à réaliser ce que vous vouliez faire. Vous avez donc décidé de devenir des humains, et qu'à ce titre vos capacités seraient assez limitées.

Cependant, ceux d'entre vous qui lisent ces lignes ont résolu de jouer à un nouveau jeu appelé la *Redécouverte*. Le but de ce jeu est de redécouvrir qui vous êtes vraiment, c'est-à-dire des *êtres créateurs infinis*. La plupart des habitants de votre planète n'ont pas encore appris à jouer à ce nouveau jeu. Ils se contentent de faire semblant, de jouer un rôle.

Parlons maintenant des encodages. Ce sont des structures d'énergie qui fournissent un cadre à l'architecture de votre vie sur cette planète. La plupart d'entre vous ont déjà vu des images de la grille énergétique entourant la Terre. Peut-être avez-vous remarqué la présence de certains points d'énergie aux intersections de cette grille. Les encodages ressemblent à ces points d'énergie. Vous avez des points d'énergie ou des encodages qui, avant toute chose, vous définissent en tant qu'humains. Votre corps présente des propriétés interdimensionnelles dans ses interactions avec l'essence de votre être. Beaucoup d'entre vous considèrent cette essence comme étant de nature spirituelle. Certains affirment qu'elle est leur lien avec la présence JE SUIS. Dans certaines traditions, on appelle cela « la grâce ». Mais, au fond, peu importe le nom qu'on lui donne.

Certains encodages ont trait à l'identité sexuelle. De fait, certains individus possèdent des encodages liés à ce que plusieurs tiennent pour un désordre psychique, soit celui de ne pas savoir quelle est sa véritable identité sexuelle. D'autres encodages se rapportent à ce que vous voulez faire dans la vie : votre profession ou métier. Il vous faut savoir qu'avant de vous incarner, vous déterminez le type d'expériences que vous souhaitez vivre.

Puis vous décidez des leçons qu'il vous faudra apprendre. En vérité, vous n'avez rien à apprendre. Mais comme vous avez fait en sorte de tout oublier, toute forme d'apprentissage ne consiste en réalité qu'à vous remémorer ce que vous saviez auparavant. Vous rassemblez les morceaux du casse-tête de votre identité profonde. Vous vous reconnectez à l'essence de votre véritable nature.

Donc, après avoir décidé des expériences à vivre et des souvenirs à raviver, il vous fallait un plan pour atteindre vos objectifs. Vous avez presque tous décidé de vivre quelque chose qui allait vous convaincre encore davantage de vos limites et de votre impuissance. C'est ce que vous appelez éprouver de la peine ou subir des blessures. Vous vouliez vous rappeler que rien ne peut vous blesser, que vous ne faites que jouer à faire semblant.

Vous qui lisez ces lignes, vous avez décidé de vous souvenir de votre infinité. Vous désirez savoir comment vous connecter pleinement à votre esprit. Votre cheminement de vie est parsemé d'embûches. Je prends plaisir à observer à quel point vous jouez bien le jeu. En réalité, vous seul avez déterminé le degré de difficulté de votre quête spirituelle. Vous avez totalement oublié que vous êtes engagé sur votre chemin de vie, mais il est impossible que vous ne soyez pas déjà engagé sur ce chemin. Des encodages, des structures d'énergie, présents en vous ont programmé votre amnésie.

J'aimerais vous donner davantage d'informations sur les encodages. Mais d'abord, laissez-moi vous rappeler que ces derniers font partie du jeu consistant à faire semblant. On peut les comparer aux divers costumes que les acteurs endossent selon le rôle qu'ils doivent jouer. Je vous demande de considérer les encodages comme tout à fait réels. Autrement dit, en tant qu'êtres infinis, vous n'avez nul besoin d'encodage. Mais pour jouer le rôle que vous avez choisi d'interpréter dans ce jeu, des costumes et un scénario s'avèrent nécessaires.

Voyons ici les types d'encodages qui existent. Les deux principales catégories sont les encodages naturels et les encodages artificiels. Vous n'avez besoin de connaître que ceux-là. Les encodages naturels vous permettent de jouer à faire semblant. Pour revenir à notre précédente analogie, ils sont les costumes qu'un acteur peut choisir dans la penderie. Si vous décidiez de devenir comptable, vous mettriez le genre de costume que les membres de cette profession portent. Les encodages règlent l'énergie afin qu'elle corresponde à celle de la profession ou du métier que vous avez choisi, que ce soit être un jardinier, un comptable, ou tout autre métier de votre choix. Un vaste éventail d'encodages vous sont donnés au moment de votre incarnation. Façonnés avant même votre incarnation, ils sont graduellement activés dès votre conception. Certains encodages servent même à encadrer votre développement depuis l'instant de votre conception jusqu'à celui de votre mort.

Vous possédez, pour la plupart, des encodages qui facilitent l'évolution naturelle à partir de votre première cellule jusqu'à ce que vous deveniez des enfants en parfaite santé. D'autres, par contre, ont reçu des encodages qui modifient le développement dans l'utérus de manière qu'apparaisse ce que vous appelez une anomalie congénitale. D'une façon ou d'une autre, vos encodages ont été établis conformément à votre plan pour une nouvelle incarnation.

Certains encodages naturels font en sorte que vous êtes attirés chacun par certaines personnes. Vous avez aussi une multitude d'encodages qui ont l'effet contraire à l'égard de certains individus. Des encodages naturels sont actifs alors que vous apprenez à marcher, que vous allez à l'école, que vous fréquentez des gens, que vous vous mariez ou non, et ainsi de suite.

Certains d'entre vous ont en eux des encodages pour une profession particulière ou pour ce que vous pourriez appeler votre chemin de vie. Par exemple, celui qui a décidé de *jouer* à faire semblant avec des animaux manifestera une affinité pour ces derniers dès l'enfance. Cependant, d'autres ont décidé qu'ils voulaient disposer de nombreuses options et ils possèdent des encodages adaptés à maintes activités qu'ils aimeraient faire durant leur vie. Ces encodages sont activés en fonction des événements qui surviennent dans la vie d'une personne. Des encodages naturels peuvent également être développés et placés en vous après la naissance. Il est important de vous rappeler que votre Moi supérieur est le metteur en scène de votre existence. Il va de soi qu'il dispose du scénario complet de votre vie, lequel comprend toute une série de dénouements possibles. Lorsque les techniciens encodeurs s'occupent de vous et apportent des changements à vos encodages, ils le font toujours en étroite consultation avec votre Moi supérieur. Voilà pourquoi certains peuvent demander un résultat précis à leurs techniciens encodeurs sans toutefois l'obtenir. Leur Moi supérieur a jugé que le moment n'était pas propice ou qu'ils n'étaient pas encore prêts.

Pour la suite de mes explications, je devrai décrire les encodages de manière linéaire. Il m'est tout à fait impossible de vous expliquer la complexité des interactions de vos encodages avec ceux d'une autre personne. Qu'il me suffise de préciser que tout est interdimensionnel et en corrélation avec votre environnement. Par là, j'entends qu'une interaction avec quelqu'un peut activer, désactiver ou endommager certains encodages naturels. Cette interaction résulte en une chaîne de réactions en vous et, dans la plupart des cas, chez l'autre personne.

Les autres encodages dont j'aimerais vous entretenir sont les encodages artificiels. Ce sont des structures d'énergie qui s'introduisent dans votre système d'encodage par suite de la présence d'énergies associées aux sentiments et aux émotions venant soit de vous, soit de quelqu'un d'autre. Par exemple, certains encodages sont établis conformément au plan que vous avez tracé pour votre existence. Ils vous offrent une série de choix quant à la façon dont vous pouvez réagir à certains événements. Si vous prenez trois personnes et que vous donnez à chacune un coup de pied sur le tibia, vous observerez probablement trois réactions différentes. L'une pourra crier de surprise et vous frapper en retour. Une autre pourra hurler de douleur et s'enfuir en courant. Et la troisième pourra tout simplement vous regarder en se demandant pourquoi vous avez fait cela. Qu'est-ce qui détermine ces réactions ? C'est une combinaison de l'influence de leurs encodages naturels, établissant comment elles prévoyaient réagir en certaines circonstances, et de leurs encodages artificiels, résultant des émotions ou des sentiments éprouvés lors de précédents événements.

Les encodages artificiels peuvent aussi être le fruit d'événements planifiés à l'avance dans votre vie. Autrement dit, vous avez peut-être prévu une situation dans laquelle vous alliez recevoir un coup à la jambe. Avant que cet événement ne survienne, vous avez vécu d'autres situations ayant suscité en vous certaines réactions émotionnelles. Ces émotions ont créé des énergies qui ont pris en vous la forme d'« encodages artificiels ». Certains appellent cela des « formes-pensées ». Votre réaction au coup reçu dépend donc des événements que vous avez créés avant de recevoir ce coup de pied. En somme, il y a interaction entre les événements passés, qui ont créé des encodages artificiels, les encodages naturels que vous aviez en vous à la naissance, et l'événement présent. Ce n'est là qu'un petit exemple de la complexité des interactions possibles entre différents encodages.

Permettez-moi ici de vous donner un exemple assez simple illustrant comment les encodages fonctionnent. Peut-être avez-vous tendance à vous mettre facilement en colère. Prenons le cas de la colère que vous éprouvez lorsque vous n'obtenez pas ce que vous voulez. À force de réflexion, vous réalisez toutefois que cette attitude vous empêche souvent d'avoir l'esprit en paix. Ce que je vous recommande alors, c'est de centrer votre conscience dans votre chakra du cœur en y entrant par l'arrière. Cette méthode constitue à mon avis le moyen le plus facile de faire ce travail lorsque vous entreprenez de régler ce genre de problème. À mesure que grandira votre expérience à travailler avec vos techniciens encodeurs, il vous sera de plus en plus facile d'entrer en contact avec eux chaque fois que vous en aurez le désir.

Pour vous familiariser avec cette méthode, il est préférable au début d'être dans un état de méditation. Pour ce faire, pénétrez consciemment dans votre chakra du cœur en passant par l'arrière. Conservez à l'esprit ce que vous désirez accomplir – dans le cas présent, vous libérer de la colère qui vous empêche de vivre l'esprit en paix. Invitez les techniciens encodeurs à vous aider et dites-leur ce que vous souhaitez faire. Demandez-leur s'il y a en vous des encodages artificiels qui contribuent à amplifier votre problème. Si la réponse est oui, et c'est presque toujours le cas, demandez-leur cette fois quelles seraient les conséquences s'ils étaient enlevés ou désactivés. Vous avez besoin de le savoir, car il y a chaque fois une réaction à tout ce que vous choisissez de faire. Le fait d'enlever ou de désactiver des encodages artificiels change l'énergie en vous, ce qui se répercutera dans l'ensemble de vos systèmes intérieurs. Certains de ces changements seront très apparents, alors que d'autres seront si subtils que vous ne les remarquerez pas. Il vous revient alors de décider si les conséquences sont acceptables ou non pour vous. Si vous estimez qu'elles le sont, demandez que ces encodages artificiels soient enlevés ou désactivés. Cependant, vous n'avez nul besoin de vous préoccuper de la manière dont cela sera fait.

Une fois ces changements apportés, vous aurez sans doute envie de découvrir si des encodages naturels ont été endommagés ou modifiés. Rappelez-vous ceci : pour l'essentiel, les encodages naturels étaient déjà présents en vous à la naissance et ils peuvent subir des dommages ou des modifications par suite de brusques changements énergétiques. Par exemple, si vous donnez un coup sur le boîtier d'une horloge, la force du coup peut modifier l'heure indiquée. Si vous laissez tomber un verre, l'impact peut le faire éclater. Les fluctuations d'énergie dans votre vie sont parfois assez fortes pour endommager ou modifier vos encodages naturels. Dans de nombreux cas, vous aurez envie qu'ils soient réparés. Demandez simplement aux techniciens encodeurs si des encodages détériorés entravent la réalisation de vos objectifs. N'oubliez pas non plus de demander à connaître les conséquences s'ils étaient réparés. Si vous les jugez acceptables, demandez que la réparation soit effectuée. Plus il y a longtemps qu'un encodage artificiel est apparu en vous, plus les réparations seront complexes. Si un encodage artificiel s'est formé alors que vous étiez toujours dans le sein de votre mère et que vous êtes maintenant âgé de 48 ans, il y a donc quarante-huit ans que d'autres encodages se sont peu à peu ajoutés par-dessus ce premier encodage artificiel – le même phénomène s'applique aussi aux encodages naturels. Lorsque vous entreprenez au bout de tant d'années un examen approfondi de vos encodages, les changements apportés à votre champ d'énergie doivent être faits de manière graduelle. Habituellement, vous n'avez pas à vous préoccuper du déroulement de ce processus, puisque les techniciens encodeurs savent parfaitement comment procéder, ainsi que dans quel ordre et à quelle vitesse. Il est possible que des mois, voire des années, s'écoulent sans que vous remarquiez les changements demandés. Cela est vrai tout particulièrement dans le cas des changements survenus sur le plan cellulaire, y compris dans votre ADN. Vous, les humains – et c'est avec une grande tendresse que je le dis –, êtes si impulsifs que vous n'établirez peut-être même pas le lien entre les changements survenant dans votre vie et les demandes déjà faites des mois, voire des années, auparavant. Encore une fois, plus les dommages infligés à vos encodages, ou l'introduction d'encodages artificiels, seront survenus tôt dans votre existence, plus les conséquences de leur réparation ou de leur élimination seront importantes.

Ainsi, dans le cas d'un encodage artificiel apparu alors que vous étiez très jeunes – et qui eut pour résultat que vous avez chacun érigé une barrière énergétique entre votre cœur et les autres personnes –, son élimination après tant d'années pourra s'avérer une expérience assez difficile à vivre pour vous. Si les techniciens encodeurs vous avertissent que vous serez accablés par l'intensité énergétique d'un tel changement, vous pouvez leur demander de faire en sorte que le processus soit plus graduel, ce qu'ils peuvent faire sans aucun problème, soit dit en passant. Mais il est important de leur demander de procéder selon votre préférence.

Vous portez l'entière responsabilité de votre existence. Je dois toutefois nuancer cette affirmation. Votre Moi supérieur est celui qui exerce le véritable contrôle sur ce qui vous arrive. Souvenez-vous qu'il possède le scénario complet de votre vie, lequel comprend les situations et les dénouements possibles. Les choses seront beaucoup plus faciles pour vous si vous acceptez la direction qu'il désire donner à votre existence. Toute résistance de votre part aura pour effet de créer des encodages artificiels supplémentaires. Vous avez tous déjà entendu des choses comme « Que ta volonté soit faite » ou « Il vaut mieux suivre le courant », ce qui signifie de permettre à votre Moi supérieur, qui est en parfaite connexion avec votre présence JE SUIS, d'être le metteur en scène de votre existence.

Ceux qui se sentent motivés à changer complètement leur chemin de vie auront peut-être besoin que de nouveaux encodages naturels soient activés, ou formulés et placés en eux. Si vous désirez que votre existence s'oriente vers une direction particulière, demandez à vos techniciens encodeurs s'il y a en vous des encodages naturels qui n'ont pas encore été activés et qui, une fois activés, vous aideraient à obtenir ce que vous désirez. S'ils vous répondent qu'il n'y en a aucun de disponible à cette fin, demandez-leur s'il y a possibilité pour eux de formuler une nouvelle série d'encodages naturels. Si votre Moi supérieur y consent, votre équipe d'encodage le fera. Assurez-vous de demander s'il y a des encodages artificiels susceptibles de constituer une entrave à l'atteinte de ce but.

Si le désir que vous exprimez n'est pas exaucé, il y a alors certainement quelque chose que votre Moi supérieur connaît, dont vous ignorez tout. Vous constaterez que votre vie sera beaucoup plus facile si vous vous en remettez à celui-ci.

Laissez-moi vous indiquer des choses amusantes à faire avec les encodages. En traversant plusieurs fuseaux horaires au cours d'un voyage, demandez à vos techniciens encodeurs d'ajuster vos encodages au nouveau fuseau horaire dans lequel vous êtes alors. Vous pourriez aussi leur demander d'effectuer des changements temporaires à vos encodages afin de vous aider à vous adapter à une nouvelle culture, ou à la conduite à gauche, ou encore à bien digérer tel nouveau type de nourriture. Si vous avez de la difficulté à apprendre ou à assimiler des informations, vous pourriez leur demander si certains encodages artificiels ou naturels seraient à même de vous y aider. Quelques-uns auront peut-être besoin d'être réparés ou activés dans des situations données.

Si vous éprouvez du chagrin, encore là, un ajustement à vos encodages peut s'avérer fort utile. Rappelez-vous que toute perte entraîne un certain deuil. Néanmoins, ceux d'entre vous dont le deuil dure beaucoup plus longtemps que la normale à la suite de la perte d'un être cher ont souvent un encodage naturel toujours actif en relation avec la personne décédée ou avec la situation vécue. Après avoir sollicité l'intervention des techniciens encodeurs relativement à des encodages artificiels, demandez-leur si un encodage naturel est toujours actif même si vous n'en avez plus besoin, auquel cas ils pourront le désactiver.

Des sous-catégories existent au sein de la catégorie générale des encodages naturels. Elles se rapportent à des encodages transdimensionnels ayant trait à d'autres vies et à des vies parallèles. Il y a également des encodages intragalactiques vous reliant aux diverses planètes que vous avez visitées. Toute chose possède des encodages. Les planètes, les étoiles, et même ce que vous désignez par trous noirs, en ont. Votre énergie interagit avec les encodages de tout ce qui vous entoure. Tout est interrelié. Toute chose et tout le monde sont interconnectés. Des encodages artificiels peuvent même être placés à l'intérieur des planètes, lesquelles retiennent souvent des énergies de colère, de haine et de peur dans leur grille. Certains d'entre vous se sentiront appelés à pratiquer des interventions sur les encodages artificiels de votre planète. Qu'ils appliquent alors la méthode utilisée pour leurs propres encodages, en y ajoutant toutefois l'intention de se connecter à l'énergie de la Terre.

L'activation, la désactivation, l'élimination et l'alignement des encodages sont possibles chaque fois que vous vous adonnez à un travail de guérison. Vous n'avez pas besoin de collaborer consciemment au travail des techniciens encodeurs. Toujours en communication avec votre Moi supérieur, ils effectuent tout changement nécessaire. Ceux parmi vous qui agissent à titre de guérisseurs se demandent peut-être s'ils peuvent modifier les encodages des autres. Lorsqu'une personne vient vous voir afin que vous l'aidiez à se guérir, elle autorise implicitement ce genre d'intervention. Il n'est pas nécessaire qu'elle connaisse l'existence des encodages et de son équipe de techniciens encodeurs. Vous pourriez tout simplement entrer en contact en pensée avec cette équipe, la priant de faciliter les changements appropriés dans l'encodage de la personne tandis que vous lui prodiguez vos soins de guérison. C'est aussi simple que cela. Bien sûr, il vous est aussi possible d'enseigner ce processus à n'importe qui.

Je vous remercie de cette occasion qui m'a été offerte de parler de mon travail, qui est en réalité le nôtre. Plus tard, Amma vous transmettra une méditation relative aux encodages. Si vous désirez me parler directement, entrez dans votre chakra du cœur et faites appel à moi. Je vous répondrai.

L'année 2008

— *Il semble bien que les questions politiques domineront l'année 2008. Avez-vous des commentaires particuliers au sujet de Barack Obama ? Il semble offrir une possibilité de renouveau politique pour les États-Unis. Mais, comme nous l'avons découvert lors de l'ouragan Katrina, les questions raciales sont toujours au cœur de la réalité de ce pays.*

Puisque le Canada est situé juste au nord, nous sommes directement touchés par les décisions du gouvernement américain. Comment le Canada peut-il protéger son indépendance politique et ne plus être autant dominé par l'influence américaine ? Comment pouvons-nous être davantage unis en 2008 ?

Vous le savez tous, 2008 est une année « 1 » en numérologie, une année de nouveaux commencements. Tant de gens aspirent à un profond renouveau ! J'aimerais vous offrir deux analogies ayant trait à cette année. La première regarde ce qui se passe dans votre propre vie quand s'amorce une nouvelle année, qu'il s'agisse d'une célébration du nouvel an ou de votre anniversaire. Il vous arrive alors souvent de prendre de fermes résolutions, du moins le croyez-vous, puis d'en avoir finalement assez de la discipline exigée par la mise en pratique de ces résolutions. La seconde analogie est celle d'une naissance. Celles parmi vous qui ont donné naissance à un enfant et les autres qui ont été témoins d'un tel événement savent très bien quelle douleur, quelle difficulté et même quel danger cela peut représenter.

L'année 2008, votre année « 1 », aura des attributs comparables à ceux de ces deux analogies. Tous espèrent qu'elle marquera le début d'un grand renouveau. Le problème, c'est que la plupart des gens voudraient que cela arrive comme par magie. Certes, la fréquence vibratoire des énergies s'élève, et les possibilités de changements s'accroissent. Mais il vous revient, très chers, de vous aligner sur l'énergie. Vous avez le choix entre l'ancienne énergie et la nouvelle. Il y a certains aspects de l'ancienne énergie que vous devriez conserver. Pourquoi ? Parce qu'ils vous sont familiers et que vous ne savez pas comment agir autrement.

Quand vous décidez de favoriser la naissance de quelque chose de nouveau, la douleur qui en résulte est liée à la difficulté de vous détacher de l'ancien. Vous devez vous libérer des anciens systèmes de croyances qui vous limitent. Vous devez accepter de prendre la chance de vous voir comme un nouvel être, un être infini qui est véritablement l'amour incarné. Serez-vous disposés à examiner chacun de vos anciens comportements et à évaluer s'il correspond ou non à ce que ferait un être infini qui est l'amour incarné ? Serez-vous prêts à embrasser votre infinité et à tenir compte du fait que vous êtes l'amour incarné ?

Bien des gens, et je parle ici de milliards d'individus, ne sont pas prêts à renoncer aux anciens systèmes de croyances. Ils veulent croire que Dieu est à l'image de ce qu'on leur a appris à son sujet. Aucun de vous ne connaît la véritable nature de Dieu. Pour une raison que j'ignore, la plupart des humains s'entêtent à croire que les anciens qui proclamaient que certains écrits étaient d'inspiration divine avaient raison de le prétendre. En vérité, comme pour tout message canalisé, qu'il s'agisse d'écrits censés être divinement inspirés datant de plusieurs milliers d'années ou de ce que vous êtes en train de lire, l'énergie de la pensée est interprétée selon le système de croyances de la personne qui la reçoit. Puis, à votre tour, vous interprétez cette même énergie à travers le filtre de vos propres croyances personnelles. La douleur de la naissance de quelque chose de nouveau résulte donc de la difficulté à renoncer à ces anciens systèmes de croyances. Il faut pourtant les détruire si vous désirez vraiment que se réalise la promesse de l'année 2012.

La naissance de cette nouvelle ère sera difficile en raison de tous les reliquats de ces systèmes de croyances qui vous entoureront. Les désordres qui éclateront seront également dus à la violence mentale et physique de ceux qui veulent désespérément s'accrocher aux croyances créant un sentiment de séparation du tout. Comme vous le savez, il y aura une élection présidentielle en 2008 chez vos voisins du sud, aux États-Unis. Ce pays sera à nouveau le théâtre de graves tensions raciales, des tensions qui couvent depuis la mort de Martin Luther King. Vous allez découvrir, en fait, qu'elles sont déjà présentes par suite des efforts déployés pour discréditer celui que vous appelez Barack Obama. Sachez qu'il est un des leaders les plus éclairés parmi ceux qui ont accepté de briguer la présidence américaine depuis quelques décennies. Bien sûr, il a des défauts et des faiblesses, tout comme chacun de vous.

Barack Obama est un homme profondément intègre. Son plus grand défi sera justement de conserver intacte cette intégrité alors que plusieurs de ses conseillers tenteront de l'en faire dévier par souci de pragmatisme. Il est un grand visionnaire animé d'une grande spiritualité qui, soit dit en passant, ne s'est pas encore pleinement épanouie. Il est intuitif et même télépathe, ainsi que certains de vous diraient. Toutefois, il n'a pas conscience des dons psychiques qu'il possède. Il ferait bien de prêter attention aux aspirations profondes et à la guidance de son Moi supérieur. De nombreux Américains ont très peur qu'un homme d'origine raciale mixte devienne président de leur pays. Ses origines vont faire éclater au grand jour la discorde raciale qui règne aux États-Unis. Ceux qui y prônent la rectitude politique se sont efforcés de freiner le racisme en favorisant la tolérance. Une magnifique occasion se présente à chacun de passer de la tolérance à l'acceptation. Voilà qui sera fort difficile pour les personnes animées d'un fervent intégrisme racial ou religieux. Et il y a ceux qui prennent énergiquement parti pour ou contre cette prétendue guerre au terrorisme, une guerre dirigée contre les musulmans. Le nom même de Barack Obama, avec son deuxième prénom Hussein, déclenche l'activation des encodages artificiels de peur chez bien des Américains. En fait, l'activation de ces encodages artificiels, qui a débuté avec les événements du 11 septembre 2001, empêchera bien des gens de voir qui est réellement cet homme.

En quoi les Canadiens peuvent-ils aider les Américains ? Examinez d'abord vos propres croyances. Affirmez sans détour vos convictions profondes sur ce qui doit se passer. Ne permettez pas à votre gouvernement de se ranger placidement derrière les positions défendues par l'administration américaine. Prenez vos propres décisions concernant cette prétendue guerre au terrorisme. Mais, plus important encore, ne vous laissez pas infecter par la peur qui règne au sud de votre frontière. Cette peur que les États-Unis ont propagée depuis le 11 septembre s'est répandue tel un cancer partout dans le monde. Pour freiner la prolifération de ce cancer, quiconque lit ces lignes doit demeurer centré dans son cœur. Il peut vous sembler que je recommande toujours la même recette. Très chers, la simplicité et l'efficacité de cette action ne peuvent être surestimées. En demeurant centrés dans votre cœur, vous favorisez l'équilibre de l'ensemble de votre système d'énergie. Cela permet un afflux d'énergie grâce auquel votre code génétique et le reste de votre structure cellulaire peuvent maintenir leur équilibre. Lorsque vous parviendrez à centrer votre attention dans votre cœur, et pas seulement au-dessus ou près de celui-ci, mais au plus profond de celui-ci, vous y trouverez un espace de paix et d'acceptation. Vous y serez comme dans l'œil d'un ouragan. Vous aurez conscience de toutes les tensions tourbillonnant autour de vous, mais vous demeurerez parfaitement calmes. Plus vous serez nombreux à pratiquer cet exercice, plus ce centre de paix dans l'œil de la tempête deviendra important jusqu'à ce qu'il devienne si puissant que la tempête s'apaisera.

Malheureusement, je dois vous demander de vous préparer à davantage de violence. Il se produira un sursaut de violence en paroles et en actions chez ceux qui exprimeront leur désaccord. Un des plus graves échecs aura lieu lorsque ceux qui prônent la paix useront de moyens violents pour faire connaître leur opposition à la guerre. Comme vous le savez fort bien, très chers, une telle attitude ne fait qu'alimenter la violence et la guerre. Ceux parmi vous qui se font les apôtres de la paix doivent faire un examen de conscience et évaluer leurs sentiments à l'égard de ceux qui s'affichent en faveur de la guerre. Si vous découvrez qu'une colère sourde habite votre cœur, alors sachez que vous contribuez aussi à promouvoir la guerre, et ce, quel que soit le discours que vous tenez. Vos voisins du sud seront bientôt confrontés à une grave décision, car une occasion se présentera prochainement à eux de prendre une nouvelle direction. Il existe une forte probabilité que cela se produise. En raison de la grande influence exercée par les États-Unis, ce pays est un leader en ce qui a trait à la direction choisie par le reste du monde. Très peu de citoyens américains ont pleinement conscience des implications de cette déclaration. Convaincus de la puissance de leur pays, ils en sont pour la plupart très fiers. Toutefois, beaucoup sont inconscients de la responsabilité, en termes de leadership, qui accompagne un tel pouvoir. Lorsque leur leadership changera, ce qui est tout à fait possible, le caractère de ce pays changera également.

J'aimerais aussi vous entretenir quelque peu de votre système de santé. Alors que votre vibration et celle de la planète tout entière s'élèvent, les médicaments d'origine synthétique provoqueront de plus en plus d'effets secondaires. Comme je l'ai déjà mentionné, il y aura une augmentation du nombre de rapports faisant état de problèmes d'invalidité et de décès causés par la consommation de médicaments pharmaceutiques. Devant ce phénomène, l'industrie pharmaceutique tentera de discréditer tout le secteur des soins alternatifs et des médecines douces. Leur stratégie consistera à monter en épingle tout cas de réactions négatives à la consommation de plantes ou de substances aux vertus médicinales, pour ensuite réclamer que leur vente soit interdite. Malheureusement, les médias accorderont beaucoup d'attention à cette ruse de marketing, tout en négligeant de rapporter les milliers de morts dues à la consommation de médicaments.

Je vous suggère d'utiliser le plus de substances naturelles possible. Je parle ici de ce que vous ingérez. Plus votre vibration s'élèvera, moins les substances synthétiques que vous portez ou utilisez auront d'effets sur vous, à moins que vous ne soyez extrêmement déséquilibrés. Cependant, quand vous ingérez des produits pharmaceutiques, leurs effets pourraient gravement affecter le fonctionnement de vos cellules ainsi que celui de votre ADN et de votre ARN [acide ribonucléique]. Si vous choisissez de faire en sorte de conserver une santé équilibrée en mangeant des aliments sains, en dormant de sept à huit heures chaque nuit, en restant centrés dans votre cœur et en faisant ce que vous aimez, vous n'aurez pas besoin de consommer de médicaments. Il peut néanmoins arriver que votre santé soit si mauvaise et tellement déséquilibrée que les plantes médicinales et les produits homéopathiques n'agissent pas assez rapidement et qu'il vous faille alors prendre des médicaments, des antibiotiques et des antiviraux.

Par ailleurs, vous constaterez que davantage de recherches seront effectuées sur l'efficacité de la médecine énergétique. De nouveaux appareils plus sensibles seront mis au point et acceptés par votre communauté scientifique. Ils permettront de mettre en lumière le pouvoir de la médecine énergétique.

Soyez attentifs à ce que vous mangez. Certains subiront des effets indésirables à cause des aliments génétiquement modifiés qu'ils absorbent. D'autres ne seront pas affectés. S'il s'avère que vous êtes déjà sensibles aux pesticides et aux hormones présents dans les aliments, vous serez alors également sensibles aux aliments génétiquement modifiés. Rappelez-vous que votre corps est déjà exposé à une importante charge de produits chimiques du simple fait de vivre sur cette planète. Si vous employez des produits de nettoyage pour les cheveux et le corps, et si vous consommez des médicaments, alors vous contribuez à la pollution chimique que tout le monde absorbe. Tous les produits chimiques finissent par aboutir dans les cours d'eau, pour ensuite contaminer les sols, ainsi que les animaux et les plantes que vous mangez. Mais ne vous faites pas trop de mauvais sang à ce sujet. Sachez simplement qu'en dépit de tous vos efforts pour éviter de polluer votre corps par des produits chimiques, il est pratiquement impossible de trouver quoi que ce soit à boire ou à manger qui soit exempt de toute contamination chimique. La majeure partie des conséquences négatives de ce que vous ingérez sera éliminée si vous demeurez équilibrés. Vous laisser dominer par la peur ou la colère à l'égard de ces produits chimiques que vous ne pouvez pas éviter ne fera qu'exacerber le problème en vous.

Vos scientifiques mettent présentement au point des technologies destinées à régler ces problèmes. Toutefois, tant que vos responsables politiques et industriels ne seront pas convaincus de la nécessité d'éliminer ces produits chimiques de l'environnement, ces technologies ne seront que rarement utilisées.

Mais reprenons l'analogie avec la naissance. Une fois l'enfant venu au monde, la mère a encore un petit travail à faire, soit expulser le placenta ayant alimenté le bébé tout au long de sa croissance dans l'utérus. En cette année de nouveaux commencements, vous verrez apparaître le « placenta ». Chez les humains, tout comme chez les animaux, la délivrance du placenta est quelque peu chaotique et sanglante. La période suivant la naissance d'un nouvel âge comportera elle aussi son lot de chaos. Mais ne désespérez pas. Non seulement devrez-vous garder espoir, mais il vous faudra aussi faire preuve d'une foi inébranlable, car ce que vous faites lorsque vous demeurez centrés dans votre cœur et que vous acceptez sereinement ce qui arrive contribuera à aider tous les humains à découvrir qui ils sont réellement. Si la mère ne pensait qu'au placenta à expulser, elle pourrait désespérer. Mais, au contraire, toute son attention est tournée vers la nouvelle vie qu'elle vient de mettre au monde. Je vous encourage à en faire tout autant.

Beaucoup plus de gens que ne le laissent supposer vos médias aspirent à la paix. Nous tenons à ce que vous le sachiez. L'avenir n'est pas aussi sombre que vos médias le dépeignent. Et sachez encore que si les membres de la vieille garde expriment avec tant d'amertume leur rage à l'égard du fait qu'ils sont discrédités, c'est en réalité un signe révélateur de la peur qui les ronge. S'ils ne se sentaient pas menacés, ils n'auraient nul besoin de s'exprimer de la sorte. Vous devriez donc interpréter plutôt comme des signes de peur les indices laissant croire que les forces des ténèbres gagnent en force. Une nouvelle aube pointe. Vous allez peu à peu observer des signes révélant l'approche d'une grande lumière en de nombreux domaines. De temps à autre, ils seront rapportés dans les journaux, à la radio ou à la télévision. Soyez attentifs à la présence de ces signes dans vos rapports avec votre famille et vos amis. Le fait de ressentir une plus grande paix intérieure est un signe de changement. Des millions de personnes ressentent aussi cette paix intérieure. Vous pourriez aider à accroître ce phénomène en prenant du temps chaque jour pour méditer en silence et demander à être connectés aux autres dont le cœur est également ouvert.

Tous, vous comprendrez de mieux en mieux comment vos systèmes de croyances affectent votre vie et votre esprit. Vous apprendrez des techniques permettant de changer plus facilement ces croyances, de telle sorte que votre corps se mettra à rajeunir au fur et à mesure qu'il se libérera de tout ce dont il n'a pas besoin, y compris les produits chimiques qu'il a absorbés par l'eau et la nourriture. Vous découvrirez que vous êtes à même de choisir ce qui aura de l'influence sur votre corps. Vous pourrez apprendre de quelle manière préserver votre santé jusqu'à l'âge que vous désirez le plus atteindre. Cela ne sera pas accompli au moyen d'hormones de croissance humaines, mais bien grâce à des changements sur les plans mental, émotionnel et spirituel.

Confusion au sujet de la cocréation

— J'aimerais poser une dernière question. À titre d'éditrice, je reçois un grand nombre de lettres et d'appels téléphoniques de personnes qui me parlent de leurs difficultés à cocréer la vie qu'elles veulent. Ce phénomène touche plus particulièrement les travailleurs de lumière. On nous dit souvent qu'il n'a jamais été plus facile de cocréer notre réalité, mais ce n'est pas ce que la plupart des gens constatent.

De nombreux livres offrent diverses recettes pour y parvenir. Certains conseillent de se focaliser sur ce que l'on désire et de s'attendre ensuite à des miracles. D'autres affirment qu'il est important de n'avoir aucune attente. Puis, on nous dit que le moment idéal relève de la volonté divine... et que le moment choisi par Dieu ne correspond pas forcément au nôtre. À tout cela s'ajoute le fait que les interférences chaotiques engendrées dans le champ magnétique terrestre par six milliards d'humains compliquent singulièrement le processus de cocréation.

Alors, suite à ce que vous venez de dire, je vous le demande, pouvons-nous réellement manifester tous nos désirs, compte tenu de notre plan de vie dirigé par notre Moi supérieur, de nos croyances, de nos peurs, de nos encodages – en particulier ceux qui sont artificiels –, des perturbations que subit le champ magnétique, et ainsi de suite ? Y a-t-il quelque chose qui nous échappe ? Comment faut-il procéder pour réussir ?

Très chère, je pourrais tout simplement te répondre que tout ce que tu viens de mentionner est vrai, sans rien ajouter d'autre. Évidemment, comme cela pourrait susciter de la frustration, je vais plutôt passer en revue plusieurs des points que tu as soulevés.

D'abord et avant tout, je tiens à rappeler que chaque personne en train de lire ces lignes est un être infini. À ce titre, vous êtes tous habités d'une joie infinie, d'un amour infini et, bien sûr, d'une abondance infinie. En fait, vous *êtes* tout cela, et chaque fois que vous n'éprouvez pas ces sentiments infinis et ces expériences, vous éprouvez ce que vous n'êtes pas.

Sachez que votre personnalité, votre corps physique, vos relations, votre abondance, toutes ces choses sont des créations de votre Moi supérieur. De fait, vous avez effectivement décidé de vivre certaines choses lorsque vous vous êtes incarnés. Vous écrivez en quelque sorte une pièce de théâtre en constante évolution, et par « vous » j'entends votre Moi supérieur et votre personnalité, celle-ci étant sous la gouverne du premier. Vous avez convenu de vivre certaines choses durant cette incarnation. Vous vouliez voir ce qui se produirait lorsque l'être infini que vous êtes chacun s'incarnerait dans un être fini. Autrement dit, vous vouliez ressentir ce que cela vous ferait d'oublier qui vous êtes.

Le processus d'éveil consiste au fond à retrouver la mémoire. Vous êtes des êtres infinis. Vous n'avez donc vraiment rien à apprendre. Vous êtes là pour vivre des choses, et vous avez choisi celles que vous alliez éprouver.

J'ai parlé précédemment d'énormes changements dans la direction prise par l'humanité sur cette planète à l'époque de la Convergence harmonique, en 1987. Si ce n'avait été de ceux qui se sont rassemblés et qui ont ressenti et ancré les énergies qui affluaient alors, vous ne seriez pas là à lire ces mots présentement. L'année que vous appelez l'an 2000 aurait marqué la fin de la vie telle que vous la connaissez. Une panne généralisée de votre technologie aurait alors engendré un bouleversement complet de votre société moderne. Tout ceux qui sont nés avant 1985, soit un peu avant la Convergence harmonique, avaient des encodages adaptés au fait que leur existence allait se terminer à ce moment-là. Certains auraient survécu, mais leurs encodages prévoyaient qu'ils vivraient encore une vingtaine d'années.

Voilà dans quel contexte s'inscrit ce dont je désire maintenant vous entretenir. Beaucoup de choses ont changé. La difficulté rencontrée par les travailleurs de lumière tient au fait que seuls quelques-uns des encodages établis avant leur naissance sont encore actifs. Vous avez tous désormais la possibilité de découvrir qui vous êtes. Ce que vous appelez l'abondance ne correspond pas à une accumulation d'objets et d'argent, car il y a une limite à ce que l'on peut ainsi amasser. Je le répète, vous êtes des êtres infinis. Tout ce dont vous avez besoin pour créer se trouve à votre disposition.

Abordons ici certains aspects plus complexes. C'est votre Moi supérieur, ou plus précisément votre âme, qui commande et qui sait ce que vous souhaitez vivre. D'autres n'ont nul désir de compliquer ainsi les choses, mais leur personnalité est perpétuellement en lutte contre leur Moi supérieur. Ce sont eux qui, après avoir appris comment procéder, vont préciser leurs intentions, les transmettre à l'univers, et lâcher prise.

Tout le chaos qui règne sur la Terre crée-t-il des interférences ? Assurément. Rendez-vous compte que le chaos a toujours existé sur cette planète. Toutefois, il y a tellement de gens sur terre aujourd'hui que l'intensité de ce chaos s'est considérablement accrue. Voilà pourquoi il est essentiel de demeurer tous centrés dans votre cœur. Quand vous y êtes focalisés, la peur qui vous entoure, y compris celle que vous ressentez, ne parvient pas à prendre le dessus en vous. En vous incarnant, vous avez décidé de faire l'expérience de certaines limites, dont la peur. La clé consiste à ne pas laisser cette peur vous dominer. Voilà pourquoi vous devez vous efforcer de rester centrés dans votre cœur.

Vous vivez dans une société au sein de laquelle diverses autorités passées maîtres dans l'art du marketing ne cessent de vous dicter comment vivre votre existence. Leurs messages vous disent que pour réussir dans la vie vous devriez avoir tels biens de consommation, telle quantité d'argent, tel type de maison, telles relations. Sans même en avoir conscience, vous avez permis que d'autres vous apprennent ce qu'est l'abondance. L'abondance, très chers, est simplement le fait que tout ce dont vous avez besoin se trouve déjà à votre disposition. C'est là. Mais si vous cessez d'y croire, vous en bloquez alors la reconnaissance et l'accueil. Vous êtes nombreux à vous inquiéter de vivre au jour le jour, incapables de voir comment vous pourriez payer plus que vos comptes mensuels, si même vous y arrivez, et vous êtes donc persuadés que vous ne vivez pas dans l'abondance. Toutefois, tant que vous avez un endroit où dormir et que vous disposez de l'essentiel pour vivre, manger et vous vêtir, vous avez accès à cette abondance. Vous êtes les créateurs de votre abondance. J'ai bien conscience qu'il s'agit là d'un concept difficile à saisir pour plusieurs. Vous considérez favorablement mes paroles, mais vous ne comprenez pas ce qu'elles signifient réellement.

Le plus grand service que vous puissiez rendre chacun à l'humanité, à la planète et à vous-même, c'est tout simplement d'agir en toute chose à partir du cœur. Le travail spirituel ne donne pas toujours l'impression d'être spirituel. Peu importe où vous êtes, si vous êtes centré dans votre cœur, vous aidez à ancrer l'amour en ce monde. Vous le faites pour vous-même, pour les gens qui vous entourent, pour la planète et pour l'univers entier. Quand vous faites une place à l'amour en vous, vous êtes une lumière en ce monde. Tout l'amour que vous pouvez ainsi ancrer contrebalance également les énergies vibratoires basses.

Je vous ai déjà enseigné un exercice fort utile à cet égard. Évoquez un sentiment dont vous n'aimez pas l'effet en vous. Par exemple, imaginez que l'on vous expulse de votre maison ou de votre appartement. Sentez la peur qui habiterait alors votre corps, puis demandez à l'énergie universelle de faire affluer en vous la vibration d'amour précisément requise pour neutraliser cette vibration de peur. Lorsque vous ancrez l'amour, vous émettez une vibration d'amour qui a pour effet de neutraliser la vibration de peur autour de vous. Vous ne pouvez concevoir à quel point ce que vous dégagez alors est salutaire pour la planète et l'univers. Quand vous êtes centré dans votre cœur, vous êtes constamment au service de la Lumière, et rien ne saurait alors vous faire dévier de votre sentier spirituel.

Examinons maintenant certains aspects importants. Chacun de vous est doté d'encodages déterminant la nature de ses rapports avec les choses matérielles, ce qui inclut l'abondance physique. Vous avez pour la plupart des encodages artificiels qui vous imposent certaines limites. Plusieurs de ces encodages sont le fruit de votre acceptation de systèmes de croyances appartenant à d'autres. Certains êtres sur cette planète cherchent à vous convaincre que l'abondance n'existe pas. Ils vous ont inculqué l'idée que la vie est difficile et qu'obtenir de l'argent est pratiquement impossible, sauf si l'on accepte de souffrir pour en avoir. Très peu de gens croient qu'il est possible d'avoir les moyens financiers dont ils ont besoin tout en faisant ce qu'ils aiment.

Lorsque vous acceptez de telles croyances – ce que vous avez fait avant de savoir qu'il ne fallait pas les accepter –, vos énergies deviennent limitées. Maintenant que vous vous éveillez, vous pouvez faire plusieurs choses pour faciliter la remontée du souvenir de votre infinité, pour en retrouver la voie d'accès. La plus fondamentale consiste à apprendre à vivre en demeurant centré dans votre cœur.

Deuxièmement, restez en lien avec votre Moi supérieur. Parlez-lui des expériences que vous désirez vivre. Soyez à l'écoute des impressions et des messages que vous recevrez alors de lui. Si vous ne croyez pas pouvoir entendre, sentir ou percevoir sa réponse, prêtez simplement attention à ce qui se passe dans votre environnement et vous y trouverez le message qui vous est destiné.

Demandez à vos techniciens encodeurs de vous aider à ajuster vos encodages à vos désirs. Ils découvriront sans doute alors des encodages artificiels entravant l'atteinte de vos désirs, ainsi que des encodages naturels endommagés ou modifiés. De plus, vous êtes pour la plupart sous l'influence d'illusions de manque, de souffrance et de frustration. Demandez-leur de couper tout lien en vous avec ce type d'énergie et de vous rattacher à une énergie apte à vous révéler votre véritable nature infinie.

Ces changements modifieront alors peu à peu vos croyances, ce qui, dans bien des cas, entraînera des bouleversements dans votre vie. Peu de gens comprennent la nature de leurs systèmes de croyances. Si vous voulez savoir à quoi ils ressemblent, il vous suffit d'examiner votre existence. Si vous éprouvez de la difficulté à obtenir l'abondance financière, c'est sans doute parce que vous croyez qu'elle est impossible ou difficile à atteindre dans votre cas, ou que seulement quelques personnes bien spéciales y parviennent, ou pour diverses autres raisons auxquelles vous croyez fermement. À chaque croyance correspond un encodage qui l'ancre dans votre conscience. Lorsque vous demandez que votre énergie soit alignée sur la nature infinie de votre être, les croyances de limitation encodées en vous déclencheront une réaction. La peur commencera alors à poindre et le doute vous submergera. Le manque d'amour de soi joue un rôle important dans ce genre de réaction. Ce que je viens de décrire explique en bonne partie pourquoi certains travailleurs de lumière éprouvent davantage de difficulté à manifester ce qu'ils désirent.

Quand vous prenez conscience de la présence en vous de ces systèmes de croyances devenus inutiles – comme de croire que les personnes qui s'adonnent à la spiritualité ne peuvent accéder à l'abondance financière –, demandez à vos techniciens encodeurs de vous aider à modifier vos encodages. Demandez-leur d'abord de désactiver les encodages artificiels responsables de telles croyances. Cependant, si vous faites partie de ceux qui ne savent pas que ce genre de travail peut entraîner des conséquences physiques, vous feriez bien de demander d'abord à connaître les conséquences d'une telle désactivation. Vous pouvez toujours demander que le changement effectué soit annulé, mais cela ne changera rien aux conséquences que vous aurez vécues entre-temps. Puis demandez-leur ce qui surviendra s'ils rectifient les encodages naturels endommagés ou modifiés qui sont également responsables de ces croyances. Après avoir obtenu l'information désirée sur ces conséquences, invitez-les à effectuer les réparations nécessaires.

Dès votre naissance, vous possédiez déjà de nombreux encodages naturels relatifs aux sentiments de manque et de limitation. Vous avez choisi cela avant de vous incarner parce que l'être infini que vous êtes chacun désirait connaître ce genre d'expérience, qui était et demeure une forme de jeu pour vous. À l'instar des acteurs tenant un rôle dans un film ou au théâtre, vous retirez une certaine satisfaction d'une merveilleuse performance dans un drame rempli de douleurs et de souffrances. Vous interprétez des rôles, très chers. Ne prenez pas trop au sérieux ce qui vous arrive ; permettez-vous une certaine distanciation par rapport à votre vécu.

Cela dit, demandez à vos techniciens encodeurs si, depuis le début de votre incarnation, il y a en vous des encodages naturels qui ancrent ce type de croyances. Pour la plupart d'entre vous, la réponse sera oui. Tâchez alors de savoir si ces encodages ont rempli leur fonction. Par contre, si la réponse est négative, demandez ce qui doit être fait pour que le but de leur présence en vous soit réalisé. Il peut s'agir d'une guérison nécessaire, d'une certaine expérience, d'une nouvelle compréhension, ou d'une foule d'autres choses. Si le but d'un encodage naturel a été atteint, vous pouvez demander que cet encodage soit désactivé.

Chaque changement que vous apporterez dans les encodages gouvernant ces profondes croyances entraînera l'apparition d'autres croyances. Vos encodages formant un système intégré, il est impossible d'en isoler ou d'en modifier une partie sans affecter quelque chose d'autre. Ceux qui font de la programmation informatique savent que le fait de changer une ligne de code dans un programme peut avoir des conséquences imprévues. C'est aussi le cas de votre système d'encodage. Examinez chaque nouvelle croyance dès son apparition. Comment saurez-vous qu'une autre croyance se forme ? Vous éprouverez de la peur. Identifiez la croyance s'y rattachant, puis répétez le processus.

Y a-t-il moyen de simplifier cela ? Bien sûr, puisque vous êtes des êtres infinis. Toutefois, très chers, vous êtes venus ici justement pour être confrontés à des limitations. Procéder ainsi, étape par étape, est un jeu. Lorsque vous quitterez ce corps, vous pourrez alors rire et jouir du rôle que vous aurez joué chacun dans ce jeu, peu importe les « horreurs » que vous croirez avoir vécues au cours de cette existence.

Voilà pourquoi il est bon d'établir vos intentions, de faire votre travail d'encodage pour chaque croyance qui se forme, et de ne pas avoir d'attentes à l'égard du résultat. Vous êtes des êtres animés d'une grande énergie, et vous n'êtes certainement pas des marionnettes. Néanmoins, c'est la dimension plus vaste de votre être, celle qui ne s'est pas incarnée, qui dirige l'énergie.

Vous allez constater que certaines personnes parviennent, grâce à ce processus, à connaître une extraordinaire abondance sur le plan financier ou relationnel, mais que d'autres éprouvent plus de difficulté. Est-ce à dire que certains suivent correctement ce processus, et d'autres pas ? Non, très chers, cela signifie simplement que c'est ainsi que vous avez choisi de vivre les choses au cours de cette incarnation. Vous êtes des êtres infinis, puissants et merveilleux.

Le temps que vous passez sur cette planète est très limité, et accepter véritablement les choses telles qu'elles sont fait partie du processus. Vos peurs, qui ne font que révéler la nature de vos systèmes de croyances, peuvent entraver la manifestation de ce que vous désirez le plus. Certains d'entre vous parviendront à réaliser ce qu'ils désirent, et ce, en dépit de leurs peurs, mais ils craindront ensuite de perdre ce qu'ils auront obtenu. La peur surgit lorsque toute votre attention est centrée sur les limitations que vous aviez acceptées avant de vous incarner. Vos peurs et vos systèmes de croyances sont tout simplement les habits que vous portez pour cette expérience. Très peu de gens arrivent à connaître l'abondance sans être d'abord parvenus à se libérer de leurs peurs, c'est-à-dire de leurs systèmes de croyances.

Je vous encourage tous à vivre centrés dans votre cœur, à faire votre travail avec les encodages, à exprimer vos intentions et à lâcher prise.

J'aimerais de nouveau céder la parole au Formulateur d'encodages, qui vous fournira des instructions précises sur le travail d'encodage qu'il vous est possible de faire pour vous faciliter les choses en cette année qui verra le début d'une nouvelle ère. Par la suite, Martine m'a demandé d'établir une méditation guidée afin de vous faciliter la tâche en ce qui a trait à votre interaction avec votre équipe d'encodeurs.

Le Formulateur d'encodages

Il me fait plaisir de communiquer à nouveau avec vous et de vous indiquer ce que vous pouvez faire avec votre équipe de techniciens encodeurs pour mieux vous y retrouver dans les changements en cours au sein de votre société. Par exemple, vous pouvez demander que vos encodages soient arrangés de telle manière que vous puissiez repousser l'énergie de la peur. Imaginez que vous décidiez d'éliminer une de vos plus profondes croyances ayant des effets néfastes sur votre bien-être. Vous pouvez collaborer avec vos techniciens encodeurs pour faire disparaître les encodages artificiels et même les encodages naturels qui vous maintiennent dans ce système de croyances. Vous possédiez dès votre naissance certains encodages naturels qui consolidaient votre sentiment de limitation. Depuis la Convergence harmonique en 1987, un grand vent de changement s'est levé. Ces vieux encodages de limitation sont désormais inutiles. Vous devez toutefois réaliser qu'ils sont intégrés dans une structure complexe à l'intérieur de tous les encodages de votre corps. Le mieux pour vous sera de les démanteler graduellement.

Prenons un exemple. Les gens croient généralement qu'ils seront vieux à 70 ans et que s'ils atteignent l'âge de 80 ans, ils seront très vieux. Ils sont également persuadés que s'ils vivent jusqu'à 100 ans, ils seront vraiment séniles. Mais ce ne sont là que des croyances qui font écho aux croyances dominantes dans votre société qui ont un impact sur le fonctionnement de votre corps physique et de votre tempérament émotionnel. Dès lors, demandez à vos techniciens encodeurs de vous aider à transformer les croyances que vous entretenez à propos du vieillissement. Ces changements doivent être apportés une couche à la fois. Pour ce faire, dressez une liste de toutes vos croyances liées à la vieillesse. Par exemple, à quel âge croyez-vous que vous cesserez d'être jeune ? Est-ce à la fin de l'adolescence, de la vingtaine, ou de la trentaine ? La cinquantaine doit-elle forcément marquer le début de la dégénérescence du corps ? Quelles croyances entretenez-vous concernant l'effet des aliments sur le corps ? Amma vous recommande de conserver une santé équilibrée et d'avoir une alimentation adéquate. Lorsqu'elle vous dit ces choses, c'est en fonction de vos systèmes de croyances actuels.

Vous avez peut-être déjà entendu parler de personnes en parfaite santé et débordantes de vitalité qui ne mangent rien du tout, car leur corps n'a besoin d'aucune nourriture pour vivre. Si ces gens en sont capables, vous le pouvez tout autant. Cela exigerait toutefois de votre part un changement complet de croyances et d'attitudes à l'égard de la nourriture. Vos techniciens encodeurs peuvent vous aider à y parvenir. Vous n'avez qu'à leur demander de vous montrer comment vous libérer de tels systèmes de croyances. Les étapes nécessaires pour y arriver peuvent néanmoins varier d'une personne à l'autre. Tout d'abord, demandez-leur d'enlever les encodages artificiels qui accroissent la force des encodages naturels liés au vieillissement. Puis, occupez-vous des encodages naturels modifiés et endommagés relativement à la vieillesse. Pour modifier vos croyances à ce sujet, il est nécessaire d'effectuer des changements dans vos encodages naturels. Une fois les changements effectués dans les autres encodages, vos techniciens encodeurs vous aideront à savoir à quel moment il conviendra de demander de nouveaux encodages naturels.

Il vous est également possible de faire du travail d'encodage sur vos émotions. Peut-être la peur vous cause-t-elle des ennuis ! Dans ce cas, demandez à vos techniciens encodeurs de voir si certains encodages artificiels renferment des peurs déraisonnables. Je dis bien « déraisonnables », puisque certaines peurs servent à vous tenir en vie sur le plan physique. Par exemple, il est bon que vous ayez peur de sauter du haut d'une falaise et, ainsi, de détruire votre corps. Les peurs déraisonnables sont celles qui vous empêchent de faire ce que vous désirez le plus dans la vie. Si vous craignez les relations humaines et que vous connaissez l'origine de cette peur, demandez aux techniciens encodeurs d'enlever les encodages artificiels qui sont apparus à la suite d'une blessure initiale. Puis, occupez-vous des encodages endommagés ou modifiés. Vous pouvez procéder ainsi pour toute émotion, petite ou grande. Si vous croyez être bon à rien, demandez que l'encodage artificiel nourrissant cette croyance soit éliminé. Puis, demandez que tout encodage endommagé ou modifié soit réparé.

Vous souhaiterez probablement savoir s'il existe des encodages naturels pour une peur inhibitrice comme la dépression, qui est en fait une peur de la vie. Si vous avez effectivement en vous des encodages naturels à ce sujet, cela signifie que vous vouliez vivre ces émotions au cours de cette existence. Dans ce cas, demandez à vos techniciens encodeurs si le but de ces encodages a été pleinement atteint. Dans l'affirmative, demandez que ces derniers soient enlevés ou désactivés. Si cet objectif n'a pas été atteint, demandez si ces encodages sont encore pertinents. S'ils ne le sont pas, demandez qu'ils soient enlevés ou désactivés. Par contre, s'ils sont toujours nécessaires, demandez ce que vous pourriez faire pour que leur but soit réalisé. Dans bien des cas, il suffira simplement de demander directement une guérison de la situation. Une fois la chose accomplie, demandez que ces encodages naturels soient enlevés ou désactivés.

Il est important de vous rappeler que votre système d'encodage est extrêmement complexe. Lorsque vous changez un encodage, des répercussions s'ensuivent dans l'ensemble de vos encodages. La majeure partie des interventions que vous pratiquerez se fera par tâtonnements, car ce qui peut fonctionner pour une personne pourrait ne pas marcher pour une autre. Il vous faut communiquer avec vos techniciens encodeurs pour découvrir où il vous faut aller en vous pour enlever ou désactiver des encodages. Par exemple, une personne souffrant de dépression peut avoir besoin de se libérer d'un encodage dont l'origine remonte à une vie antérieure. Cette dépression serait alors la manifestation d'encodages interdimensionnels. Une autre personne peut simplement avoir besoin de se libérer d'encodages artificiels apparus alors qu'elle avait six ans. D'autres encore peuvent avoir besoin de se libérer d'encodages artificiels et de réparer des encodages naturels ayant entraîné des déséquilibres chimiques, lesquels seraient possiblement dus à certaines blessures, à des allergies alimentaires, à des allergies aux produits chimiques et à certains systèmes de croyances.

Ne vous laissez pas décourager par la complexité de ces choses. Gardez d'abord à l'esprit ce que vous souhaitez réaliser, puis entreprenez le voyage en compagnie de vos techniciens encodeurs.

Je vous suggère de vérifier tous les jours auprès de vos techniciens encodeurs s'il y a de nouveaux encodages artificiels à enlever, et vous n'avez pas à connaître l'origine de ces encodages. Demandez simplement qu'ils soient enlevés. Vous pouvez aussi demander à vos techniciens encodeurs d'activer ou d'insérer les encodages naturels dont vous avez besoin pour renforcer votre champ d'énergie afin d'empêcher les énergies vibratoires de basse fréquence d'affecter votre corps. Chaque fois que vous avez besoin d'un nouvel influx d'énergie, ou qu'un puissant alignement astrologique vous affecte, demandez-leur d'ajuster vos encodages afin de mieux assimiler ainsi les nouvelles énergies. En outre, avant de manger, demandez que les encodages entre vous et votre nourriture soient harmonisés. Vous pouvez aussi demander qu'aucun encodage en vous ne s'accroche à ceux qui sont dans la nourriture et qui pourraient affaiblir votre système.

Des interventions peuvent également être effectuées sur les encodages dans le but d'améliorer certains aspects positifs. Par exemple, demandez que votre système d'encodage soit aligné de telle sorte qu'il assimile pleinement les bienfaits de la nourriture ou des suppléments. Quand vous vous accordez des vacances, que vous prenez le temps de vous détendre ou de méditer, demandez que votre système d'encodage soit modulé de façon à maximiser cette expérience. La même chose s'applique aux relations. Demandez tout d'abord que soient supprimés les encodages artificiels et que soit réparé tout encodage naturel susceptible de nuire à votre relation avec un individu, une plante, un animal ou un objet. Vous pouvez ensuite demander que votre système d'encodage soit ajusté de manière que vous puissiez tirer le maximum de joie et de plaisir de toute relation qui vous tient à cœur.

En mettant ces suggestions en pratique et en suivant votre propre intuition quant à la façon de travailler avec les techniciens encodeurs, vous serez mieux en mesure de faire face aux bouleversements en cours et aux autres à venir.

Chers amis, rappelez-vous qu'advenant le cas où vous vous interrogez à savoir si vous devriez demander quelque chose aux techniciens encodeurs, la réponse sera presque toujours « Oui, sans la moindre hésitation ».

À présent que vous savez à quoi servent les encodages, sentez-vous bien à l'aise de recourir à ce processus dynamique. Même si ce sont les techniciens encodeurs qui ajusteront les encodages, votre participation active pourra, le cas échéant, accélérer ce processus. Vous saurez ainsi que vous êtes entièrement responsables de ce qui vous échoit dans la vie, et de la façon dont vous assimilez ou repoussez les nombreuses énergies pénétrant en vous, y compris celles qui proviennent de l'intérieur de la planète et de ses habitants. Le temps est venu pour vous d'accepter votre responsabilité et de vous libérer de tout sentiment de victime. Ce n'est pas parce que le chaos régnera durant les changements qui viennent que vous ne pourrez pas focaliser votre attention sur les magnifiques résultats consécutifs à cette naissance.

Je vous encourage vivement à vous familiariser avec votre équipe de techniciens encodeurs et à apprendre à travailler avec eux. Ils seront ravis de le faire.

Merci de m'avoir à nouveau permis de vous rendre visite.

Amma reprend…

Chers amis, cela a été une grande joie pour moi de participer à ce projet littéraire et d'avoir eu l'opportunité de vous parler pour la première fois dans votre langue, le français. J'espère que nous aurons à nouveau l'occasion de communiquer ensemble. Que la paix soit dans votre cœur.

Sixième partie

Méditations

Méditation de la Flamme violette

Bien-aimés maîtres, soyez les bienvenus à cette méditation très particulière. Aujourd'hui, vous entreprenez le processus grâce auquel vous pourrez vous libérer de tous les problèmes karmiques passés et, en quelque sorte, renaître dans votre nouvelle identité, celle d'un être à la fois spirituel et humain, pour activer progressivement les semences de l'héritage galactique enchâssé au sein de votre Cœur sacré.

Je suis dans la joie de partager ce moment avec vous.

- *D'abord, prenez plusieurs inspirations profondes, chacune suivie d'une lente expiration.*
- *Ensuite, imaginez, quelle que soit la façon dont vous la percevez, une belle sphère de Lumière descendant au centre de votre propre colonne de Lumière et observez-la alors qu'elle transperce votre chakra de la couronne au sommet de la tête et continue à descendre... lentement... jusqu'à entrer dans la chambre sacrée de votre cœur.*

    Observez-la... tandis qu'elle entoure complètement votre forme éthérique. Conçue expressément pour vous, cette sphère de Lumière veillera à ce que vous puissiez voyager en toute sécurité dans les royaumes supérieurs, sans aucune « surcharge ».

    Sachez qu'elle s'affinera et s'ajustera chaque fois que vous entreprendrez un voyage dans les dimensions supérieures, de manière que vous soyez toujours chacun encapsulé dans une atmosphère composée de fréquences vibratoires parfaitement adaptées aux vôtres.

- *Maintenant, visualisez au sein de votre Cœur sacré un magnifique temple d'une blancheur éclatante avec votre Cellule divine au noyau de diamant posée sur un piédestal, au centre de la chambre. Les couleurs des douze rayons en irradient au degré d'intensité et selon des schémas fréquentiels parfaitement adaptés à chacun de vous.*

  Sous cette table se trouve une ardente Flamme violette de transmutation qui va requalifier tous les schémas d'énergie négative qui se dégagent de partout dans votre vaisseau physique tandis que vous fouillez de plus en plus profondément au centre de votre Soi.

- *À présent, visualisez un Être de Lumière radieux, debout derrière votre Cellule divine ; voilà votre véritable Essence, votre Soi supérieur. Observez votre Cellule divine au noyau de diamant se fusionner avec votre Soi supérieur...*

- *Prenez le temps de bien ressentir ce qui se passe en vous pendant que vous devenez UN avec votre Soi supérieur... Prenez quelques instants pour bien profiter des merveilleuses sensations que vous procure cette fusion entre votre Soi supérieur et votre Cellule divine...*

  Tandis que vous êtes chacun à l'intérieur de votre capsule de Lumière, vous vous sentez attiré vers la partie arrière de la chambre du temple. Soudain, un passage s'ouvre devant vous et vous êtes lentement soulevé vers les dimensions supérieures.

  Vous êtes alors conduit jusqu'à une Pyramide de Lumière personnelle située à un niveau approprié pour vous dans la cinquième dimension. Deux guides angéliques sont là pour vous seconder ; ils vous aident à vous allonger sur la table de cristal. Sous cette table, une autre Flamme violette de transmutation jaillit et s'étend en une fontaine lumineuse autour de vous. Cette flamme n'est pas brûlante, mais fraîche et apaisante. Un cristal de quartz à double pointe suspendu au-dessus de la table se met alors à dégager l'énergie électrisante de notre Dieu père/mère et du Créateur suprême. Des cristaux projetant leur lumière à partir des murs sont également activés, et leurs couleurs éclatantes forment une aurore boréale composée des magnifiques couleurs des douze rayons.

Ces rayons balaient toute la pièce et pénètrent peu à peu votre champ aurique et votre Essence éthérique. Ces vivifiantes fréquences vibratoires de Vie finissent par s'infiltrer dans votre vaisseau physique, jusque dans votre ADN qu'elles guérissent, réalignent et perfectionnent depuis l'intérieur de votre Être.

- *Dirigez maintenant votre attention à l'arrière de votre chakra du Cœur sacré, où vous voyez un petit passage s'ouvrir. Un mince filet de Lumière en jaillit et votre Essence pénètre dans cet étroit passage et suit ce filet de Lumière. Soudain, vous avez la nette sensation de voyager dans le temps, vers le passé... Vous observez calmement ce processus en choisissant en toute conscience de ne pas vous laisser atteindre par aucun des souvenirs douloureux pouvant se présenter à vous. Vous n'êtes qu'un simple observateur, sans plus.*

    Tout en remontant dans vos souvenirs de cette vie, rappelez-vous quelques-uns des moments pénibles où vous avez éprouvé de la colère... de la peur... de la tristesse ou du chagrin... Imaginez de petits cristaux noirs émergeant de ce flot de souvenirs du passé et voyez-les entrer dans la Flamme violette pour y être transmutés. Sentez grandir en vous un profond sentiment de libération à mesure que vous les laissez partir... Laissez-les se dissiper... s'évanouir... et disparaître complètement.

- *À présent, remontez jusqu'à votre enfance et passez en revue les nombreuses fois où vous étiez terrorisé et désorienté... Où vous vous sentiez désespéré et sans défense. Peut-être aviez-vous soif d'amour, ou tout simplement faim. Revoyez les moments où vous avez commencé à développer les dépendances et les habitudes qui ont tourmenté votre esprit tout au long de cette vie... Des habitudes et des dépendances que vous avez ramenées d'un lointain passé et qui avaient une telle emprise sur vous qu'il vous était impossible de comprendre pourquoi vous ne pouviez vous en débarrasser. Le temps est venu de le faire, et vous disposez de toute l'aide nécessaire pour y parvenir. Laissez-les se dissiper... s'évanouir... et disparaître complètement.*

    Sentez à présent que vous retournez avant votre vie actuelle, jusque dans vos vies antérieures... Remémorez-vous les sentiments d'oppression ou de confusion qui vous tourmentaient lorsque vous étiez pris au piège d'un environnement négatif défavorable... Laissez-les se dissiper... s'évanouir... et disparaître complètement.

Remontez encore plus loin dans vos vies antérieures et observez les sentiments négatifs que vous avez peut-être ainsi ramenés à la surface en vue de les reconsidérer et de les éliminer... Des sentiments comme de ne pas être digne... ou de ne pas être aimé... Revoyez toutes ces fois où vous n'aviez pas d'énergie, d'ambition, ni de but précis... Où vous vous sentiez faible et inefficace... Où vous éprouviez du ressentiment parce qu'on vous avait traité injustement... Laissez tout cela se dissiper... s'évanouir... et disparaître complètement.

Observez les souvenirs que vous avez des époques où vous avez vécu des temps de disette... ou de vulnérabilité. Laissez-les se dissiper... s'évanouir... et disparaître complètement.

Observez les sentiments et la douleur que vous éprouviez lorsque vous avez été battu, torturé, et même tué... Laissez tout cela se dissiper... s'évanouir... et disparaître à tout jamais... Ayez conscience et sentez au tréfonds de vous que tous ces schémas de pensée nocifs et toutes ces énergies négatives se dégagent et sortent peu à peu de vous pour entrer ensuite dans la Flamme violette...

Observez ces cristaux noirs émerger un à un de la Flamme violette sous forme de magnifiques diamants étincelants pouvant désormais être remplis d'idées fraîches, de nouvelles aptitudes et d'une créativité renouvelée, et faire ainsi progressivement de vous un pur réceptacle prêt à être reprogrammé et à retrouver sa pleine maîtrise. Donnez-vous pour objectif de devenir un maître ayant le parfait contrôle de ses propres schémas de pensée et de sa destinée, une personne qui crée elle-même ce qu'elle souhaite vivre, et non ce que les autres veulent l'inciter à vivre.

- *Maintenant, remontez loin... très loin dans le temps... jusqu'à une époque incommensurablement ancienne, alors que grandit en vous la sensation de prendre de plus en plus d'expansion, jusqu'à ne plus former qu'UN avec votre magnifique corps de Lumière.*

Par le regard de votre esprit, observez la Terre telle qu'elle apparaissait en ces temps reculés, alors qu'elle était un monde d'une ineffable beauté cristalline attendant patiemment d'être peuplé.

- *Visualisez clairement en votre esprit l'incroyable beauté et la perfection éclatante de ce monde révolu, et ressentez l'effervescence exaltée, l'impatience, la joie et l'extrême honneur que vous éprouviez à l'idée de pouvoir participer à cette sublime expérience sur cette si belle planète. Imprégnez-vous de cette vision et revitalisez en vous ce désir d'aider à créer, embellir et préserver ce paradis sur la Terre entière. Vous ressentez une immense joie dans votre cœur.*
- *Puis, tout doucement, vous revenez dans votre sphère de Lumière qui redescend lentement, retraverse le cristal de quartz et vous ramène dans votre Pyramide de Lumière et sur la table de cristal.*

Cher maître, je vous remercie d'avoir pris le temps de faire cette méditation. Soyez assuré que je reste toujours à vos côtés.

Je suis l'archange Michaël.

Méditation sur les encodages

Bonjour et bienvenue…

Je suis Amma, votre guide aujourd'hui dans le cadre de cette méditation. L'objectif de ce travail énergétique est non seulement d'aligner votre énergie avec les énergies de la planète, mais également de prendre contact avec votre équipe de techniciens encodeurs.

Suivez votre intuition sur la façon d'interagir avec eux. Ce travail d'ajustement de votre système d'encodage sera unique à chacun de vous. Sachez que votre participation active à ce processus fera en sorte d'accélérer les changements ou ajustements que vous désirez voir s'accomplir dans votre vie mais aussi d'aider la planète à se libérer des énergies de basses fréquences. Je vous suggère d'effectuer à maintes reprises cette méditation au cours des dix-huit prochains mois.

Si vous êtes prêt, faisons connaissance avec votre équipe de techniciens.

- *Tout d'abord, entrez dans votre cœur en passant par l'arrière de votre chakra du cœur… Pénétrez au plus profond de votre cœur jusqu'à ce que vous parveniez à votre espace sacré…*
- *Inspirez et expirez doucement tout en demeurant centré dans votre cœur…*
- *Maintenant, afin d'améliorer votre connexion avec la planète, vous allez créer une ligne de communication descendant jusqu'au centre de la Terre à partir de votre colonne vertébrale. Pour bien l'établir, demandez à être relié au centre de l'univers depuis le sommet de votre tête. Cela se fera automatiquement par le simple fait de le demander… Sentez la*

connexion ainsi établie à la fois au-dessus et au-dessous de vous. Vous êtes au centre de cette connexion... Vous êtes maintenant au centre de l'univers... Sentez les énergies et la vibration de votre planète... Gaia retient en elle toutes les énergies qui arrivent d'ailleurs, ainsi que toutes les énergies émises par les gens qui vivent à sa surface. Sentez sa vibration...

- Demandez à parler à vos techniciens encodeurs. Prenez quelques instants pour sentir leur présence... Demandez-leur si des encodages artificiels affectent votre alignement avec les énergies qui élèvent les vibrations de la planète...

    Afin d'être conscient de ce qui se produira lorsque vous vous libérerez de ces encodages artificiels, demandez-leur quelles seront les conséquences de leur élimination ou de leur désactivation... Si vous acceptez ces conséquences, demandez que ces encodages soient désactivés ou éliminés...

- Maintenant, demandez à vos techniciens encodeurs si des encodages naturels endommagés ou modifiés affectent votre alignement avec les énergies élevant les vibrations de la planète... Demandez quelles seraient les conséquences de leur réparation... Si elles sont acceptables, demandez que cette réparation soit effectuée...

- Ensuite, demandez si des encodages naturels, présents en vous depuis votre naissance, vous empêchent d'assimiler les nouvelles énergies... Cela concerne plus particulièrement les personnes nées avant 1985... Si la réponse est oui, demandez si l'objectif de ces encodages a été atteint... Dans presque tous les cas, la réponse sera affirmative. Toutefois, si la réponse est non, demandez ce que vous pouvez faire pour compléter leur objectif... Une fois leur mission accomplie, demandez que ces encodages soient désactivés...

- Puis, demandez à vos techniciens encodeurs si vous avez des encodages artificiels qui apportent des énergies discordantes à la planète... Si la réponse est oui, demandez que ces encodages soient éliminés. En faisant cela, vous aidez la planète à se libérer des énergies vibratoires de basses fréquences enfermées en elle...

    Après avoir complété ce processus, demandez aux techniciens encodeurs s'il est possible de faire progresser votre ADN afin que vous puissiez ascensionner avec la planète. C'est là un processus complexe... S'ils répondent par un oui, demandez-leur quelles seraient les principales conséquences de ce changement, car il y en aura plusieurs... Si ces conséquences vous semblent acceptables, demandez que cela soit fait. Si elles ne sont que partiellement acceptables pour vous, demandez que seuls les changements acceptables soient effectués... Vous pouvez répéter ce processus chaque fois que vous vous sentez prêt pour davantage de changements.

- *Si vous avez des inquiétudes au sujet du travail à accomplir durant cette vie, demandez aux techniciens encodeurs si des encodages artificiels vous empêchent de savoir clairement ce que vous devez faire... Si tel est le cas, demandez quelles seraient les conséquences de leur élimination... Puis demandez que ces encodages soient enlevés, si tel est votre désir... Demandez ensuite si des encodages naturels endommagés ou modifiés vous empêchent de savoir ce que vous êtes censé faire dans cette vie... Encore une fois, demandez quelles seraient les conséquences... Si elles sont acceptables, demandez que les réparations soient effectuées...*

- *Si vous sentez que vous êtes en train de passer d'un champ d'activité à un autre, demandez aux techniciens encodeurs si les encodages liés au travail que vous croyez avoir terminé ont bien été exécutés... Si tel est le cas, demandez que les encodages liés à la nouvelle activité que vous êtes censé faire vous soient révélés. Cinq possibilités, voire davantage, s'offriront alors à vous. Prenez le temps de sentir la pertinence de chacune. Notez en quoi elles consistent... Quand vous en aurez choisi une, demandez que les encodages liés à cette possibilité soient pleinement activés... Demandez que tout encodage artificiel ou même naturel influençant négativement votre nouvelle activité soit éliminé ou désactivé...*

- *Ce travail s'applique également aux relations. Pensez maintenant à une personne avec qui vous éprouvez des difficultés ou encore, avec qui vous souhaitez améliorer vos rapports... Demandez à votre équipe de techniciens encodeurs que soient supprimés les encodages artificiels créés dans cette vie-ci et qui empêchent cette relation d'être sereine... puis, demandez-leur de vous révéler, si tel est le cas, les encodages naturels qui ont été « transportés » de vies passées et qui provoquent un blocage et empêchent votre relation d'être harmonieuse aujourd'hui... Acceptez-vous les conséquences ? Si c'est le cas, demandez que ces encodages soient réparés. Ce processus permettra de changer l'énergie de la relation... puis, visualisez une énergie de guérison qui part de votre cœur et se dirige vers le cœur de la personne avec qui vous souhaitez retrouver l'harmonie... Voyez votre amour l'envelopper...*

Lorsque vous aurez recueilli toute l'information que vous désiriez obtenir, et que vous aurez terminé tous les ajustements nécessaires à vos encodages, exprimez votre appréciation aux techniciens encodeurs pour leur assistance...

Affirmez votre intention de demeurer centré dans votre cœur pour le reste de votre existence, et ce, dans toute la mesure du possible...

Cher(e) ami(e), voilà qui termine cette méditation. Je vous remercie de tout cœur d'avoir pris le temps de la faire. Sachez que le travail énergétique que vous venez d'accomplir est non seulement très important pour votre planète mais également pour vous, car il vous a permis d'éliminer ce qui n'était plus approprié.

Je vous quitte en vous disant : Ouvrez votre cœur à toutes les possibilités et vous verrez votre vie se transformer. À ce moment même, je vous envoie les plus belles bénédictions.

Je suis Amma,
la mère divine des mères divines, et je suis votre mère...

A propos de Lee Carroll

Après avoir obtenu un diplôme en études commerciales et en économie de la California Western University (Californie), Lee Carroll met sur pied une entreprise spécialisée en techniques audio à San Diego, qui prospère pendant une trentaine d'années. En 1989, il s'engage sur sa voie spirituelle : c'est le début des enseignements Kryeon.

Timidement, les premiers écrits sont d'abord présentés au milieu métaphysique de Del Mar, en Californie ; le reste appartient à l'histoire : au total, douze ouvrages de métaphysique ont été publiés en dix ans. Plus de 800 000 exemplaires des ouvrages Kryeon et *Les enfants indigo* ont été imprimés dans le monde, en vingt et une langues, dont le français, l'espagnol, l'allemand, le chinois, l'hébreu, le danois, l'italien, le grec, le coréen, le hongrois, le russe, le japonais, le portugais, le roumain et le turc. Dans le monde francophone seulement, plus de 150 000 exemplaires de la série Kryeon ont été vendus.

En 1995, Lee a été invité à présenter Kryeon aux Nations unies (ONU) à New York, devant un groupe mandaté par cette organisation, la Society for Enlightenment and Transformation (S.E.A.T.). La présentation a été si bien accueillie qu'il y est retourné quatre fois par la suite pour transmettre son message d'amour, soit en 1996, en 1998, en 2005 et en 2006 ! Ces rencontres se tiennent aux étages supérieurs, dans les aires de travail de l'édifice des Nations unies, non loin de l'Assemblée générale. Elles sont réservées aux délégués aux Nations unies et aux invités de la société.

Voici les titres parus aux Éditions Ariane :

- *La graduation des temps*
- *Aller au-delà de l'humain*
- *Alchimie de l'esprit humain*
- *Partenaire avec le divin*
- *Messages de notre famille*
- *Franchir le seuil du millénaire*
- *Un nouveau don de lumière*
- *Les enfants indigo*
- *Célébration des enfants indigo*
- *La levée du voile*

À propos d'Edna G. Frankel

L'auteure et enseignante Edna G. Frankel est un canal métaphysique à temps plein pour la Fraternité de Lumière. Elle a commencé à étudier le Reiki Usui en 1985 et est devenue maître en 1994. Elle a passé dix ans en méditation active avec la Fraternité de Lumière et les Maîtres ascensionnés, se préparant à la canalisation et apprenant comment le corps humain se répare énergétiquement. Son premier livre, *The Circle of Grace* (2003) [*Le Cercle de Grâce*] expose les fonctions énergétiques des couches physique, émotionnelle, mentale et spirituelle (PÉMS) du corps, et la façon de les nettoyer et de les équiliber.

Le Cercle de Grâce est un mécanisme de nettoyage intégré aux méridiens énergétiques et au système nerveux. Apprenez à dégager (à volonté) l'excès de pression et les blocages énergétiques de vos couches PEMS du corps. Le temps est venu de vous dégager de votre densité tridimensionnelle, de vous élever avec grâce dans les énergies supérieures du Changement de millénaire.

Les séminaires du Cercle de Grâce sont offerts aux États-Unis, au Canada, en Europe et ailleurs. Aux adeptes de la spiritualité, Edna enseigne le CDG en tant que méditation que l'on guide soi-même. Aux praticiens holistiques, elle offre des ateliers de deux jours sur la façon d'utiliser le CDG sur les autres en tant que modalité autonome, ou d'intégrer le CDG dans leur pratique existante. Une fois en harmonie, vous travaillerez avec des « énergies chaudes » à la table et des « énergies froides » à une distance de un à trois mètres de la table, afin d'enlever les blocages qui vont au-delà du champ aurique du client. Si vous désirez un événement dans votre région, veuillez écrire à edna@beyondreiki.com.

www.beyondreiki.com est un site web consacré à la fusion de la science et de la spiritualité. Lisez les articles publiés par Edna dans leur forme canalisée originale. Visitez la boutique Ressources pour les plus récents ouvrages, cristaux accordés, diapasons et autres outils du praticien utilisés dans le travail avec le Cercle de Grâce.

Paru aux Éditions Ariane :
- *Cercle de Grâce, fréquence et physicalité* (2005).

À propos de Ronna Herman

Ronna Herman jouit d'une réputation internationale comme messagère de l'archange Michaël et de ses messages d'espoir et d'inspiration parus dans des centaines de publications spirituelles du nouvel âge dans le monde et traduits dans la plupart des principales langues. L'archange Michaël la considère comme une télépathe cosmique, non comme un *channel*, du fait qu'ils communiquent ensemble sur un mode interactif. Femme d'affaires et courtier en immeubles à la retraite, Ronna offre une approche fondée sur le bon sens pour aborder le domaine de la métaphysique. Sa quête spirituelle a débuté en 1970, et après une période d'étude et de formation intense, elle a entamé une nouvelle carrière comme enseignante et conseillère spirituelle. En 1994, elle a fondé Star Quest (www.ronnastar.com), une entreprise qui, après un essor rapide, est désormais reconnue mondialement.

Ronna a publié huit livres, dont quatre traduits en français aux Éditions Ariane, qui présentent des messages de l'archange Michaël : *Sur les ailes de la transformation, Le Futur est maintenant, Votre quête sacrée*, et *Le Nouvel Âge de la maîtrise.*

Ronna vit avec son mari, Kent, un cadre d'une compagnie aérienne à la retraite, sur un haut plateau désertique, près de Reno au Nevada. Lorsqu'elle n'est pas en train de voyager ou d'écrire, Ronna fait de courtes escapades avec Kent, à bord de leur maison motorisée. Tous deux passent aussi du temps en compagnie des membres de leur famille élargie composée de 7 enfants, 19 petits-enfants et 16 arrière-petits-enfants.

À propos de Régine F. Fauze et de Didier Wagner

Régine F. Fauze et Didier Wagner vivent à Bagnac en France. Depuis 1999, Régine canalise le collectif SORIA. Elle a déjà publié huit livres aux Éditions Ariane, dont *Les grandes voies du soleil, Maîtrise du corps, Voyage, Fleurs d'esprit, L'Être solaire, Cercles de paroles, Réalisation solaire* et *Paroles et semences de vie*. Régine et Didier voyagent régulièrement au Québec afin d'offrir des conférences et des ateliers. Ils sont également très actifs en France.

« *Afin de vous transmettre des énergies intimes pour votre évolution personnelle, j'ai créé une matrice où vous pouvez vous asseoir et recueillir ma vision sur la place de l'être humain. Une matrice d'échanges et de paroles honorant la vôtre. Ainsi sont nés les Cercles de paroles dans lesquels je pose ma robe de lumière pour vous entourer de ma force universelle.* »

Soria

Cercles de paroles :

Automne 2007 –

Au Québec

Du 23 août à la fin septembre 2007
- Saint-Damien de Brandon, inscription : Claude au 450-835-5730
- Montréal, inscription : Simone au 514-739-7653
- Rimouski, inscription : Georges au 418-739-4826

Conférences
- Le 8 septembre 2007 à Montréal, contacter Simone au 514-739-7653
- Le 12 septembre à Rimouski : contacter Georges 418-739-4826

Saison 2008

Au Québec
Contacter Claude, Simone et Georges aux numéros ci-haut.

En France
- Nantes, Royan, Tarbes et Bruxelles :
  Inscription : Régine, B.P. 11 – 46270 Bagnac.

À propos de Cathy Chapman

Cathy Chapman a consacré sa vie entière à accompagner des gens dans leur parcours de vie. Déjà, à un très jeune âge, elle recueillait maintes confidences et tentait de comprendre la dimension spirituelle de la vie. Elle est titulaire de plusieurs diplômes, et un certain nombre de permis et de certificats attestent sa passion d'apprendre. Ces « marques de distinction tridimensionnelles » n'ont toutefois de sens que dans son lien avec l'Esprit et sa volonté de risquer de passer d'un catholicisme assez fondamental à la canalisation d'Amma, la Mère divine.

Le travail de Cathy a trait à la psychologie du corps-esprit. De ce point de vue, elle est à même d'aider des gens dans les dimensions mentale, émotionnelle et spirituelle de la vie qui favorisent la croissance personnelle. Ses modalités de premier plan sont le BodyTalk System, le Psych-K, l'hypnothérapie (y compris la régression dans les vies antérieures) et le fait de transmettre l'enseignement et le travail d'encodage d'Amma. Cathy travaille dans plusieurs pays. Elle rencontre personnellement les gens et donne des consultations par téléphone, par courriel et au cours d'ateliers. Elle trouve une grande joie dans le fait d'enseigner aux autres comment se servir de leurs encodages et changer leur vie.

Pour plus de renseignements sur les encodages, consultez le livre d'Amma (par Cathy Chapman) *Change Your Encodements, Your DNA, Your Life*. Vous pouvez également beaucoup apprendre sur Cathy en parcourant son site www.OdysseyToWholeness.com. Pour organiser des séances individuelles ou mettre sur pied un atelier dans votre région, vous pouvez lui téléphoner au 713-681-2400, ou lui envoyer un courriel à l'adresse Cathy@OdysseyToWholeness.com.

Louis Lachance

Voici un petit mot pour exprimer mon admiration et mon amitié à Martine Vallée, qui sans relâche nous offre sur un plateau d'or des enseignements vibratoires d'une pureté et d'un amour incommensurables.

Grâce à elle et aux Éditions Ariane j'ai aussi le privilège et l'honneur d'être présent avec vous durant vos méditations. J'ai entre autres participé par l'entremise de ma musique aux superbes méditations que l'on retrouve sur les CD qui accompagnent les livres *Vivre dans le cœur*, de Drunvalo Melchizédek, et *2007, Le retour de la lumière / L'année du discernement spirituel*.

Dans le petit joyau *2008, Au-delà du voile, des illusions et de la confusion / L'année de l'Unité*, ma musique s'ajoute à la méditation de *Amma*. Merci Martine, c'est une joie de te connaître et de participer à ce projet.

Louis Lachance

Directement de mon jardin musical, j'ai le plaisir de vous annoncer que mon premier CD tiré de la collection HARMONÀ sera disponible bientôt. J'espère me retrouver de nouveau dans vos cœurs et vos esprits, et avoir le privilège de vous bercer par mes plus belles harmonies.

HARMONÀ CHAKRAS / prévu pour août 2007
sortie prévue pour la fin août 2007 et disponible dans toutes les librairies et magasins de disques au Québec.
Vous pouvez aussi le trouver en consultant le site internet suivant : www.ada-inc.com
Une expérience musicale extatique et un pur délice pour l'oreille.

Autres titres à paraître en 2008
HARMONÀ SOLEIL / musique inspirée des frères stellaires Chandra, Hildon et Flex.
HARMONÀ TELOS / musique inspirée d'Adama et d'Aurelia Louise Jones.

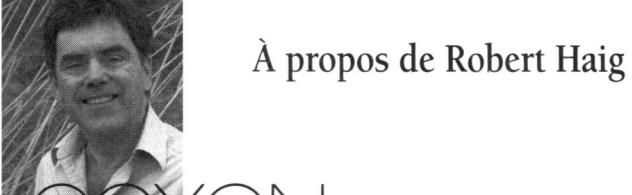

À propos de Robert Haig Coxon

Robert est un compositeur mondialement reconnu. Il a écrit, au sujet de son dernier album, *Prelude to Infinity*: « Mon but est de créer une ambiance de paix et de tranquillité permettant à l'auditeur de découvrir l'essence de l'univers: la beauté et l'harmonie. »

> « Des melodies si profondes…Elles vous mènent droit à la source de toute beauté. »
> — Lee Carroll, auteur des best-sellers Kryeon

> « Découvrez la guérison profonde que sa musique apporte en nos cœurs »
> — Gregg Braden, auteur de *Le code de Dieu* et *Divine matrice*.

La musique pour la méditation sur la Flamme violette contient des extraits de Prelude to Infinity, Mental Clarity et des compositions originales.

Albums de Robert :
Prelude to Infinity
The Silent Path
Mental Clarity
Cristal Silence I
Cristal Silence II
Cristal Silence III

Intermede Communications
R.H.C. Productions Inc.
www.robertcoxon.com

Quelques exemples de livres d'éveil publiés par Ariane Éditions

Aimer ce qui est
Anatomie de l'esprit
Contrats sacrés
Marcher entre les mondes
L'effet Isaïe
L'ancien secret de la Fleur de vie,
  tomes 1 et 2
Vivre dans le cœur
Les enfants indigo
Le pouvoir de créer
Célébration indigo
Aimer et prendre soin des enfants indigo
Série Conversations avec Dieu,
  tomes 1, 2 et 3
L'amitié avec Dieu
Communion avec Dieu
Nouvelles Révélations
Retour à Dieu
Le Dieu de demain
Le pouvoir du moment présent
Mettre en pratique le pouvoir du moment
  présent
Quiétude
Le futur est maintenant
Votre quête sacrée
Sur les ailes de la transformation
Messages du Grand Soleil central
Révélations d'Arcturus
L'amour sans fin
L'âme de l'argent
Le code de Dieu
Entrer dans le jardin sacré
L'oracle de la nouvelle conscience
  (jeu de cartes)
Guérir de la détresse émotionnelle
Cercle de grâce
Médecine énergétique
L'envolée humaine
L'intelligence intuitive du cœur
Sagesse africaine

L'univers informé
Science et champ akashique
Guérir avec les anges
  (jeu de cartes)
Accéder à son énergie sacrée
Au-delà du Portail
Les cités de lumière intraterrestres
Nirvana
Nouvelle Terre
Telos, tomes 1, 2 et 3
Le livre de l'éveil
Et l'univers disparaîtra
Tout est accompli
Tansparence II
Créateurs d'avant-garde
Biologie des croyances
Reconquérir son ADN
La puissance de guérison de l'aura

Série Soria
Les grandes voies du Soleil
Maîtrise du corps ou Unité retrouvée
Voyage
L'Être solaire
Fleurs d'esprit
Cercles de paroles
Réalisation solaire
Paroles et semences de vie

Série Kryeon
La graduation des temps
Allez au-delà de l'humain
Alchimie de l'esprit humain
Partenaire avec le divin
Messages de notre famille
Franchir le seuil du millénaire
Un nouveau départ
Un nouveau don de lumière
La levée du voile